Igbn

MANUEL DE L'ÉLÈVE B
ÉTHIQUE ET CULTURE RELIGIEUSE

ÊTRE
en société

1er cycle du secondaire

Denis Bélanger
Alain Carrière
Pierre Després
Catherine Mainville
André-Carl Vachon

Note aux lectrices et aux lecteurs
Il existe d'autres façons d'écrire certains termes propres à chaque tradition religieuse.

LES ÉDITIONS CEC
Une compagnie de Quebecor Media

9001, boul. Louis-H.-La Fontaine, Anjou (Québec) Canada H1J 2C5
Téléphone : 514-351-6010 • Télécopieur : 514-351-3534

Direction de l'édition
Alexandra Labrèche

Direction de la production
Danielle Latendresse

Direction de la coordination
Rodolphe Courcy

Charge de projet
Nicole Beaugrand Champagne
Koliny Chhim

Collaboration à la rédaction
Nicole Beaugrand Champagne
Koliny Chhim
Philippe Sicard

Révision linguistique
Monique La Grenade

Correction d'épreuves
Denis Desjardins

Conception et réalisation graphique

Réalisation des cartes
Claude Bernard

Recherche iconographique
Nicole Beaugrand Champagne
Koliny Chhim
Nicole Defoy

Les auteurs et l'Éditeur tiennent à remercier les personnes suivantes qui ont participé au projet à titre de consultants.

Consultants scientifiques
Mireille Estivalèzes, docteure en Histoire et sociologie des religions, professeure en sciences religieuses à l'Université de Montréal

Michel Langevin, conseiller pédagogique, C. S. de l'Or-et-des-Bois

Annie Laporte, M. Éd., M.A., responsable de la formation professionnelle, Faculté de théologie et de sciences des religions, Université de Montréal

Benoît Mercier, professeur de philosophie, Collège Montmorency

Monelle Parent, philosophe-éthicienne, Université de Sherbrooke

Consultants pédagogiques
Carole Bergeron, Collège Regina Assumpta

Nancy Gauvin, École secondaire Saint-Paul (C. S. Côte-du-Sud)

Marie-Émilie Lacroix, École secondaire Guillaume-Couture (C. S. des Navigateurs)

René Thibault, École polyvalente de l'Érablière (C. S. des Draveurs)

Remerciements particuliers à M. Simon Duchesneau (Collège Durocher, Saint-Laurent) pour sa participation à la recherche conceptuelle de cet ouvrage et à Mme Albane Marret pour sa précieuse collaboration.

Les auteurs
Denis Bélanger est étudiant au baccalauréat en science politique à l'UQÀM.

Alain Carrière a obtenu un baccalauréat en enseignement des sciences religieuses à l'UQÀM en 1990. Alain Carrière enseigne à l'École d'éducation internationale (C. S. des Patriotes).

Pierre Després a obtenu, sous la direction de Georges Leroux, un doctorat en philosophie à l'UQÀM en 1994. Pierre Després enseigne depuis 1977 au Collège Montmorency. Il est l'auteur de nombreux ouvrages.

Catherine Mainville a obtenu un baccalauréat en communications, profil journalisme à l'UQÀM en 2003 et un certificat en communications de l'Université de Montréal en 2000.

André-Carl Vachon a obtenu un baccalauréat ès arts à l'Université de Montréal en 1996 (certificats en théologie, sciences religieuses et pédagogie). Il a obtenu un certificat en enseignement de l'histoire, en formation continue, à l'UQÀM en 2006. André-Carl Vachon enseigne au Collège Jean-Eudes de Montréal.

Les Éditions CEC inc. remercient le gouvernement du Québec de l'aide financière accordée à l'édition de cet ouvrage par l'entremise du Programme de crédit d'impôt pour l'édition de livres, administré par la SODEC.

Être en société, manuel de l'élève B
© 2008, Les Éditions CEC inc.
9001, boul. Louis-H.-La Fontaine
Anjou (Québec) H1J 2C5

Dépôt légal: 2008
Bibliothèque et Archives nationales du Québec
Bibliothèque et Archives Canada

ISBN 978-2-7617-2580-4

Imprimé au Canada
3 4 5 6 7   14 13 12 11 10

Abréviations utilisées

BAC: Bibliothèque et Archives Canada

BANQ: Bibliothèque et Archives nationales du Québec

Table des matières

Présentation du manuel

Le manuel *Être en société* est constitué de trois **VOLETS** correspondant aux trois compétences disciplinaires du *Programme d'Éthique et culture religieuse*. Ces compétences sont :

1. **RÉFLÉCHIR SUR DES QUESTIONS ÉTHIQUES**
2. **MANIFESTER UNE COMPRÉHENSION DU PHÉNOMÈNE RELIGIEUX**
3. **PRATIQUER LE DIALOGUE**

Les compétences se rapportant au volet **ÉTHIQUE** et au volet **CULTURE RELIGIEUSE** sont présentées séparément afin d'assurer l'examen de **tous les thèmes prescrits** par le programme et ainsi favoriser leur exploitation dans des fiches d'activités contenues dans le Guide d'enseignement permettant aux élèves de construire leurs savoirs. À la fin du manuel, le volet **DIALOGUE** présente des descriptions inscrites dans des mises en contexte ainsi que des stratégies facilitant la mise en œuvre des **situations d'apprentissage et d'évaluation** proposées tout au long de l'année.

OUVERTURES DES VOLETS

Une **illustration** forte accompagnée d'une **question** permet d'amorcer une première réflexion et d'ouvrir le dialogue.

Un **PRÉLUDE** précède les volets **ÉTHIQUE** et **CULTURE RELIGIEUSE** et propose un retour sur les concepts abordés au primaire.

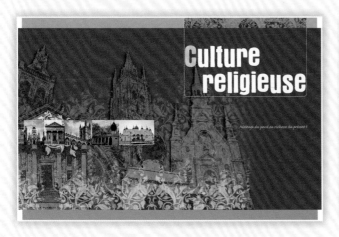

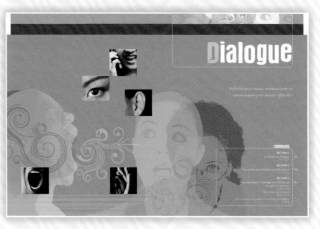

OUVERTURES DES CHAPITRES ET DES SECTIONS DU DIALOGUE

Un **TEXTE D'INTRODUCTION**, issu des expériences et des connaissances antérieures de l'élève et souvent présenté sous forme de question, stimule sa réflexion sur certains concepts abordés dans le chapitre.

Un **SOMMAIRE** des concepts abordés donne une vue d'ensemble du chapitre.

Une rubrique **LIENS** souligne des liens privilégiés à établir avec des concepts des autres volets.

Le volet **DIALOGUE**, divisé en trois sections, comporte 19 outils portant sur les formes du dialogue, les moyens pour élaborer un point de vue et les moyens pour interroger un point de vue.

LES CHAPITRES

Les grandes divisions numérotées des chapitres commencent toujours par une question qui attire l'attention de l'élève et l'oriente dans sa lecture.

Les expressions et les mots plus difficiles sont écrits en bleu dans le texte et définis dans la marge. Ces expressions et mots sont repris, dans l'ordre alphabétique, dans le **GLOSSAIRE** à la fin du manuel.

Des **documents visuels** nombreux et variés et des légendes explicatives viennent appuyer le texte.

LES OUTILS

Présentés sous forme d'outils, tous les contenus prescriptifs de la pratique du dialogue sont abordés sur deux pages, ce qui facilite la compréhension de chacun d'eux et démontre concrètement leur application par une approche modélisante.

LA SYNTHÈSE

À la fin de chaque chapitre, la section **SYNTHÈSE** propose un résumé des points saillants du chapitre ainsi que des questions et des exercices favorisant la compréhension et la mise en pratique des concepts abordés.

LES RUBRIQUES

POUR EN SAVOIR + est une rubrique qui permet d'approfondir un sujet ou de découvrir des aspects nouveaux des concepts liés à l'éthique ou à la culture religieuse.

UN PEU D'HISTOIRE traite de l'information historique liée aux concepts traités. On y aborde des sujets aussi variés que des gens qui ont contribué, par leurs actions et leur implication, à l'évolution des normes et des valeurs de la société ou des règles prévalant dans les classes d'une autre époque.

Le dossier **CULTURE ET SOCIÉTÉ**, toujours placé à la fin des concepts traités, permet de contextualiser différentes notions en les appuyant par des exemples concrets, liés à la société ou à la culture. Plusieurs **repères culturels** y sont abordés, notamment des symboles d'engagement et de liberté, des éléments fondamentaux de différentes traditions religieuses ou des représentations séculières du monde.

Placée à la fin des chapitres, **ICI ET AILLEURS** est une rubrique qui propose une ouverture sur le monde. En lien avec les éléments traités dans le chapitre, cette section fait découvrir des façons différentes de vivre et de concevoir la société.

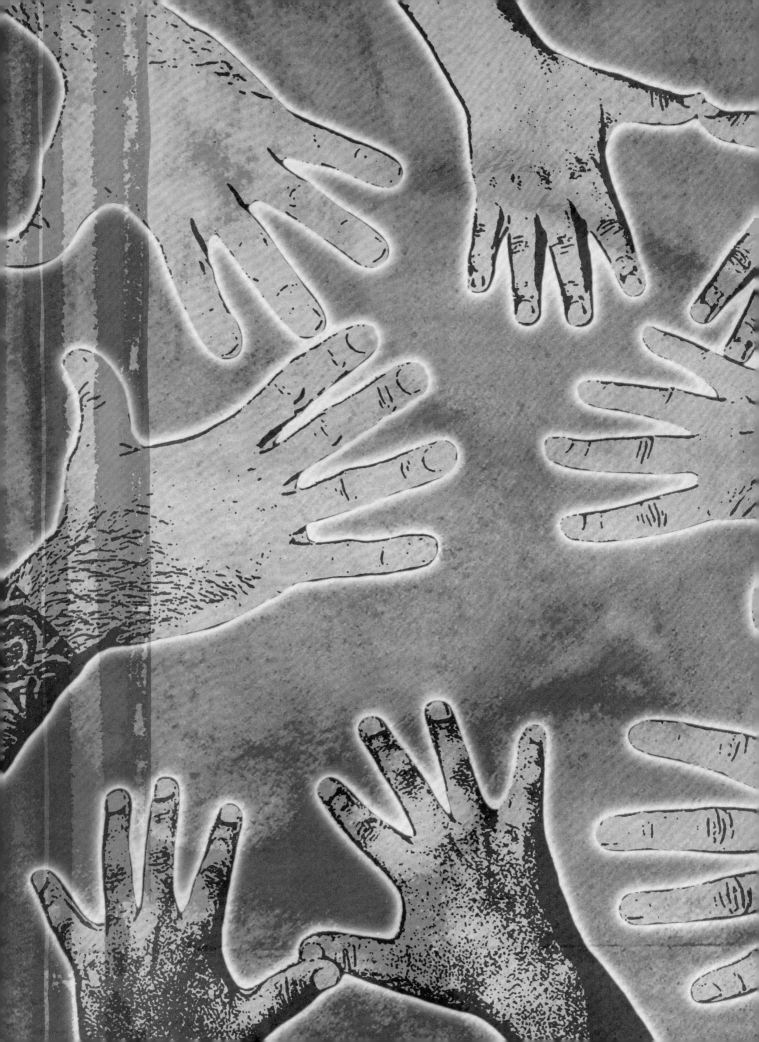

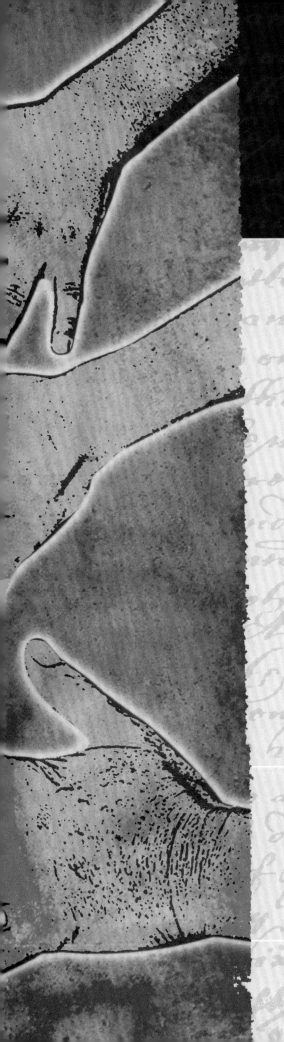

INTRODUCTION

1. Qu'est-ce que l'éthique ?
Qu'est-ce que la culture religieuse ?
Qu'est-ce que le dialogue ?

Cette année, nous parlerons d'éthique, de culture religieuse et de dialogue. Savez-vous de quoi il s'agit ?

L'ÉTHIQUE

L'éthique, c'est une réflexion critique sur la signification des comportements, des valeurs et des normes. C'est aussi s'interroger sur ce qu'il est préférable de faire, ou de ne pas faire, dans une situation donnée. Dans certains cas, il peut être difficile de faire des choix judicieux et c'est pourquoi il faut réfléchir, se poser des questions et analyser la situation.

Vous avez des valeurs personnelles qui vous guident dans vos choix, mais il est possible que des lois ou des règles soient en contradiction avec vos valeurs. Il est même possible que des valeurs soient en contradiction avec d'autres valeurs.

Imaginez que, selon vos valeurs personnelles, les élèves de votre école devraient pouvoir s'habiller comme ils le veulent. Cependant, la direction de l'école se prépare à adopter un règlement qui vous impose un code vestimentaire. Votre liberté pourrait alors être limitée par ce règlement que vous aurez l'obligation de suivre.

Doc. 1
Code vestimentaire et liberté ?

Doc. 2 Code vestimentaire et liberté ?

En songeant à une valeur très importante pour vous, la liberté par exemple, vous constatez qu'elle est très souvent limitée par certaines règles, aussi bien à l'école qu'à la maison. Pourquoi veut-on établir un code vestimentaire à l'école ? Au nom de quelles valeurs ? Ce code respecte-t-il la liberté de choix des élèves ?

Si on consultait les élèves de votre école sur ce code vestimentaire, il y a fort à parier qu'ils exprimeraient plusieurs points de vue différents. En écoutant les opinions des autres, vous décideriez peut-être de changer d'avis. Il pourrait également vous arriver de penser que les autres ont raison et que, vous aussi, vous avez raison. Ainsi, en réfléchissant et en posant des questions, vous serez mieux en mesure de prendre, ou même de ne pas prendre, de décision.

■ **Doc. 3** Code vestimentaire et liberté ?

LA CULTURE RELIGIEUSE

La culture religieuse, c'est la connaissance des éléments importants des religions. La religion, c'est l'ensemble des croyances et des pratiques qui, dans la culture, supposent une représentation du monde englobant toutes les réalités, visibles ou invisibles.

Les éléments importants des religions sont les croyances, les modes d'organisation, les pratiques, les représentations du divin ou de l'ultime, les rites, les fêtes, les règles de conduite, les lieux de culte, les productions artistiques. Autour de vous, à la télévision, dans votre école, vous entendez parler de gens qui ont des valeurs, des croyances et des habitudes de vie différentes des vôtres.

■ **Doc. 4** La croix des chrétiens orthodoxes.

■ **Doc. 5** La grande croix catholique sur le mont Royal.

■ **Doc. 6** L'étoile de David des juifs.
© Odelia Cohen/Shutterstock

■ **Doc. 7** Le croissant de lune des musulmans.

■ **Doc. 8** Le son « OM » des hindous.
© Oblong1/Shutterstock

■ **Doc. 9** La roue du dharma des bouddhistes.
© Thomas Lam/Shutterstock

■ **Doc. 10** Le khanda des sikhs.
© Ajmone Tristano/Shutterstock

Introduction

3

Doc. 11 Le dialogue, c'est l'interaction efficace avec les autres.

© Yuri Arcurs/Shutterstock

On peut apprendre beaucoup de cette grande diversité religieuse, à condition de manifester de la curiosité, de l'intérêt et de chercher à comprendre ce que signifient toutes ces expressions de la culture religieuse.

En en parlant avec les autres, vous en viendrez à les connaître et à mieux vous connaître vous-mêmes. Vous découvrirez aussi les valeurs qui sont associées aux différentes cultures religieuses. Pour cela bien sûr, il faut dialoguer!

LE DIALOGUE

Le dialogue, c'est l'interaction efficace avec les autres dans le but de bien les comprendre et de se faire comprendre. La pratique du dialogue doit se faire dans un esprit d'ouverture, de tolérance et de respect.

On organise dans votre classe une discussion sur le nouveau code vestimentaire de l'école. Au cours de la discussion, les élèves font allusion à plusieurs valeurs. Certains parlent de liberté, d'autres de respect d'autrui. Cet échange vous permet de faire connaître vos idées et peut-être de critiquer des points de vue différents du vôtre. Mais il arrive que des dialogues ne donnent pas d'aussi bons résultats. Par exemple, lorsque tout le monde parle en même temps sans s'écouter, le dialogue ne peut pas progresser.

Pour éviter cela, on peut apprendre à mieux dialoguer pour présenter son point de vue tout en respectant celui des autres.

Dialoguer sur des questions éthiques et sur la culture religieuse, c'est se donner les moyens pour apprendre à mieux se connaître et à connaître l'autre pour, au bout du compte, mieux vivre ensemble.

36724758 © Jupiter Images et ses représentants. Tous droits réservés

Doc. 12 Parler tous en même temps ne fait pas avancer le dialogue.

36091202 © Jupiter Images et ses représentants. Tous droits réservés

Doc. 13 Comprendre et se faire comprendre.

2. Une société qui change sans cesse

Vous vous demandez peut-être pourquoi vous allez étudier une matière qui porte le nom d'Éthique et culture religieuse ? Qu'allez-vous apprendre dans ce cours ? Pourquoi ?

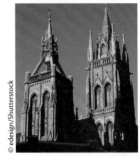

POURQUOI UN COURS D'ÉTHIQUE ET CULTURE RELIGIEUSE ?

Il n'est pas toujours facile de vivre dans une société pluraliste, c'est-à-dire une société où les gens sont libres d'exprimer leurs opinions politiques, de pratiquer leur religion ouvertement, où ils sont libres de vivre selon leurs coutumes et leurs cultures. C'est encore plus difficile de vivre dans une telle société quand on connaît peu les gens qui nous entourent et que, parfois, on a quelques idées préconçues à leur sujet. L'inconnu fait toujours un peu peur.

Pour bien vivre dans une société pluraliste et démocratique, il est important de développer des attitudes d'ouverture, de tolérance et de respect des autres. Le programme d'Éthique et culture religieuse vous offre les outils nécessaires à une meilleure compréhension de la société et de son héritage culturel et religieux. Ces outils vous aideront à prendre des décisions plus réfléchies, qui tiennent compte de la diversité des points de vue.

QU'EST-CE QUE CE COURS ?

Le programme d'Éthique et culture religieuse vise l'acquisition de trois compétences : réfléchir sur des questions éthiques, manifester une compréhension du phénomène religieux et pratiquer le dialogue. Ces compétences sont conçues pour être développées de façon complémentaire les unes avec les autres. Ainsi, en pratiquant le dialogue, vous approfondirez vos réflexions sur des questions éthiques et vous ferez progresser votre compréhension du phéno-mène religieux.

Doc. 14 Dans une société pluraliste et démocratique, il est important de développer des attitudes d'ouverture, de tolérance et de respect des autres.

Doc. 15 Des écolières des années 1950.

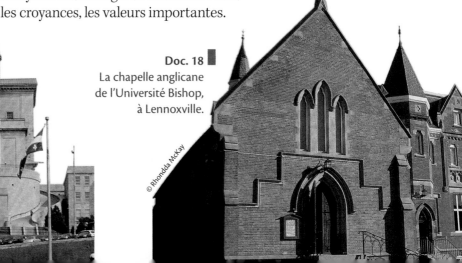

Doc. 16 Des élèves des années 2000.

Doc. 17 Une des églises catholiques les plus imposantes à Montréal, l'oratoire Saint-Joseph.

Doc. 18
La chapelle anglicane de l'Université Bishop, à Lennoxville.

RÉFLÉCHIR AVANT TOUT

Pourriez-vous dire ce que sont les valeurs, les normes, les règles et quelles sont leurs origines ? Durant ce cours, vous examinerez les diverses valeurs propres aux sociétés d'ici et d'ailleurs et vous apprendrez à les mettre en perspective. Vous découvrirez les avantages et les inconvénients des lois, des règles et des codes de conduite à observer pour vivre en société. Vous apprendrez à connaître les exigences liées aux droits et aux devoirs dans une société démocratique. Vous constaterez que, selon les lieux, les époques ou les circonstances, les normes et les valeurs ne sont pas les mêmes pour tous. En les analysant, petit à petit vous serez capable d'exercer un jugement personnel et de dire en quoi les façons de voir influencent ce que font les gens.

Vous en viendrez à reconnaître les enjeux éthiques de diverses situations, vous arriverez à imaginer des options possibles et leurs conséquences pour être en mesure de faire des choix éclairés. Enfin, vous prendrez conscience de l'effet de vos actions sur les autres.

SE FAMILIARISER AVEC LE PHÉNOMÈNE RELIGIEUX

Savez-vous que l'Église catholique est présente au Québec depuis plus de 400 ans ? Que les protestants y sont aussi depuis les débuts de la colonie et que les juifs y sont depuis 250 ans ? Il n'est donc pas étonnant que l'héritage religieux laissé par tous ces bâtisseurs soit considérable.

Les expressions du religieux

Les expressions du religieux sont les éléments faisant partie d'une religion. Dans ce cours, vous découvrirez des aspects importants des traditions chrétiennes, catholique et protestantes, des traditions juives et des spiritualités amérindiennes. Vous explorerez également des éléments caractéristiques des traditions et mouvements religieux importants dans le monde, mais apparus plus récemment au Québec : le bouddhisme, l'hindouisme, l'islam, le sikhisme. Pour toutes ces traditions religieuses, vous en découvrirez les origines, les figures marquantes, les grands récits, les rites, les fêtes, les symboles, les règles, les lieux de culte, les croyances, les valeurs importantes.

Vous serez en mesure d'analyser les diverses représentations du monde et de l'être humain dans les grandes religions. Vous comprendrez comment et pourquoi ces représentations exercent une influence sur la vie des gens. Enfin, vous verrez que toutes ces valeurs et conceptions de la vie, souvent très différentes d'une croyance religieuse à une autre, sont dignes de respect et donnent un sens à l'existence de ceux qui y adhèrent.

Doc. 19 *La création d'Adam*, tableau peint par Michel-Ange au XVIᵉ siècle, sur la voûte de la chapelle Sixtine, au Vatican.

Se tourner vers ses origines peut aider à mieux comprendre le présent. La société québécoise où se croisent toutes ces valeurs et ces croyances a de grands défis à relever. Dans votre recherche d'une vie meilleure et plus juste pour vous et la société, vous devrez un jour prendre les décisions les plus appropriées. La réflexion éthique qui vous est proposée dans ce livre vous sera alors d'une grande utilité dans cette démarche.

PRATIQUER LE DIALOGUE

En dialoguant avec les autres, vous apprendrez à mieux les connaître et à mieux vivre avec des personnes qui n'ont pas nécessairement les mêmes valeurs ou la même culture que vous, mais qui sont, comme vous, intéressées à s'épanouir dans une société ouverte et tolérante. Le contact avec des gens d'opinions, de valeurs, de cultures et de religions diverses est une source d'enrichissement pour tous.

Dans ce livre, nous vous proposons des outils pour développer, par le dialogue, des aptitudes pour agir et penser de façon responsable par rapport à vous-même et à autrui. La pratique du dialogue n'est pas toujours simple, alors nous avons prévu dans ce livre une boîte à outils qui pourra vous faciliter la tâche. Vous y apprendrez aussi bien à mieux formuler vos propres idées qu'à écouter celles des autres dans un contexte de respect et d'ouverture d'esprit qui favorise le vivre-ensemble.

3. Les religions dans le monde

Christianisme

Judaïsme

Spiritualités autochtones

Bouddhisme

Islam

Hindouisme

Sikhisme

La société québécoise d'aujourd'hui est de plus en plus diversifiée sur le plan culturel et religieux. Mais ce qui se passe ici est loin d'être un cas unique. La mosaïque religieuse du monde est un peu à l'image de notre société : on y côtoie des personnes animées de valeurs et de convictions religieuses très différentes.

Si nous embrassons notre planète d'un seul regard, nous allons constater qu'il existe de grands foyers de croyances religieuses. En Asie, partie la plus populeuse de la terre, les religions les plus importantes sont l'hindouisme, le bouddhisme et l'islam. Il y a dans le monde près de un milliard d'hindous dont 750 millions vivent en Inde. Environ 350 millions de bouddhistes sont répartis sur le continent asiatique. Sur les quelque 1,4 milliard de musulmans dans le monde, plus de 600 millions vivent en Indonésie, au Pakistan, en Inde et au Bangladesh. Depuis les années 1960, beaucoup d'hindous et de bouddhistes se sont installés en Europe et en Amérique, entre autres.

Déplaçons-nous vers l'ouest, dans la région du Moyen-Orient et du nord de l'Afrique. Le Moyen-Orient est le berceau de trois grandes religions : le judaïsme, né il y a plus de 4000 ans, le christianisme, né il y a plus de 2000 ans et l'islam, né au VIIe siècle de notre ère. Plus du tiers des quelque 15 millions de juifs du monde vivent en Israël. Les chrétiens, pour leur part, voient leur nombre diminuer sans cesse dans cette région du monde. Il y a des musulmans dans tout le Moyen-Orient et dans plus de la moitié de l'Afrique, mais la foi musulmane est également présente un peu partout sur les cinq continents. Chaque année des millions de musulmans se rendent en pèlerinage à La Mecque, leur ville sainte. Aujourd'hui, le Québec accueille de plus en plus de musulmans. Ils constituent, surtout à Montréal, une communauté importante.

Transportons-nous plus au nord, en Europe, où les chrétiens, catholiques, protestants et orthodoxes, ainsi que les juifs sont installés depuis plusieurs siècles. De l'Europe, avec l'apparition des grands empires coloniaux, les religions chrétiennes se sont répandues en Afrique et, bien sûr, en Amérique.

C'est ainsi que la société québécoise s'est développée sous l'influence de bâtisseurs qui ont apporté avec eux leurs convictions religieuses.

Parmi les confessions chrétiennes, la religion catholique, pratiquée
par la plupart des pionniers européens venus au Québec, compte
aujourd'hui presque un milliard de membres dans le monde.
C'est à Rome en Italie que se trouve le Vatican où réside le pape,
chef de l'Église catholique. Mais savez-vous que près de
la moitié des catholiques vivent dans les Amériques ?

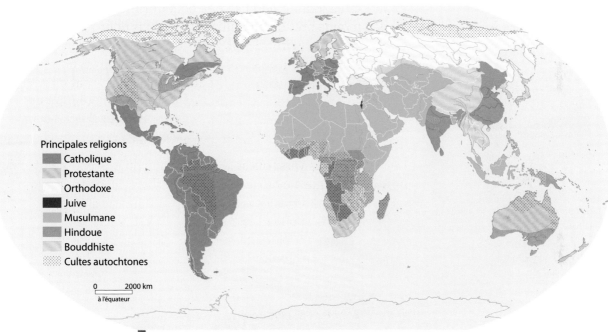

Principales religions
- Catholique
- Protestante
- Orthodoxe
- Juive
- Musulmane
- Hindoue
- Bouddhiste
- Cultes autochtones

0   2000 km
à l'équateur

■ **Doc. 20** La répartition des principales religions dans le monde.

Nous n'avons pas tout à fait complété notre tour de la terre.
Regardez la carte ci-dessus et portez votre attention sur des
continents comme l'Australie, l'Afrique, l'Amérique, mais aussi
l'Arctique. Depuis des temps très anciens, des peuples autochtones
y partagent des croyances religieuses communes. Au Québec
par exemple, bien avant l'arrivée des Européens, il y avait des
Amérindiens qui pratiquaient leurs cultes. Ils sont aujourd'hui
moins nombreux, mais leurs traditions religieuses sont toujours
très vivantes.

4. Le Québec du XXᵉ siècle

Reculons un instant dans le passé du Québec, au début du XXᵉ siècle. C'était bien avant votre naissance, à une époque où même vos grands-parents n'étaient pas encore nés. Que trouvons-nous ? Une population québécoise qui vit majoritairement à la campagne mais qui gagne de plus en plus les villes. Donc, c'est un monde encore rural qui gravite autour de son église. L'Église, le plus souvent catholique, encadre la vie des gens et veille à l'éducation des enfants dans les écoles. À la ville aussi, l'Église règle la vie des quartiers. Dans les milieux plus anglophones du Québec, on trouve des communautés semblables, mais de confessions protestantes et de religion juive.

UN QUÉBEC EN MOUVEMENT

Durant les années 1960, au moment où les Beatles composaient leurs premières chansons, le Québec entreprenait de se moderniser. On a qualifié de Révolution tranquille cette période où les Québécois et les Québécoises ont quitté un mode de vie plus traditionnel, encadré par des Églises chrétiennes, pour un monde plus laïc. Les écoles et les hôpitaux, jadis sous la responsabilité des Églises, sont alors pris en charge par le gouvernement québécois.

Un événement symbolise bien cette époque de changement : l'Exposition universelle qui s'est tenue à Montréal en 1967. Vos parents et vos grands-parents l'ont peut-être visitée. Pour la première fois de son histoire, le Québec recevait des millions de gens en provenance de tous les continents et s'ouvrait sur le monde entier.

Cette ouverture à d'autres modes de vie allait ensuite se poursuivre avec l'arrivée régulière d'immigrants venus d'un peu partout dans le monde. En effet, ces nouveaux arrivants ont apporté avec eux la riche diversité de leurs cultures et de leurs croyances.

Doc. 21 La place des Nations où se sont déroulées les cérémonies importantes de l'Exposition universelle de 1967, qui a accueilli plus de 50 millions de visiteurs. L'emblème d'Expo 67 exprime l'amitié entre les peuples dans une ronde symbolisant le monde.

LE NOUVEAU VISAGE DU QUÉBEC

Entre le début et la fin du XXe siècle, il y a eu plusieurs changements concernant l'appartenance religieuse de la population québécoise. Voici des graphiques et des tableaux qui illustrent ces changements.

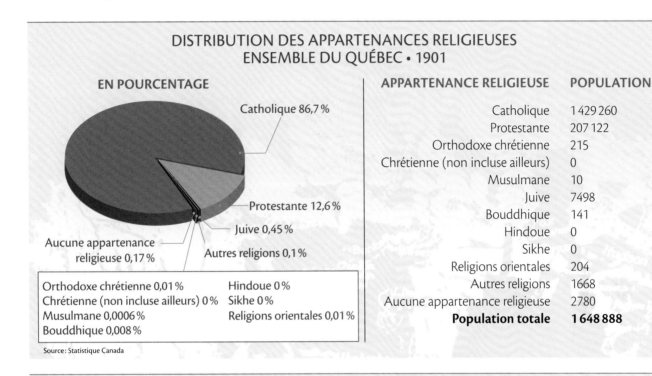

DISTRIBUTION DES APPARTENANCES RELIGIEUSES ENSEMBLE DU QUÉBEC • 1901

EN POURCENTAGE

Catholique 86,7 %
Protestante 12,6 %
Juive 0,45 %
Autres religions 0,1 %
Aucune appartenance religieuse 0,17 %

Orthodoxe chrétienne 0,01 %	Hindoue 0 %
Chrétienne (non incluse ailleurs) 0 %	Sikhe 0 %
Musulmane 0,0006 %	Religions orientales 0,01 %
Bouddhique 0,008 %	

Source: Statistique Canada

APPARTENANCE RELIGIEUSE	POPULATION
Catholique	1 429 260
Protestante	207 122
Orthodoxe chrétienne	215
Chrétienne (non incluse ailleurs)	0
Musulmane	10
Juive	7498
Bouddhique	141
Hindoue	0
Sikhe	0
Religions orientales	204
Autres religions	1668
Aucune appartenance religieuse	2780
Population totale	**1 648 888**

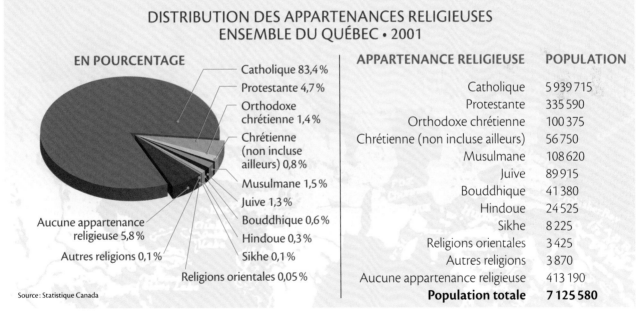

DISTRIBUTION DES APPARTENANCES RELIGIEUSES ENSEMBLE DU QUÉBEC • 2001

EN POURCENTAGE

Catholique 83,4 %
Protestante 4,7 %
Orthodoxe chrétienne 1,4 %
Chrétienne (non incluse ailleurs) 0,8 %
Musulmane 1,5 %
Juive 1,3 %
Bouddhique 0,6 %
Hindoue 0,3 %
Sikhe 0,1 %
Religions orientales 0,05 %
Aucune appartenance religieuse 5,8 %
Autres religions 0,1 %

Source: Statistique Canada

APPARTENANCE RELIGIEUSE	POPULATION
Catholique	5 939 715
Protestante	335 590
Orthodoxe chrétienne	100 375
Chrétienne (non incluse ailleurs)	56 750
Musulmane	108 620
Juive	89 915
Bouddhique	41 380
Hindoue	24 525
Sikhe	8 225
Religions orientales	3 425
Autres religions	3 870
Aucune appartenance religieuse	413 190
Population totale	**7 125 580**

Les Québécois et les Québécoises du début du XXe siècle étaient presque uniquement catholiques ou protestants. Cent ans plus tard, la population du Québec est encore largement catholique, mais il existe une plus grande diversité de religions pratiquées. Près de 5,8 % de la population n'a aucune appartenance religieuse et constitue le deuxième groupe en importance. Cette situation implique une plus riche et une plus grande diversité de valeurs et de croyances que vous apprendrez à mieux connaître pour mieux « Être en société ».

Éthique

Réfléchir pour mieux choisir ou choisir pour mieux être?

1er CYCLE DU PRIMAIRE

LES BESOINS DES ÊTRES HUMAINS ET D'AUTRES ÊTRES VIVANTS	• Moi, un être vivant unique (chapitre 1) • Des besoins communs et différents (chapitres 1, 3) • La diversité des relations d'interdépendance (chapitres 1, 3)
DES EXIGENCES DE L'INTERDÉPENDANCE ENTRE LES ÊTRES HUMAINS ET D'AUTRES ÊTRES VIVANTS	• Des responsabilités dans la famille et à l'école (chapitre 2) • Des traitements appropriés et inappropriés (chapitre 2) • Des valeurs et des normes qui balisent l'agir dans la famille et à l'école (chapitre 2)

2e CYCLE DU PRIMAIRE

LES RELATIONS D'INTERDÉPENDANCE DANS LES GROUPES	• Le développement de l'identité personnelle et les groupes d'appartenance (chapitre 1) • La diversité des relations entre les membres du groupe (chapitre 3)
DES EXIGENCES DE LA VIE DE GROUPE	• Des valeurs et des normes qui balisent la vie de groupe (chapitre 2) • Des rôles et des responsabilités des membres d'un groupe (chapitre 2) • Des comportements et des attitudes qui contribuent ou nuisent à la vie de groupe (chapitre 3) • Des conditions qui assurent ou non le bien-être personnel de chaque membre (chapitre 3)

3e CYCLE DU PRIMAIRE

DES EXIGENCES DE LA VIE EN SOCIÉTÉ	• Des valeurs et des normes qui balisent la vie en société (chapitre 2) • L'acceptable et l'inacceptable dans la société (chapitre 3)
DES PERSONNES MEMBRES DE LA SOCIÉTÉ	• Un jeune, membre de la société (chapitre 1) • Des différences comme source d'enrichissement et de conflit dans la vie en société (chapitre 1)

PRÉLUDE

- la croissance
- les goûts
- les intérêts
- les besoins physiques, affectifs et intellectuels des êtres humains

- des actions qui comblent les besoins
- l'être humain, un être interdépendant
- les relations d'interdépendance

- des responsabilités
- des rôles
- des règles de vie
- des valeurs comme la collaboration, l'entraide, le partage
- des sources de valeurs et de normes : la famille, l'école, la société, la religion

- mes goûts, mes capacités, mes qualités, mes domaines d'intérêt
- mes traits communs et spécifiques par rapport aux autres
- mes besoins
- les relations harmonieuses, conflictuelles, de contrôle, de pouvoir

- des règles de vie ou des interdits dans différents groupes, leur raison d'être et leur possible remise en question
- les valeurs qui sous-tendent la vie de groupe
- les rôles et les responsabilités dans divers groupes
- des comportements, des attitudes, des actions qui favorisent ou nuisent à la vie de groupe
- la gestion des tensions et des conflits

- des droits et des responsabilités
- des repères pour agir
- des actions et des attitudes qui favorisent ou nuisent à la vie en société
- des comportements appropriés ou inappropriés à l'égard des autres

- les aspects inchangés de sa personnalité
- les besoins liés à l'adolescence
- la place des adolescents dans la société
- l'être humain, un être qui construit sa propre identité au contact des autres

La réflexion éthique

CHAPITRE 1

Les influences de notre entourage

De quelle manière nos amis ou les membres de notre famille nous influencent-ils dans nos réactions et nos décisions ? Comment procédons-nous pour faire nos choix ? Sommes-nous libres d'agir selon nos propres valeurs ? Quelle importance accordons-nous aux attentes et aux exigences de notre entourage ?

LIENS

- ■ CULTURE RELIGIEUSE
  - Des codes moraux tels les catéchismes ou les manuels de bienséance
  - Des règles relatives aux comportements familiaux, amoureux, vestimentaires et alimentaires
  - L'influence des institutions religieuses sur la société et la culture

- ■ DIALOGUE
  - Les formes du dialogue: la conversation
  - Des moyens pour élaborer un point de vue: la description
  - Des moyens pour interroger un point de vue: les entraves au dialogue fondées sur l'appel aux autres

L'individu et son entourage

Avez-vous déjà réfléchi à l'origine des valeurs et des normes que vous respectez ? Quels besoins et quelles contraintes guident votre façon d'être ? Votre entourage a-t-il de l'influence sur votre identité ? Les relations humaines peuvent-elles être source de tensions ?

Doc. 1.1 Un individu se définit par son physique, ses relations avec les autres et son univers intérieur.

Identité : ensemble des aspects d'une personne, d'un groupe, qui fait son individualité, sa particularité.

Valeur : caractère attribué à des choses, à des attitudes ou à des comportements qui sont plus ou moins estimés ou désirés par des personnes ou des groupes de personnes qui s'y réfèrent pour fonder leur jugement, pour diriger leur conduite.

Norme : règle, loi, exigence morale qui sert de critère pour délimiter un comportement.

Besoin : exigence de la nature ou de la vie sociale qui porte les êtres vivants à certains actes qui leur sont nécessaires.

Contrainte : ce qui nous oblige ou nous empêche de faire quelque chose.

Système de valeurs : ensemble cohérent et hiérarchisé de valeurs.

Règle morale : norme morale qui précise comment un principe moral ou une valeur doivent s'appliquer dans une situation.

L'ÊTRE HUMAIN, UNE PERSONNE COMPLEXE

Chaque être humain est unique. L'identité d'une personne peut être définie par trois aspects : son physique, ses relations avec les autres et son univers intérieur. Des pensées, des émotions, des valeurs, des normes, des besoins ainsi que des contraintes entrent dans la composition de cet univers. Ce sont certains de ces éléments que nous examinerons maintenant de plus près.

Les valeurs et les normes

Chaque personne adopte des valeurs en fonction de différents repères, notamment son éducation, sa famille et ses expériences de vie. Lorsque des valeurs sont partagées et hiérarchisées par un groupe de personnes, elles forment ce que l'on appelle un système de valeurs. On parle alors de valeurs familiales, sociales et autres.

Les normes sont les règles morales et les lois qui encadrent nos comportements à l'intérieur d'un groupe ou d'une société. Par exemple, la loi selon laquelle il est interdit de pirater des logiciels est une application de la règle morale selon laquelle on ne doit pas voler son prochain. Les normes peuvent avoir été établies par le gouvernement, par la société ou encore par les divers groupes qui forment notre entourage.

Les besoins et les contraintes

Satisfaire nos besoins vitaux crée des désirs. Ainsi, pour vivre, les êtres humains ont besoin de manger, de dormir, de se vêtir et d'être en contact avec d'autres personnes. Combler d'autres besoins nous amène plutôt à nous réaliser sur le plan personnel : vouloir assister à un spectacle, faire une activité ou encore pratiquer un sport.

Les besoins varient assez peu d'une personne à l'autre : ce sont les préférences dans la façon de satisfaire ces besoins qui diffèrent. Par exemple, manger est un besoin universel ; c'est ce que l'on mange qui diffère d'une personne à l'autre.

Parfois, certaines contraintes nous empêchent de combler nos besoins. Le manque de temps, d'argent, d'espace, ainsi que l'âge font partie de ces obstacles. Par exemple, tout le monde a besoin d'une saine alimentation. Cela dit, que ce soit par manque d'argent ou d'éducation, certaines personnes ne parviennent pas à satisfaire ce besoin de manière adéquate.

Les besoins et les contraintes, comme les valeurs et les normes, guident les attitudes, les comportements et les façons de concevoir des choses. Ils contribuent donc à la création de l'identité d'une personne.

L'INDIVIDU ET SON ENTOURAGE

Nous avons vu que chaque être humain possède sa propre identité. Parce que l'individu entretient des relations avec son entourage, une dynamique se crée: chaque personne influence l'autre. Les valeurs, les normes, les besoins et les contraintes d'une personne sont influencés par le milieu qu'elle fréquente.

La famille

L'identité, c'est-à-dire ce qui caractérise une personne et lui donne la conviction d'être unique, s'acquiert au fil du temps par l'expérience de vie. La famille a une influence importante dans la construction de l'identité. Elle transmet à un individu ses premières valeurs et ses premières normes. L'individu adopte certains éléments et en rejette d'autres. Par exemple, vos parents peuvent vous inciter à être honnête ou à respecter les autres parce qu'il s'agit de valeurs importantes à leurs yeux. Vous adopterez ces valeurs si vous considérez qu'elles sont importantes.

Ensuite, la famille établit des normes en fonction des valeurs qu'elle défend. Dans certaines familles, la solidarité est une valeur primordiale, qui peut se manifester sous la forme d'une norme: les membres de la famille doivent s'entraider en cas de besoin. Les enfants assistent leurs parents dans la préparation des repas, par exemple.

Finalement, la famille peut aussi influencer la manière de satisfaire les besoins. Ainsi, certains parents incitent leurs enfants à manger tel aliment ou à se vêtir de telle façon. La dynamique familiale fait en sorte que nous éprouvons des satisfactions et des déceptions lorsque nous satisfaisons nos besoins. Cela dit, parce que les besoins sont généralement les mêmes pour tous, les conflits de besoins surviennent dans des situations exceptionnelles et très rares; par exemple, si le parent a un besoin urgent de manger, alors que l'enfant a besoin de dormir. Ces deux besoins ne peuvent être satisfaits en même temps, car l'adulte doit sortir de la maison parce qu'il n'y trouve aucune nourriture. L'enfant ne pouvant être laissé seul, l'adulte et l'enfant se trouvent en situation de conflit de besoins.

Doc. 1.2 Parfois, des contraintes monétaires limitent la réalisation des besoins.
© Natalia Siverina/Shutterstock

© Cathleen Clapper/Shutterstock

Doc. 1.3 La vie familiale influence l'individu.

© Monika Wisniewska/Shutterstock

Doc. 1.4 La famille influence la manière de satisfaire les besoins.

■ **Doc. 1.5** La famille évolue constamment.

■ **Doc. 1.6** Les amis influencent les valeurs et les besoins d'une personne.

Enfin, la famille se charge de régir les comportements en imposant des contraintes. Ces limites encadrent les agissements. Par exemple, vos parents vous imposent peut-être de rentrer à une heure précise ou de ne pas passer toute la soirée devant votre ordinateur. Vous arrive-t-il de ne pas être d'accord avec les contraintes que l'on vous impose ? C'est possible, car les contraintes peuvent aussi causer des tensions dans une famille.

À l'âge que vous avez maintenant, vos parents ne vous traitent plus de la même manière que lorsque vous étiez enfant. L'influence de votre famille évolue donc tout au long de votre vie.

Malgré toute l'importance qu'on lui reconnaît, la famille n'est pas le seul groupe de l'entourage qui influence les valeurs, les normes, les besoins et les contraintes qui animent une personne. Il y a aussi le milieu social qui contribue largement à son développement.

Le milieu social

À l'adolescence, les groupes d'amis, le voisinage, les équipes sportives et l'école constituent une grande part du milieu social. Ce milieu a une influence sur notre identité à cette étape de la vie.

De même que la famille, le milieu social transmet des valeurs. Ainsi, vos voisins peuvent vous amener à valoriser l'ouverture d'esprit et l'entraide.

Le milieu social transmet aussi des normes. À l'école, vous devez respecter un code de vie, donc des normes. Le même principe s'applique dans les équipes sportives : il y a des règlements à suivre.

Le milieu social influence aussi nos goûts et nos choix dans la façon de répondre à nos besoins. Ainsi, dans votre groupe d'amis, il est fort probable que tout le monde écoute le même genre de musique ou porte des vêtements de style semblable.

Enfin, le milieu social peut également exiger qu'on se plie à des contraintes. À l'école, par exemple, si le nombre de casiers n'est pas suffisant, peut-être devrez-vous partager le vôtre avec une autre personne.

■ **Doc. 1.7** Le milieu social impose des règles à respecter.

Doc. 1.8 La relation d'un individu avec son milieu social peut être source de tensions.
© Andresr/Shutterstock

Le contact d'un individu avec son milieu social peut causer des tensions, car les valeurs et les normes ne sont pas toujours les mêmes pour tous. Par ailleurs, la satisfaction des besoins d'une personne peut être limitée par les contraintes provenant de son entourage. Le milieu social, tout comme la famille, évolue. Par conséquent, les relations que vous entretenez avec votre entourage se transforment au fur et à mesure que vous évoluez.

POUR EN SAVOIR +

Le port de l'uniforme à l'école

Le port de l'uniforme est une norme en vigueur dans plusieurs écoles. Cette mesure ne fait pas l'unanimité, tant chez les élèves que chez leurs parents et professeurs. Cet enjeu peut être interprété de différentes façons; voici un exemple lié à la liberté qui illustre deux positions:

Pour: L'uniforme interdit aux élèves de porter des vêtements trop ajustés, mais ne les empêche pas d'afficher leur identité par des accessoires et des coiffures particulières. Il ne brime donc pas leur liberté d'expression.

Contre: L'uniforme est imposé à tous les élèves, même à ceux qui s'habillent décemment. C'est donc une entrave à leur liberté d'action.

Certaines écoles se sont inspirées du concept de l'uniforme et l'ont adapté pour ne pas obliger tout le monde à porter exactement les mêmes vêtements. Les élèves doivent porter une chemise ou un chandail blancs, ainsi qu'un pantalon bleu foncé ou noir. Ce compromis aurait l'avantage d'imposer moins de contraintes. Qu'en pensez-vous?

1.2 L'autonomie, une source de questionnement

Quelles questions préoccupent vraiment l'être humain ? Est-il important de réussir socialement ? De développer son indépendance ? D'avoir une bonne estime de soi ? Qu'en est-il des pressions de l'entourage ? Et de l'amour ? Que penser de l'autonomie et de la dépendance par rapport à ces questions ?

Doc. 1.9 Notre autonomie a des répercussions sur celle des autres.

© Andrey Shadrin/Shutterstock

Autonomie : possibilité de décider sans se référer à une autorité, de déterminer de façon indépendante les règles auxquelles on se soumet.

Bien commun : conditions matérielles et spirituelles qui procurent le bien-être à un groupe et qui favorisent le développement des individus qui le composent.

QU'EST-CE QUE L'AUTONOMIE ?

Être autonome signifie être apte à faire ses propres choix, de manière responsable et à en assumer les conséquences. On ne peut exercer son autonomie qu'à certaines conditions : faire preuve de jugement critique, de bon sens, d'authenticité et de responsabilité morale.

L'autonomie est une capacité qui permet de faire face à diverses situations. Une personne autonome s'appuie sur des arguments valables pour émettre des jugements réfléchis. Elle fait ainsi preuve de jugement critique et de bon sens. Elle prend aussi ses décisions en étant authentique, c'est-à-dire qu'elle prend ses décisions en fonction de ses valeurs et en prenant en considération les normes pertinentes selon la situation. Et elle doit assumer ses décisions, ce qui signifie être responsable des conséquences que celles-ci peuvent entraîner.

Existe-t-il des limites à l'autonomie ?

L'individu exerce son autonomie dans une société où il côtoie d'autres personnes. Nous avons vu précédemment que nos valeurs, les normes auxquelles nous adhérons, nos besoins, ainsi que les contraintes auxquelles nous sommes soumis peuvent avoir des répercussions sur les autres. Il en va de même pour l'autonomie.

Il peut arriver que l'exercice de l'autonomie soit source de conflits. Une personne pourrait être autonome et décider d'agir selon ses valeurs et ses besoins, mais cette façon de voir les choses n'est pas toujours compatible avec le bien commun.

Imaginons la situation suivante pour bien comprendre cet enjeu : Benjamin et Said sont assis dans un parc. Benjamin boit un jus dans une bouteille de verre qu'il jette par terre après avoir fini de boire. Said lui dit qu'il ne devrait pas laisser cette bouteille par terre, car le verre pourrait se briser et quelqu'un pourrait se blesser.

Doc. 1.10 L'autonomie peut s'exercer à certaines conditions.
© Yuri Arcurs/Shutterstock

Benjamin lui répond : « Chacun fait ce qu'il veut. Comme c'est moi qui l'ai payée, je peux en faire ce que je veux. Et puis, il y a des gens qui sont payés pour ramasser les déchets. » Et Said de poursuivre : « Tu imagines ce qui arriverait si tout le monde pensait comme toi ? »

DES QUESTIONS QUI FONT RÉFLÉCHIR

Tout au long de la vie, on se pose des questions par rapport à soi-même, mais aussi par rapport aux autres. Certaines d'entre elles sont étroitement liées à l'autonomie : la réussite sociale, la dépendance envers les autres, l'estime de soi, la pression de l'entourage et l'amour. Ces questions seront maintenant examinées. L'objectif poursuivi ici n'est pas tant de fournir des réponses, mais plutôt de réfléchir aux conditions et aux tensions qui leur sont liées. Dans la vie de tous les jours, on peut y répondre en tenant compte de ses propres valeurs et de ses expériences de vie. Dans ce genre de réflexion, chaque personne réagit différemment, suivant son identité ou ses expériences. Par exemple, quelqu'un peut être autonome à un moment de sa vie, mais dépendre des autres à un autre moment, tout comme on peut être autonome dans certaines situations et dépendant dans d'autres.

Doc. 1.11 L'autonomie et la dépendance soulèvent de nombreuses questions.
© Kiselev Andrey Valerevich/Shutterstock

La réussite sociale

La **réussite sociale** est une question qui préoccupe constamment les êtres humains. La plupart des personnes souhaitent être acceptées et reconnues par leurs **pairs**. Cette question est liée à l'autonomie et à la dépendance : pour réussir socialement, on doit être autonome, mais on a aussi besoin des autres. Il y a donc une tension entre l'autonomie et la dépendance.

Prenons un cas concret. Justin se considère comme une personne autonome parce que ses choix sont fondés sur son jugement critique et sur son bon sens. Il s'efforce aussi d'être authentique et d'assumer la responsabilité de ses choix. D'autre part, pour Justin, la réussite sociale est importante. Il a besoin d'être entouré de ses amis et dépend en partie d'eux pour être heureux.

Réussite sociale : succès d'une personne dans ses relations avec les autres.

Pair : personne ayant la même situation sociale, le même rang.

Doc. 1.12 La réussite sociale fait partie des préoccupations de l'être humain.
30327203 © Jupiter Images et ses représentants. Tous droits réservés

Doc. 1.13 À l'adolescence, on dépend en partie de nos amis.

Doc. 1.14 Parfois, le manque d'estime de soi entraîne la dépendance.

La dépendance envers les autres

Avez-vous déjà constaté que les personnes de votre entourage ne sont pas toutes complètement autonomes ? Certaines d'entre elles sont très autonomes parce qu'elles possèdent les aptitudes pour agir de la sorte. Par contre, il y a des gens qui dépendent constamment des autres. Ils sont incapables d'émettre un jugement ou de faire un choix sans d'abord demander l'avis de quelqu'un d'autre. En soi, la dépendance n'est pas forcément négative. Ainsi, à l'adolescence, on continue à dépendre en partie de ses parents et on dépend un peu de ses amis. Toutefois, la dépendance pose problème lorsqu'une personne s'en remet entièrement aux autres. Une telle attitude peut contribuer à entretenir un manque d'estime de soi.

L'estime de soi, un concept fragile

On peut définir l'estime de soi comme étant la perception qu'une personne a d'elle-même. Quelqu'un qui a une bonne estime de soi aura confiance en ses capacités. Mais quelqu'un dont l'estime de soi est faible pourra se sentir médiocre ou maladroit. Parce qu'elle n'a pas une bonne perception d'elle-même, cette personne en vient à douter de ses capacités et de ses compétences. Prenons le cas de Maria : elle est très talentueuse, mais elle n'a pas confiance en ses aptitudes. Si elle doit parler seule devant la classe, elle est terrorisée. Pourtant, quand elle fait des présentations orales en équipe, elle est moins gênée parce qu'elle a l'appui de ses amis. Son manque d'estime de soi fait donc en sorte qu'elle dépend entièrement des autres pour se sentir à l'aise.

Des victoires ternies

Plusieurs athlètes se sont fait retirer leurs médailles après avoir échoué des tests de dopage. C'est le cas de la cycliste Geneviève Jeanson qui utilisait un produit améliorant ses performances et son endurance. En 2007, elle a avoué qu'elle se dopait depuis l'âge de 16 ans. Selon l'athlète, c'est son entraîneur qui l'aurait incitée à prendre cette substance. Est-ce que le désir de vaincre peut justifier la tricherie ? Est-ce que certaines circonstances peuvent rendre la tricherie acceptable ?

Doc 1.15
La cycliste Geneviève Jeanson

© CHRISTINNE MUSCHI/Reuters/Corbis

La pression de l'entourage

Il arrive que l'entourage exerce des pressions sur une personne. Parfois, cela provient de figures d'autorité : les parents, les professeurs ou les entraîneurs. Ainsi, certains parents poussent leurs enfants à performer à l'école. La pression peut aussi provenir des pairs. Il pourrait s'agir d'un ami qui ferait pression sur vous pour vous convaincre de lui faire une copie d'un album de musique alors que la loi l'interdit. Il y a diverses manières de réagir à cette pression. Certains n'en sont pas affectés. Mais il existe des gens qui y sont très sensibles. Ils font ce que les autres attendent d'eux parce qu'ils croient ainsi les satisfaire ou leur plaire. Ils ne peuvent vivre sans l'approbation de leur entourage. Ils sont donc dépendants.

L'amour, plus fort que tout ?

La recherche de l'amour peut aussi être une source d'autonomie ou de dépendance envers les autres. Voici l'histoire de Noémie. Elle rencontre Joël et en devient amoureuse, mais après quelques semaines de fréquentation, elle se rend compte que leurs valeurs ne sont pas compatibles. Noémie respecte les autres, tandis que Joël se moque de tout le monde. Elle croit que l'entraide est importante, alors qu'il ne pense qu'à lui-même. Le fossé qui sépare leurs valeurs incite Noémie à rompre sa relation avec Joël. D'après vous, Noémie a-t-elle agi de manière autonome ou dépendante ? Pourquoi ?

Réfléchir à notre autonomie et à notre dépendance dans nos attitudes, nos comportements et nos façons de concevoir les choses nous ramène à la question de la liberté. Il est donc important de nous questionner quant à notre capacité d'exercer cette liberté.

© Ingvald Kaldhussater/Shutterstock

Doc 1.16
L'amour est aussi une question liée à l'autonomie et à la dépendance.

Les influences de notre entourage

25

Un peu d'histoire

CYRANO DE BERGERAC

Connaissez-vous Cyrano de Bergerac ? Cyrano est un poète et un escrimeur, qui, parce qu'il a un immense nez, a une faible estime de lui-même sur le plan de l'amour. Un jour, il tombe amoureux de la belle Roxane, mais n'ose pas lui avouer ses sentiments par peur d'être rejeté. Comme il est habile avec les mots, Cyrano écrit pour son ami Christian des lettres d'amour destinées à Roxane. Cette dernière, charmée par les lettres qu'elle croit écrites par Christian, devient amoureuse de ce dernier. Christian sera tué pendant la guerre, mais Cyrano décide de ne pas avouer à Roxane qu'il est le véritable auteur des lettres. La supercherie ne sera découverte que quinze ans plus tard, lorsque Cyrano, mourant, avouera son amour à Roxane. Celle-ci découvre alors que durant toutes ces années, c'est l'esprit de Cyrano qu'elle aimait et non la beauté de Christian. Cyrano meurt dans ses bras, heureux d'avoir connu pendant un moment un amour partagé.

Doc. 1.17 Cyrano, mourant, avoue son amour à Roxane.
© Robbie Jack/Corbis

La pièce *Cyrano de Bergerac* a été écrite en 1897 par Edmond Rostand (1868-1918), un poète et auteur français. En outre, Cyrano n'est pas seulement un personnage de théâtre. C'est aussi un véritable auteur français né à Paris (1619-1655). Rostand s'est inspiré de la vie et des écrits de cet auteur pour sa pièce.

CHAPITRE

Nous avons vu que les attitudes d'un être humain, ses comportements et ses façons de concevoir les choses sont influencés par ses valeurs, par les normes de son milieu, par ses besoins et par les contraintes qu'il subit. Dans ce contexte, de quelle liberté disposons-nous pour penser et agir ? Que représente la liberté pour vous ? Quel est le genre de liberté dont vous bénéficiez à votre âge ? Quelles en sont les contraintes ? Quels enjeux la liberté soulève-t-elle ?

QU'EST-CE QUE LA LIBERTÉ ?

La liberté existe quand une personne a le pouvoir de penser, d'agir ou de choisir par elle-même. C'est elle qui fait en sorte qu'une décision relève bien de la personne qui agit et non de son entourage. Lorsque nous agissons librement, nous avons la possibilité d'accepter ou de rejeter des valeurs ou des normes en faisant appel à notre jugement. Toutefois, comme notre liberté peut avoir des effets sur les autres, il importe de réfléchir sur ses implications.

Doc. 1.18 La liberté d'un individu doit tenir compte de celle des autres.
© Mandy Godbehear/Shutterstock

Des limites à la liberté

« La liberté des uns commence là où s'arrête celle des autres. »
Ce proverbe signifie que la liberté a des limites. Si nous étions tous libres de faire ce que nous voulons en tout temps, très rapidement, plus personne ne pourrait être libre. C'est pour cette raison que des règles morales et des lois encadrent nos comportements. Ces dernières contribuent ainsi au respect des droits des individus et au maintien de l'ordre social. Les individus sont donc libres d'agir et de décider par eux-mêmes, mais seulement à l'intérieur de certaines limites légales. Nous aborderons ce sujet de manière plus détaillée dans le chapitre suivant.

La liberté d'une personne est aussi limitée par les normes et les contraintes imposées par son entourage. Par exemple, certains parents exigent que leurs enfants fassent leurs devoirs avant de jouer à des jeux vidéo. Parfois, il arrive aussi que les adolescents s'imposent des contraintes entre eux. Ces contraintes peuvent prendre diverses formes: promesses, pactes, engagements et autres. Pour aider à comprendre comment la liberté continue d'exister ou non à l'intérieur d'un tel cadre, prenons le cas de Kevin. Il fait partie d'une équipe de hockey et a conclu un pacte avec les autres membres de l'équipe: ils ne doivent pas avoir recours à la violence dans la pratique de leur sport. Pendant un match, Kevin se fâche et insulte un adversaire. Le capitaine de son équipe, ayant été témoin de la scène, demande à l'entraîneur de ne pas laisser jouer Kevin pour le reste de la partie. Dans cet exemple, en recourant à la violence verbale, Kevin n'a pas respecté l'engagement qu'il avait pris avec son équipe. Les autres joueurs s'attendent donc à ce qu'il écope d'une sanction. Pensez-vous que quelqu'un qui ne respecte pas ses engagements devrait avoir autant de liberté que quelqu'un qui les respecte ? Pourquoi ?

© Junial Enterprises/Shutterstock

Doc. 1.19 Les limites de la liberté peuvent causer des tensions.

Les influences de notre entourage

Doc. 1.20 L'individu exerce sa liberté en fonction de ses valeurs et de sa vision du monde.

Vision du monde : regard que chacun porte sur soi et sur son entourage, qui oriente ses attitudes et ses actions.

DES ENJEUX LIÉS À LA LIBERTÉ

Nous savons maintenant que la liberté est limitée par un cadre qui régit les comportements. Mais à l'intérieur de ce cadre, chaque personne est libre d'agir comme elle l'entend. Elle peut alors faire ses choix en fonction de ses valeurs et de sa vision du monde. Il en découle que l'exercice de la liberté diffère d'une personne à l'autre et d'une situation à l'autre. Voici maintenant quelques enjeux liés à l'exercice de la liberté.

L'intimité

La plupart des gens souhaitent garder pour eux-mêmes certaines pensées et certains aspects de leur vie. Ils souhaitent préserver leur intimité. Mais la frontière entre ce qui est privé et ce qui ne l'est pas est souvent mince. La liberté des uns peut empiéter sur l'intimité des autres.

L'exemple d'Eva illustre bien ce problème. Eva considère sa chambre à coucher comme son univers privé. Elle l'a décorée selon ses goûts, y affiche des images qui lui plaisent et y partage des secrets avec ses amies. Sa chambre constitue son domaine et elle défend à son petit frère d'y entrer parce qu'il fouille dans ses affaires. Pour cette raison, elle demande à ses parents de faire installer une serrure sur sa porte. Elle réclame donc plus d'intimité. Ses parents n'acceptent pas cette idée parce qu'elle limite leur accès à la chambre de leur fille. En effet, ils auraient alors un accès limité dans leur propre maison. Pensez-vous qu'il soit justifié pour les parents de limiter l'intimité de leurs enfants ?

Doc. 1.21 Eva considère sa chambre à coucher comme son univers privé.

La confidentialité

La confidentialité est aussi un élément qui concerne la limite entre la liberté des uns et celle des autres. Maintenir une information dans la confidentialité consiste à la garder secrète, à ne pas la divulguer. Chaque individu a une vision particulière de ce qui doit demeurer confidentiel. Par exemple, certaines personnes affichent des informations personnelles sur leur site Internet : prénom, nom, âge, numéro de téléphone et autres. D'autres considèrent ces informations comme étant confidentielles. Elles s'abstiennent alors de les afficher publiquement.

La confidentialité oblige à poser diverses questions liées à la liberté : Ai-je le droit de garder certaines informations confidentielles ? Les autres peuvent-ils y avoir accès en évoquant leur droit à la liberté ? Prenons un exemple concret pour illustrer cet enjeu. Nathan est un adolescent qui s'interroge par rapport à son corps. Il voudrait avoir des réponses, mais ne veut rien demander ni à ses parents, ni aux autres membres de son entourage. Il a l'intention d'en discuter avec son médecin lors de son prochain examen, mais il craint que le médecin en parle à ses parents. Il voudrait que ses préoccupations demeurent confidentielles.

© Andresr/Shutterstock

Doc. 1.22 La confidentialité impose des limites à la liberté.

POUR EN SAVOIR +

La confidentialité et les jeunes

À partir de l'âge de 14 ans, les adolescents ont droit à la confidentialité lorsqu'ils consultent un professionnel de la santé, qu'il s'agisse d'un médecin ou d'un psychologue. En effet, selon la loi, à 14 ans, un individu possède la maturité et les capacités intellectuelles pour faire un choix éclairé. Les médecins et les psychologues doivent donc respecter la confidentialité des informations qui leur sont confiées par leurs patients. Cela fait partie des règles de leur code de déontologie. Il y a toutefois une limite à la confidentialité. Lorsque la santé d'un adolescent ou d'une adolescente est en danger, le professionnel de la santé doit en aviser ses parents. Il doit aussi contacter les parents si le jeune séjourne pendant plus de douze heures dans un établissement de santé ou de services sociaux.

© dasilva/Shutterstock

Doc. 1.23
La confidentialité est un enjeu auquel les médecins sont souvent confrontés.

Code de déontologie : ensemble de règles et de devoirs imposés aux membres d'une profession.

■ **Doc. 1.24** Le voyeurisme est dû à une curiosité plus ou moins malsaine.

POUR EN SAVOIR +

Le voyeurisme criminel

La justice canadienne considère certains actes de voyeurisme comme étant criminels. Le voyeurisme sexuel en est un exemple. Les personnes qui regardent, photographient ou filment une personne sans son consentement et dans un but sexuel s'exposent à des peines d'emprisonnement.

Le voyeurisme

Le voyeurisme consiste à regarder ou à écouter quelque chose que l'on ne devrait pas regarder ou entendre. Cette attitude est due à une curiosité plus ou moins malsaine.

Il existe une différence entre le voyeurisme et la simple curiosité. Par exemple, une personne curieuse pourrait, en passant devant une maison où se déroule une fête, jeter un coup d'œil à l'intérieur sans s'arrêter. Ce geste est dû à de la curiosité. Par contre, un individu qui s'arrêterait pour observer les gens dans leur intimité et à leur insu serait considéré comme un voyeur.

Certains actes de voyeurisme contreviennent au droit à la vie privée et à l'intimité. Prendre une photo d'une personne ou la filmer sans son consentement en sont des exemples. Un voyeur peut affirmer qu'il est libre de photographier ce qu'il veut. Mais qu'en est-il de la personne photographiée ? N'a-t-elle pas le droit à sa vie privée ?

Doc. 1.25 ■
Photographier
sans consentement
peut entraver
la liberté des autres.

Un peu d'histoire

JANETTE BERTRAND ET LES TABOUS AU QUÉBEC

© La Presse

Doc. 1.26 Janette Bertrand a contribué à libérer les Québécois et les Québécoises de certains tabous.

Aujourd'hui, au Québec, on peut discuter librement de différents sujets comme la sexualité et l'amour. Mais cela n'a pas toujours été le cas. Vos grands-mères et vos grands-pères n'abordaient probablement pas certains sujets parce qu'ils étaient tabous, c'est-à-dire qu'il n'était pas acceptable d'en parler. Une personnalité publique a joué un rôle important en aidant la société à se libérer d'une partie de ses tabous : Janette Bertrand. Janette Bertrand est née en 1925. Par son travail d'auteure et de journaliste, elle a grandement contribué à faire évoluer la société québécoise. Au cours des années 1950, elle collaborait à l'hebdomadaire *Le Petit Journal* et répondait aux questions du public dans la section « Courrier du cœur ». Des gens lui écrivaient pour lui demander des conseils dans des domaines peu abordés à l'époque, notamment l'amour, les relations interpersonnelles, la sexualité, l'homosexualité et l'infidélité.

À compter de 1970, après avoir été animatrice à la radio, elle est devenue très populaire à la télévision. Durant les années 1980 et 1990, elle a poursuivi son œuvre d'éducation en s'attaquant à de nouveaux sujets, fort délicats, qui touchaient l'individu et son entourage, des sujets tels que le sida, le suicide, la violence et le jeu compulsif. En plus d'avoir animé de nombreuses émissions, elle a écrit des pièces de théâtre et plusieurs téléfilms.

En 1990, Janette Bertrand a été élue « Femme du siècle » au Salon de la Femme. En 2000, elle recevait le prix du Gouverneur général pour les arts de la scène, une distinction qui souligne son apport exceptionnel à la vie culturelle canadienne.

Les influences de notre entourage

31

Culture et société
Autonomie et liberté aux siècles derniers

L'identité des adolescents, ainsi que les limites à leur autonomie et à leur liberté ont beaucoup changé au cours de l'histoire. Votre vision du monde est très différente de celle qu'avaient les adolescents du temps passé. Allons voir à quoi ressemblait la vie des jeunes de votre âge au Québec à deux époques : le XIXe siècle et le milieu du XXe siècle. Si vous comparez votre vie à celles de ces adolescents, que remarquez-vous ?

Doc. 1.27 Deux frères photographiés en 1863.

LE XIXe SIÈCLE

Au XIXe siècle, pour les adolescents et les adolescentes, les responsabilités et les rôles étaient très différents de ce qui existe aujourd'hui. Leurs univers respectifs étaient complètement séparés. Dans les milieux aisés, les garçons fréquentaient des collèges dirigés par des communautés religieuses. Ils y vivaient en internat, c'est-à-dire qu'ils étaient logés et nourris. Ils étaient donc séparés de leurs familles dès l'âge de 12 ans. Au collège, la discipline était très sévère et les libertés individuelles, pratiquement inexistantes. Cette discipline avait souvent pour effet de tisser des liens très serrés entre les jeunes. Elle pouvait aussi parfois les mener à la révolte contre l'autorité. D'un autre côté, dans les milieux plus défavorisés, les adolescents avaient une vie tout autre. Les garçons devaient, par exemple, travailler à la ferme ou en usine.

Les jeunes filles de cette époque vivaient une tout autre situation. L'adolescence était en fait une période de transition qui les préparait à leur mariage. Leur univers était donc centré sur la vie domestique. Leur formation s'effectuait principalement à la maison auprès de leurs mères. Alors, elles apprenaient très tôt à assumer les responsabilités d'une mère au foyer : cuisiner, faire le ménage et prendre soin des enfants. La famille et le milieu social des adolescentes les encourageaient à être soumises, modestes et polies.

Doc. 1.28 Sur cette photographie de 1862, ces deux sœurs sont vêtues différemment. La plus âgée porte une robe modeste, avec un col boutonné au cou, des manches longues et une jupe qui touche par terre. Au XIXe siècle, on considérait qu'à partir du moment où elle atteignait l'âge du mariage, une jeune fille devait être très pudique. La robe de sa sœur est plus légère. Le col est ouvert, les manches sont courtes et la jupe se trouve à quelques centimètres du sol. Ces indices nous apprennent qu'elle a entre 12 et 14 ans.

© Musée McCord I-7007-1

© Musée McCord I-3235.1 (détail)

CHAPITRE

LES ANNÉES 1960

Les années 1960 marquent un tournant dans la vie des adolescents, à la suite d'une réforme dans l'éducation. En effet, la fréquentation de l'école devient alors obligatoire jusqu'à l'âge de 15 ans. De plus, les classes mixtes sont maintenant la norme, ce qui est nouveau pour l'époque. Les garçons et les filles fréquentent désormais les mêmes classes, la même cafétéria et la même cour de récréation.

Cela dit, au début de la décennie, les rôles des filles et des garçons n'ont pas vraiment changé. L'éducation des garçons les menait vers un métier ou vers des études universitaires. La majorité des filles suivaient une formation générale comprenant des cours d'arts ménagers où on leur enseignait la cuisine, la couture et le tricot. Certaines d'entre elles accédaient toutefois à l'université.

Au début, il existait encore deux visions du monde distinctes chez les adolescents : celle des filles et celle des garçons. Leurs responsabilités et leurs droits étaient différents. Mais le phénomène s'atténuera au cours de la décennie, notamment sous l'influence du mouvement féministe et du bouillonnement social qui ont teinté la fin des années 1960.

© Bettmann/CORBIS

Doc. 1.29 Portrait d'une famille du début des années 1960.

© Aladdin Color, Inc./ Corbis

Doc. 1.30 La musique occupait une place importante dans l'univers des adolescents de l'époque.

© Collection Robert Daigneault, Centre d'histoire de Montréal

Doc. 1.31 L'Expo 67 est une exposition universelle qui a eu lieu à Montréal en 1967 sous le thème *Terre des hommes*. Les gens ont pu y visiter une centaine de pavillons nationaux ou thématiques portant sur les technologies, l'art ou la religion. En six mois, l'Expo 67 a accueilli quelque 50 millions de visiteurs. Cet événement a marqué les Québécois en leur ouvrant de nouveaux horizons sur la diversité des expériences de vie partout dans le monde.

Ici et ailleurs
Autonomie et liberté aujourd'hui

D'après vous, les valeurs, normes, besoins et contraintes sont-ils partout les mêmes que les vôtres ? Qu'en est-il de l'autonomie et de la liberté des jeunes dans d'autres régions du monde ?

Collection particulière

Doc. 1.32 Une famille cambodgienne réunie autour d'un repas. En Asie, il est commun que les grands-parents, les parents et les enfants cohabitent sous un même toit.

Chaque culture possède ses valeurs et ses normes, chacune a sa manière d'envisager l'autonomie et la liberté. Partout dans le monde, des jeunes espèrent se réaliser personnellement, mais plusieurs autres sont plutôt préoccupés par la satisfaction de leurs besoins de base, comme se nourrir et se loger. Voyons quelques aspects qui ont une influence sur l'autonomie et la liberté des adolescents ailleurs dans le monde.

LA FAMILLE

Il existe plusieurs manières de concevoir la famille, donc de concevoir l'autonomie et la liberté au sein de la famille. Dans certaines cultures, différents membres de la famille vivent sous un même toit : grands-parents, parents, enfants, oncles, tantes et cousins. Selon vous, quelles conséquences cette manière de vivre a-t-elle sur la liberté des adolescents ?

Dans certains pays, notamment en Jordanie, les adolescents ont rarement l'occasion de discuter de sujets qui les touchent directement, comme le choix d'une carrière et même le mariage, avec les membres de leur famille. Ces décisions sont souvent prises par les autres membres de la famille sans que les jeunes soient consultés.

D'autre part, partout dans le monde, des enfants vivent à l'extérieur d'un cadre familial ou n'ont que peu de contacts avec leurs familles. C'est le cas des enfants de la rue qui sont souvent sans attaches. Peut-on dire que les jeunes de la rue sont plus libres que ceux qui évoluent à l'intérieur d'un cadre familial très restrictif ?

POUR EN SAVOIR +

Les enfants de la rue

L'Agence canadienne de développement international estime à 100 millions le nombre d'enfants de la rue dans le monde. Environ 60 % d'entre eux travaillent dans la rue, mais ont un toit où dormir, tandis que 40 % sont des sans-abri. Pour survivre, ils vendent de petits objets, font des travaux manuels, mendient ou se prostituent. Près de 90 % de ces jeunes sont aux prises avec des problèmes de dépendance à l'alcool ou aux drogues. Plusieurs facteurs peuvent mener des jeunes à la rue, notamment les guerres, les catastrophes naturelles, les abus et la toxicomanie.

BY002174| Standard RM| © Barry Lewis/CORBIS

Doc. 1.33 Des adolescents sans-abri réfugiés près de la station de train principale de Bucarest en Roumanie. Chaque jour, une soixantaine de jeunes y trouvent un endroit où dormir.

Doc. 1.34 En 2007, à la suite d'une importante inondation, l'école du village de Tumha en Inde a été fermée. Rupesh Kumar et son frère ont dû attendre que le village soit dégagé avant de retourner à l'école. Dans plusieurs régions du monde, des catastrophes naturelles compromettent l'accès des jeunes à l'éducation.

Doc. 1.35 Divers organismes luttent pour favoriser l'accès des jeunes à l'éducation. Cette photo montre une classe de l'école de Rabour, un village du Kenya, où on accueille les orphelins dont les parents sont décédés du sida.

L'ÉDUCATION

Dans plusieurs pays, l'éducation n'est pas accessible à tous. Dans de nombreux cas, les parents ne possèdent pas l'argent nécessaire pour couvrir les frais liés à l'éducation (frais de scolarité, fournitures, transport etc.). Souvent, les aînés de la famille doivent rester à la maison ou travailler pour que les plus jeunes puissent fréquenter l'école. Aussi, dans certains pays, on considère que les filles n'ont pas besoin de s'instruire. D'après vous, les jeunes qui ont accès à l'école sont-ils plus libres que les autres ? Sont-ils plus autonomes ?

Doc. 1.36 Les talibans, qui ont dirigé l'Afghanistan de 1966 à 2001, y ont imposé un régime de terreur. Ils ont, entre autres, interdit aux filles de fréquenter l'école et aux enseignantes de pratiquer leur profession. Aujourd'hui, le pays n'est plus dirigé par les talibans, mais l'Afghanistan demeure marqué par la répression de ce groupe extrémiste. Cette photographie, prise en 2006, montre une classe de jeunes filles à Kaboul. Plusieurs écoles accueillant des filles afghanes ont été la cible d'attentats et d'incendies.

POUR EN SAVOIR +

- Selon l'UNICEF, 110 millions d'enfants dans le monde, dont les deux tiers sont des filles, ne fréquentent pas l'école.

- En 2001, le taux de scolarisation des filles en Gambie, un pays d'Afrique, était de 19 %. L'UNICEF y a instauré un programme, le club des mères, pour inciter les mères de famille à encourager l'accès, la présence et les résultats de leurs filles à l'école. L'initiative a été très efficace. En 2003, le taux de scolarisation est passé à 34 % et très peu de filles ont été retirées de l'école pour se marier.

Les influences de notre entourage

Ici et ailleurs

Doc. 1.37 Certains types de travail ne nuisent pas au développement des enfants. Ici, un adolescent vend des olives dans un marché de Marrakech, au Maroc.

LE TRAVAIL

Selon l'Agence canadienne de développement international, plus de 130 millions d'enfants travaillent dans le monde. Certains d'entre eux travaillent pour subvenir à leurs propres besoins, tandis que d'autres travaillent pour aider leurs familles. De manière générale, le travail des filles est moins rémunéré que celui des garçons parce qu'il s'agit souvent de travail domestique. Parfois, le travail des enfants ne nuit pas à leur développement. C'est le cas des enfants qui, par exemple, vendent des produits dans les marchés. Par contre, certains types de travail nuisent à la santé et au développement des enfants : filage de la laine dans les usines, vaporisation de pesticides, travail dans les mines, prostitution ou service dans l'armée. Quelles conséquences le travail des enfants a-t-il sur l'autonomie et la liberté de ces jeunes ? Le travail les rend-il forcément plus libres ? Les rend-il plus autonomes ?

Doc. 1.38 Au Bangladesh, de nombreux enfants et adolescents travaillent dans des usines de vermillon. Cette substance poudreuse et colorante d'un rouge vif est hautement toxique. Tout contact avec la peau devrait être évité.

POUR EN SAVOIR +

Les enfants soldats

L'emploi d'enfants soldats dans les armées remonte probablement à l'Antiquité. L'Agence canadienne de développement international estime à 300 000 le nombre de filles et de garçons de moins de dix-huit ans qui participent aujourd'hui à des conflits armés dans une trentaine de pays. Certains enfants intègrent les armées de manière volontaire, soit pour échapper à la pauvreté, soit pour y trouver une nouvelle « famille » après avoir perdu la leur dans des guerres ou des catastrophes naturelles. D'autres enfants n'y sont pas par choix, mais parce qu'ils ont été kidnappés par les armées. Les enfants soldats remplissent différents rôles : transporteurs de munitions, messagers, détecteurs de mines ou soldats armés. Ils sont recrutés par les armées parce qu'étant plus petits, ils peuvent facilement se faufiler, ils mangent moins et ils peuvent être intimidés plus facilement que les adultes.

Doc. 1.39 Sur cette photo, un jeune soldat de 12 ans de l'Armée républicaine du Vietnam, armé d'un lance-grenades, pose pour un photographe américain en 1968.
Wikipedia

LES SPORTS ET LES LOISIRS

Saviez-vous que le droit des enfants au repos, au jeu et à des activités créatives est inscrit dans la Convention relative aux droits de l'enfant qui a été adoptée par l'assemblée générale des Nations Unies en 1989 ? En effet, cette organisation reconnaît l'importance des sports et des loisirs pour le développement physique et psychologique des jeunes. D'autre part, l'ONU croit que la pratique de ces activités permet d'acquérir certaines valeurs et aptitudes nécessaires à la vie en société, telles que la résolution de conflit, la collaboration et le fait de savoir gagner ou perdre dans le respect d'autrui. Quelle peut être l'influence des sports et des loisirs sur l'autonomie et la liberté des adolescents dans le monde ?

© Andrzej Grygiel/PAP/Corbis

Doc. 1.40 Une classe de breakdancing à Bedzin, en Pologne. Ce style de danse aurait été créé dans le Bronx, à New York, dans les années 1970. Un ancien chef de gang, souhaitant canaliser l'énergie des jeunes de son quartier vers une activité artistique plutôt que vers la violence, aurait inventé le breakdancing en s'inspirant de différentes danses africaines.

POUR EN SAVOIR +

Le sport le plus populaire au monde

Le soccer, appelé ainsi en Amérique du Nord, mais « football » partout ailleurs, est sans conteste le sport le plus populaire au monde. Cette popularité est due notamment au fait que le soccer exige peu de moyens : on peut y jouer avec un ballon ou avec tout autre objet qui s'y apparente. Ce sport convient donc aux gens de tous les milieux.

42-16725017| Standard RM| © Joao Luiz Bulcao/Corbis/Corbis

Doc. 1.41 Le soccer est le sport national du Brésil. Sur cette photographie, on aperçoit des jeunes d'un quartier défavorisé de Rio de Janeiro. Plusieurs organismes, conscients du rôle que le soccer peut jouer sur l'estime de soi, incitent les jeunes à y jouer. La plupart des jeunes joueurs rêvent de suivre un jour la trace de leurs idoles, Pelé, Romário, Rivaldo, Ronaldo et Ronaldinho, en devenant des joueurs professionnels. Ils rêvent aussi d'avoir la chance de jouer au stade Maracanã de Rio de Janeiro, le plus grand stade de soccer au monde.

Sources : Agence canadienne de développement international, 2008, Organisation des Nations Unies, 2006 et UNICEF, 2008.

Doc. 1.42 Un groupe de cadets de la marine à Saint-Pétersboug, en Russie. Les cadets ne font pas partie d'une armée. Il s'agit plutôt de jeunes qui participent à des programmes leur permettant de découvrir, par exemple, les traditions navales ou l'aviation. Ces programmes visent aussi à développer l'estime de soi, la discipline et la conscience de l'importance de l'implication individuelle et collective au sein de la communauté.
© Catherine Karnow/Corbis

- L'identité d'une personne est définie par son physique, ses relations et son univers intérieur.

- L'univers intérieur de chaque individu est modelé par ses valeurs, les normes auxquelles il adhère, ses besoins et les contraintes auxquelles il est soumis.

- La famille et le milieu social exercent une grande influence sur l'individu.

- Les besoins sont généralement les mêmes pour tous. C'est la manière d'y répondre qui diffère d'une personne à l'autre.

- La dynamique qui lie un individu à sa famille ou à son milieu social peut être source de tensions.

- L'exercice de notre autonomie peut entraîner des conséquences pour les gens qui nous entourent et ainsi être une source de tensions.

- C'est par l'exercice de son autonomie que l'individu est en mesure d'agir dans certaines situations qui se présentent.

- L'autonomie et la dépendance sont liées à des questions comme la réussite sociale, la dépendance envers les autres, l'estime de soi, la pression de l'entourage et l'amour.

- Selon son identité et ses expériences, l'individu répond différemment à des questions comme la réussite sociale, la dépendance envers les autres et l'estime de soi.

- Certaines situations peuvent nous amener à aller à l'encontre de nos propres valeurs.

- La liberté est la capacité de pouvoir penser, agir et choisir par soi-même. Son exercice doit tenir compte de la liberté des autres.

- Les lois nous permettent d'avoir droit à l'intimité et à la vie privée. Ces droits imposent des limites à la liberté des autres.

1 Sur quels aspects nous basons-nous pour adopter des valeurs ?

2 Qu'est-ce qu'une norme ?

3 Dans votre entourage, quelles personnes ou organisations établissent les normes ?

4 Qu'est-ce qui nous permet de combler nos besoins essentiels ?

5 De quelle manière nos besoins peuvent-ils créer des tensions dans notre entourage ?

6 Pouvez-vous nommer trois contraintes qui peuvent empêcher un individu de combler ses besoins ?

7 Quel groupe nous transmet nos premières valeurs ?

8 Que veut dire « être autonome » ?

9 Notre autonomie peut-elle créer des situations conflictuelles ? Justifiez votre réponse.

10 Qu'est-ce que la dépendance ?

11 La dépendance peut-elle devenir problématique ?

12 Qu'est-ce que le manque d'estime de soi ?

13 Est-ce que la pression de l'entourage peut rendre une personne dépendante ? Pourquoi ?

14 Pouvez-vous définir la liberté dans vos mots ?

15 Qu'est-ce qui limite la liberté d'un individu ?

16 Comment les adolescents peuvent-ils s'imposer des limites entre eux ?

17 L'exercice de la liberté peut-il entraîner des tensions ? Pourquoi ?

18 De quelle manière le désir d'intimité d'une personne peut-il entraver la liberté d'autrui ?

19 En quoi la confidentialité est-elle un enjeu lié à la liberté ?

20 Est-ce que tous les individus perçoivent la confidentialité de la même manière ? Justifiez votre réponse.

21 La curiosité est-elle forcément malsaine ? Justifiez votre réponse.

22 Qu'est-ce qui distingue le voyeurisme de la simple curiosité ?

23 Le voyeurisme peut-il constituer un acte criminel ? Pourquoi ?

La réflexion éthique

Nous vivons dans une société organisée. Qu'est-ce que l'ordre social ? Comment la forme de pouvoir en place dans la société influence-t-elle nos actions ? Avons-nous vraiment conscience des valeurs véhiculées par notre société ? Avons-nous un pouvoir d'action dans cette société organisée ?

LIENS

■ CULTURE RELIGIEUSE
- L'organisation des institutions religieuses québécoises
- L'influence des traditions religieuses sur les valeurs et les normes
- Des règles religieuses relatives aux comportements familiaux, amoureux, vestimentaires et alimentaires

■ DIALOGUE
- Les formes du dialogue : le débat
- Des moyens pour élaborer un point de vue : la justification
- Des moyens pour interroger un point de vue : des erreurs de raisonnement

2.1 L'ordre social

Qu'est-ce que l'ordre social ? Dans quel type de société vivons-nous ?
Quelles sont les différentes formes de pouvoir qui régissent la société ?

Dans le chapitre précédent, vous avez constaté que votre entourage est régi par des normes, des lois et des règles morales. Vous évoluez donc dans le cadre d'un ordre établi. Nous verrons dans ce chapitre que cet ordre des choses existe aussi sur le plan social.

En général, un pays est dirigé par un gouvernement, c'est-à-dire un groupe de personnes qui détient le pouvoir. C'est le gouvernement en place qui décide des lois et s'occupe de leur mise en application sur tout le territoire. Il prend les décisions nécessaires à la bonne marche du pays.

Cependant, la notion de gouvernement ne se limite pas seulement à l'ensemble d'un pays. Par exemple, le Canada est dirigé par le Parlement canadien, mais c'est aussi une **confédération**. En effet, le pays est dirigé par un gouvernement central, mais chaque province a aussi son propre gouvernement et son propre **appareil gouvernemental**. Certains domaines, comme les postes, dépendent du gouvernement central, alors que d'autres, comme l'éducation, relèvent des provinces. Au Québec, c'est l'Assemblée nationale qui dirige les affaires de l'État. Enfin, dans chaque ville, un conseil local prend des décisions sur les règlements **municipaux** et administre divers services à la population, comme l'approvisionnement en eau potable, l'entretien des voies de circulation, le déneigement, la collecte des ordures ménagères ainsi que les loisirs sportifs et culturels.

D'autres formes de groupes, d'institutions et d'organisations sont aussi régies par un ordre social. C'est le cas notamment de l'industrie.

Confédération : association de plusieurs États qui conservent une certaine autonomie par rapport à un gouvernement central.

Appareil gouvernemental : ensemble des institutions, des structures et des mécanismes dont dispose un gouvernement pour remplir ses fonctions.

Municipal : qui concerne une ville ou un territoire donné.

C'est à l'Assemblée nationale que se déroulent les débats portant sur les lois et leur mise en application au Québec. Les ministres et les députés du parti au pouvoir ainsi que les députés des partis d'opposition y discutent des projets de loi proposés. Les commissions, des groupes mandatés par le gouvernement pour examiner des questions précises, y présentent leurs rapports et leurs recommandations. C'est là que se prennent les décisions importantes sur la conduite des affaires de l'État. Que devrions-nous faire pour protéger l'environnement ? Comment va-t-on structurer l'enseignement de l'éthique et de la culture religieuse au primaire et au secondaire ? Les questions ne manquent pas ! Les réponses non plus !

© Pierre McCann/La Presse

Doc. 2.1 La salle de débat de l'Assemblée nationale du Québec.

DES FORMES DE POUVOIR

Pensez-vous que tous les groupes, les institutions et les organisations ont recours aux mêmes formes de pouvoir et d'organisation ? Une grande diversité existe en matière de formes d'organisations politiques, de manières d'assumer le pouvoir et de modes d'organisation du travail. En voici quelques exemples.

Le pouvoir démocratique

Vous avez certainement souvent entendu dire que nous vivons dans une démocratie, ou encore qu'il est important de préserver nos valeurs démocratiques.

Une société démocratique repose sur le respect de la liberté et de l'égalité de chacune des personnes qui la composent. Quand une société fonctionne ainsi, les membres du gouvernement sont élus par l'ensemble des citoyens et citoyennes ayant le droit de vote. Les élus doivent prendre des décisions favorables à l'amélioration des conditions de vie, au mieux-être de tout un chacun et au respect des droits de la personne.

Dans une société démocratique, les gens peuvent exprimer librement leurs opinions, y compris leur désaccord avec les décisions prises par le gouvernement. Chaque personne a le droit de défendre ses idées et ses valeurs.

Doc. 2.2 En démocratie, on vote librement pour des personnes et des partis politiques selon nos valeurs et nos façons de concevoir la vie en société.

© Lisa F. Young/Shutterstock

Wikipedia

Doc. 2.4 Un symbole moderne de la paix à l'entrée de l'ONU.

Démocratie : forme d'organisation politique où le peuple détient le pouvoir et élit librement des représentants pour l'exercer en son nom.

39191096 © Jupiter Images et ses représentants. Tous droits réservés

Doc. 2.3 Le siège de l'ONU est situé à New York.

POUR EN SAVOIR +

L'Organisation des Nations Unies

Plusieurs institutions internationales, comme l'Organisation des Nations Unies (ONU), sont fondées sur des valeurs démocratiques. Les principaux objectifs de l'ONU sont, pour le monde entier, de promouvoir la paix et de défendre les droits de la personne.

Les influences de la société

Doc. 2.5 Adolf Hitler (1889-1945), dictateur allemand, a été à l'origine de la Seconde Guerre mondiale.

Répression : fait d'arrêter par la violence les contestations et les révoltes.

Dictateur : chef qui s'empare du pouvoir et qui l'exerce de manière autoritaire.

Charisme : qualité qui fait qu'un individu a une grande influence, un pouvoir magnétique sur les autres.

Le pouvoir autoritaire

On oppose souvent la dictature à la démocratie. La dictature est un régime politique autoritaire dans lequel le peuple n'a pas vraiment son mot à dire. En général, dans ce type de gouvernement, les dirigeants se préoccupent peu du bien-être de la population et lui offrent très peu de services.

C'est souvent grâce à un coup d'État qu'un gouvernement de type autoritaire prend le pouvoir. Les dirigeants d'une dictature ne tolèrent pas de contestation de la part de la population. Pour eux, l'avis des citoyens a peu d'importance. La répression, l'assassinat et les violations des droits de la personne sont chose courante.

On associe souvent à ce type de gouvernement les personnages suivants :

- Adolf Hitler, dictateur allemand à l'origine de la Seconde Guerre mondiale.

- Francisco Franco, général qui a dirigé l'Espagne de 1939 à 1975.

- Augusto Pinochet, général qui a gouverné le Chili entre 1973 et 1990.

Le pouvoir charismatique

On dit de certaines personnes qu'elles ont du charisme. Leur simple présence inspire et stimule leur entourage. En politique, ce genre d'individu peut convaincre des foules de la force de ses idées, les remplir de passion et même les entraîner dans des guerres. On parle alors de « leader charismatique ». Deux politiciens charismatiques ont marqué l'histoire du Canada : Pierre Elliott Trudeau (1919-2000) et René Lévesque (1922-1987). Trudeau, qui était premier ministre du Canada, défendait l'unité du pays. De son côté, Lévesque, qui était premier ministre du Québec, militait pour la souveraineté de la province.

Doc. 2.6 René Lévesque a été premier ministre du Québec de 1976 à 1985.

Doc. 2.7 Pierre Elliott Trudeau a été premier ministre du Canada de 1968 à 1979 et de 1980 à 1984.

Le pouvoir coopératif

Le pouvoir coopératif est basé sur l'association de personnes qui ont un but commun. Celles-ci partagent la gestion du projet, les ressources, les responsabilités et les tâches qui lui sont liées. Le profit est réparti en fonction de la proportion de travail accompli par chacun. Ce type de pouvoir est très présent dans le monde économique. Par exemple, il existe plusieurs types de coopératives : coopératives agricoles, de crédit ou encore d'habitation.

Doc. 2.8 Dans une coopérative, ce sont les membres qui détiennent le pouvoir.

Le partenariat

Le partenariat rassemble deux ou plusieurs intervenants. Le but de cette forme de pouvoir est la réalisation d'un projet par la mise en commun de moyens matériels, intellectuels et financiers. Le partenariat peut entraîner la participation des gouvernements, des entreprises ou de simples individus.

Un peu d'histoire

LES COOPÉRATIVES D'HABITATION AU QUÉBEC

Les premières coopératives d'habitation québécoises ont été créées dans les années 1940 à l'initiative du clergé catholique. À l'époque, lorsqu'une coopérative d'habitation était mise sur pied, les membres unissaient leurs efforts pour construire, à tour de rôle, une maison pour chacun d'entre eux. La coopérative était dissoute après la construction de ces maisons.

Depuis les années 1940, le mouvement des coopératives d'habitation a pris de l'expansion et s'est dissocié du clergé catholique. De nos jours, une coopérative d'habitation est un immeuble où résident des gens qui, sur le plan individuel, sont locataires de leur logement, mais qui, sur le plan collectif, sont propriétaires de l'immeuble. Ce sont ces mêmes résidents qui assurent la gestion de la coopérative. Chacun d'entre eux participe ainsi au contrôle de la qualité de son milieu de vie.

Actuellement, la Confédération québécoise des coopératives d'habitation compte 50 000 membres. Ce regroupement est fondé sur des valeurs comme l'égalité, l'équité, la solidarité et la transparence. La confédération met aussi de l'avant plusieurs principes, comme la démocratie, l'autonomie et l'engagement communautaire.

POUR EN SAVOIR +

Le commerce équitable

Le commerce équitable est une forme de partenariat économique. Il vise à donner un juste prix aux producteurs et aux artisans des pays en développement. Il est fondé sur le dialogue, la transparence et le respect entre les producteurs et les consommateurs. Plusieurs produits équitables sont commercialisés : café, thé, sucre, fruits et légumes, riz, coton et autres.

Au Canada, il n'existe aucun contrôle gouvernemental du commerce équitable. Cependant, quelques associations jouent un rôle de surveillance et de certification : leurs logos visent à garantir le caractère équitable des produits.

De nombreux regroupements de consommateurs souhaitent une loi sur le commerce équitable, un peu comme la réglementation sur les produits biologiques, qui existe depuis 2006 au Canada. On veut ainsi éviter les abus et les tromperies.

Doc. 2.9 Ce symbole s'applique aux produits Certifiés Équitables conformément aux normes internationales du commerce équitable.

© TransFair Canada

2.2 La protection des valeurs sociales

Toutes les sociétés sont fondées sur des valeurs.
Que savez-vous des valeurs véhiculées par
notre société ? Êtes-vous en accord avec celles-ci ?

Doc. 2.10 L'Assemblée nationale représente les valeurs démocratiques du Québec.

Wikipedia

Abolir : action de supprimer.

UN APERÇU DES VALEURS DE LA SOCIÉTÉ QUÉBÉCOISE

Les valeurs collectives varient d'une société à l'autre. Elles sont liées à divers facteurs historiques, comme le régime politique, la langue, la culture et la religion. Ces valeurs sont habituellement respectées dans toutes les institutions de la société. Elles sont effectivement défendues par des lois liées aux droits fondamentaux. Au Québec, par exemple, chaque personne est libre de choisir son style de vie, d'agir selon ses valeurs, d'avoir ses opinions et de pratiquer la religion de son choix. Saviez-vous que dans presque toutes les sociétés démocratiques, la plupart des gens considèrent que la liberté est la valeur la plus fondamentale ?

Les définitions de la liberté ne manquent pas. Cependant, presque toutes les définitions comportent l'idée que son exercice doit être limité. La liberté d'un individu n'est pas absolue, elle n'existe que par rapport à celle des autres.

Un peu d'histoire

L'ESCLAVAGE OU L'ABSENCE TOTALE DE DROITS ET LIBERTÉS

L'esclavage consiste à s'approprier des individus et leur force de travail. À l'époque de l'Antiquité, cette pratique était déjà courante dans plusieurs sociétés. Mais avec la découverte de l'Amérique par les Européens, le commerce des esclaves africains a pris une énorme ampleur. Voulant acquérir une main-d'œuvre bon marché, les colons européens ont commencé ce qu'on a appelé la « traite des Noirs ». À partir du XIXe siècle, de nombreux pays ont officiellement **aboli** l'esclavage.

Pourtant, la traite des êtres humains existe toujours. Elle n'a que changé de forme. On estime à plus de 27 millions le nombre de victimes de l'esclavage moderne sur tous les continents. Les principales victimes sont les femmes et les enfants. On les utilise pour le travail ou la prostitution. L'UNESCO, comme d'autres organismes internationaux, lutte contre ces nouvelles formes d'esclavage.

Doc. 2.11 Encore aujourd'hui, 27 millions d'esclaves sont forcés à travailler comme domestiques, prostitués ou soldats dans diverses régions du monde.
© Vladimír Radosa/Shutterstock

Les libertés fondamentales

Dans le chapitre précédent, vous avez pu constater que la liberté peut prendre diverses formes dans votre vie quotidienne. Vous avez également constaté que l'exercice de vos libertés peut entrer en conflit avec celui des autres. Sur le plan social, on pourrait définir la liberté comme le fait de pouvoir décider de ses actes tout en respectant les règles de la société dans laquelle on vit. On appelle «libertés fondamentales» les libertés inscrites dans les lois et jugées essentielles par les individus qui évoluent dans une société donnée. Mais les libertés fondamentales sont elles aussi limitées par des lois. À titre d'exemple, le droit d'association ne donne pas le droit de participer à une organisation criminelle, de même que la liberté de parole ne donne pas le droit de dire n'importe quoi.

Les libertés au Québec

Selon la Charte des droits et libertés de la personne du Québec, toute personne possède les libertés fondamentales suivantes :

- La liberté de conscience
- La liberté de religion
- La liberté d'opinion
- La liberté d'expression
- La liberté de réunion pacifique
- La liberté d'association

LA PROTECTION DES DROITS ET DES LIBERTÉS

La protection des droits et des libertés est une valeur primordiale dans notre société. Le gouvernement du Québec ainsi que celui du Canada ont établi des lois fondamentales en la matière. C'est ce qu'on appelle, au Québec, la Charte des droits et libertés de la personne et, au Canada, la Charte canadienne des droits et libertés. Ces chartes visent notamment à garantir pour chaque personne l'égalité devant la loi, le droit à la vie, le droit de vote, le droit à la vie privée et toutes les formes de liberté dont il a été question précédemment.

La protection du consommateur

Quand une personne gagne un salaire ou un revenu dans le respect de la loi, elle a le droit de dépenser son argent pour acheter les produits et les services qu'elle désire. De plus, il existe des lois pour protéger les consommateurs contre les marchands malhonnêtes, les produits défectueux ou d'autres problèmes de ce genre. Au Québec, l'Office de la protection du consommateur, un organisme gouvernemental, a pour mission d'informer et d'éduquer les citoyens, en plus de faire appliquer les lois sur la consommation. Cet organisme traite les plaintes des gens dont les droits n'ont pas été respectés lors de l'achat d'un bien ou d'un service.

Doc. 2.13 Au Canada, les consommateurs sont protégés par des lois.
© Andresr/Shutterstock

POUR EN SAVOIR +

Doc. 2.12 L'intérieur de la Grande Bibliothèque du Québec.
Wikipedia

La Grande Bibliothèque du Québec

Bibliothèque et Archives nationales est un organisme du gouvernement du Québec. Une partie de sa mission consiste à offrir un libre accès à ses collections, ce qui participe à l'épanouissement des citoyens et citoyennes. À la Grande Bibliothèque, lieu principal de cet organisme, on peut consulter plus de quatre millions de documents. Cet édifice a ouvert ses portes en 2005 au cœur de Montréal.

Les influences de la société

Le droit à l'information

Dans notre société, tout individu a le droit de recevoir et de répandre des informations. Par exemple, les citoyens ont droit à une information claire et précise sur le fonctionnement de l'État. On évalue souvent la qualité d'un gouvernement à sa transparence, c'est-à-dire à l'exactitude des informations transmises à la population.

Le droit à la vie privée

Chaque personne a droit à la vie privée. Sa vie sentimentale, sexuelle et familiale ainsi que son état de santé, par exemple, ne concernent qu'elle. Le droit à la vie privée, tout comme le droit à l'information, a fait l'objet d'une loi : la Loi sur l'accès aux documents des organismes publics et sur la protection des renseignements personnels. Cependant, si l'intérêt public est menacé, les autorités ne sont pas tenues de respecter ce droit : par exemple, si on craint une action terroriste ou si on enquête sur les agissements d'un présumé pédophile.

Commission d'enquête : commission nommée par le gouvernement, dont le but est soit de recueillir l'opinion du public sur un sujet donné, soit de faire la lumière sur un événement particulier. La plupart du temps, on abrège le nom de ces commissions en les désignant par le nom de leurs responsables : par exemple, la commission Gomery, ou encore, la commission Bouchard-Taylor.

Commandite : soutien financier accordé à un organisme ou à un événement.

Fonds publics : ensemble des sommes d'argent appartenant à l'État et soumises à des règles précises (impôts, taxes, etc.).

© CHRISTINNE MUSCHI/Reuters/Corbis

■ **Doc. 2.14** Le juge John Howard Gomery est né à Montréal en 1932. Diplômé en droit de l'Université McGill, il s'est d'abord consacré au droit familial et commercial. En 1982, il a été nommé juge à la Cour supérieure du Québec. De 1999 à 2004, il présidait la Commission du droit d'auteur du Canada. Après avoir présidé la Commission d'enquête sur le programme des commandites, en 2004, le juge Gomery a pris sa retraite en 2007.

POUR EN SAVOIR +

Le droit à l'information : la commission Gomery et le scandale des commandites

En 2004, le Parti libéral, au pouvoir à Ottawa, crée la **Commission d'enquête** sur le programme de **commandites** et les activités publicitaires. À l'origine, c'est un article publié dans un journal qui a soulevé le problème de **fonds publics** qui auraient été dépensés sans qu'on respecte les règles gouvernementales. Le Parti libéral aurait été impliqué dans l'opération. La commission Gomery a duré près de 9 mois et a entendu 184 témoins. Le montant total dépensé par le Programme des commandites est de 250 millions et de cette somme, 100 millions auraient été détournés, selon le rapport de la vérificatrice générale. C'est le scandale ! Des ministres ont été impliqués et des personnes du monde de la publicité ont été condamnées à des amendes et à des peines de prison. Le droit à l'information a un coût : les spécialistes évaluent à environ 75 millions de dollars les dépenses de fonds publics liées directement ou indirectement à cette commission. Après la sortie du rapport de la commission, des élections ont été déclenchées et le Parti libéral a perdu le pouvoir.

Doc. 2.15 Bien que la protection du droit à la vie privée soit une valeur importante au Québec, la sécurité exige parfois l'utilisation de caméras de surveillance dans les lieux publics.

Les devoirs de la personne

Les droits, les libertés et les protections ne sont pas tout dans une démocratie. Les individus ont aussi des devoirs. Ils doivent, entre autres, s'informer adéquatement et respecter l'opinion des autres.

L'opinion que vous avez sur un sujet dépend notamment de l'exactitude de l'information que vous possédez. Vous ne pouvez pas vraiment évaluer ce que vous ne connaissez pas bien ou pas du tout. La formule « Nul n'est censé ignorer la loi » ne crée pas une obligation légale de s'informer, mais rappelle que le devoir de connaître la loi entraîne des conséquences ; dans les faits, on peut ignorer certaines lois, mais si l'on y contrevient, on ne peut invoquer ce motif en défense. Personne n'ira en prison parce qu'il ne connaît pas les lois ; ce châtiment est réservé à celui qui transgresse la loi. On peut en conclure que le devoir fondamental du citoyen est de respecter la loi, ce qui n'implique pas nécessairement de la connaître. Sans doute cela peut-il aider, mais ce n'est pas une obligation en soi.

Respecter l'opinion d'autrui ne signifie pas nécessairement accepter cette opinion. Cela veut plutôt dire que nous laissons les autres s'exprimer librement, et nous attendons d'eux qu'ils nous laissent nous exprimer tout aussi librement. Cette tolérance favorise le dialogue entre les personnes.

Les obligations de l'individu

Dans toute société organisée, les individus doivent observer les lois et les règlements en vigueur. La vie quotidienne nous fournit de nombreuses occasions de remplir ou non des obligations liées à ces lois. En voici quelques exemples.

- Une personne qui écope d'une contravention doit la payer.

- Un adolescent doit fréquenter l'école jusqu'à l'âge de 16 ans.

- Un individu qui emprunte une somme d'argent, soit par **contrat** écrit, soit à la suite d'une entente verbale, doit rembourser cette somme au prêteur.

Contrat : convention entre des individus.

POUR EN SAVOIR +

Être ou ne pas être politiquement correct ?

La rectitude politique, c'est-à-dire le fait d'être politiquement correct, signifie avoir une attitude où on évite les paroles ou les actes qui peuvent être interprétés comme étant offensants par certaines personnes. Les sujets délicats ne manquent pas : l'origine ethnique, le sexe, l'orientation sexuelle, la religion et les handicaps en sont quelques exemples.

La rectitude politique suscite de nombreuses réactions. Certains y voient un frein à la liberté d'expression. Selon eux, tenir compte à tout moment de la sensibilité des autres équivaut à ne plus pouvoir penser, dire et écrire ce que l'on veut. D'autres y voient plutôt un signe de courtoisie et de respect des sensibilités.

Doc. 2.17 La rectitude politique : frein à la liberté ou respect des autres ?
© Kirsty Pargeter/Shutterstock

Doc. 2.16 Dans toutes les sociétés, les individus doivent respecter certaines obligations.

© Liv friis-larsen/Shutterstock

Les influences de la société

2.3 Les normes sociales

Le bon fonctionnement d'une société s'appuie sur des normes.
Que savez-vous des conventions sociales ? Comment les lois
sont-elles appliquées dans notre société ?

Un peu d'histoire

L'ÉVOLUTION DU MAILLOT DE BAIN FÉMININ

Les **mœurs** font partie des conventions sociales. Elles évoluent au fur et à mesure que la société se transforme. La mode est un phénomène qui suit de près l'évolution des mœurs. Prenons le cas des maillots de bain féminins : une femme qui aurait porté un bikini sur une plage au début du XXe siècle aurait été condamnée pour indécence et outrage aux bonnes mœurs. En effet, à cette époque, les maillots de bain jugés convenables couvraient la majeure partie du corps. Au cours du siècle, le maillot suivra l'évolution des mentalités et sera de moins en moins couvrant. Le bikini, inventé au cours des années 1940, ne deviendra populaire que vers la fin des années 1950.

© Bettmann/CORBIS

■ **Doc. 2.18** Un maillot de bain à la mode en 1916.

■ **Doc. 2.19** Les mœurs ayant changé, le bikini devient populaire vers la fin des années 1950.

© Bettmann/CORBIS

DES NORMES ÉCRITES ET NON ÉCRITES

Les normes sociales désignent les manières d'agir considérées comme adéquates dans une société donnée. Elles varient selon les pays ou les peuples et elles évoluent dans le temps.

Ce sont des règles de conduite qui précisent ce qu'il faut faire et ce qu'il ne faut pas faire en société. Certaines normes sont plus ou moins sous-entendues : ce sont les conventions sociales. D'autres normes sont écrites de façon claire : ce sont les lois, les codes et les règlements.

LES CONVENTIONS SOCIALES

Dans notre société, les conventions condamnent généralement, à des degrés divers, des situations comme celles-ci : se mettre un doigt dans le nez en public, faire des gestes obscènes à l'égard de quelqu'un, blasphémer.

Les conventions sociales et le respect qui leur est accordé varient beaucoup selon les milieux sociaux et les circonstances. En général, ne pas se conformer à ces conventions n'entraîne pas de conséquences graves. On s'expose plutôt à se faire considérer, en pensée ou en parole, comme quelqu'un « qui ne sait pas vivre » ou qui est mal élevé. Ne pas respecter certaines conventions sociales peut amener à se faire exclure d'un groupe. Par contre, un même comportement, refusé dans un groupe, peut devenir une condition sous-entendue pour se faire accepter dans un autre groupe.

Mœurs : coutumes et habitudes de vie communes à une société, un peuple, une époque.

Les circonstances et les individus concernés jouent un rôle important quant à savoir si un geste est convenable ou non. Tapoter son index contre sa tempe pour indiquer à un ami qu'on le considère comme fou peut être amusant dans certaines situations. Mais le même geste pourra avoir des conséquences diverses selon les circonstances. Examinez les exemples suivants et constatez-le par vous-même.

• Une adolescente fait ce geste dans la rue à l'endroit d'un policier qui lui dit de ne pas troubler la paix publique.

• Un député fait ce geste à l'endroit d'un autre député, devant les caméras de télévision, à l'Assemblée nationale.

LES LOIS

Les lois garantissent aux membres d'une société le respect de leurs droits et de leurs libertés. Par ailleurs, elles limitent les actions des uns de façon à ce que les droits et libertés des autres soient aussi respectés. C'est une question d'équilibre social.

Dans une société démocratique, le gouvernement est élu selon la volonté populaire. On considère donc qu'il a le mandat d'agir selon les intérêts de la collectivité. C'est dans cet esprit que le gouvernement fait des lois et les fait respecter.

Le système juridique

Ce qu'on appelle «la loi» est un ensemble complexe de règles établies par les pouvoirs politiques. En fait, au Canada par exemple, il n'y a pas une seule loi, mais plutôt des centaines, voire des milliers, si l'on considère tous les niveaux de gouvernement. De plus, les lois peuvent comporter des règlements qui permettent leur application. Ce système juridique a pour but de fournir un cadre de fonctionnement aux citoyens dans tous les domaines d'activité, notamment dans l'agriculture, la santé, l'environnement et l'économie.

Doc. 2.20 Un exemple de transformation des valeurs et des normes. Au début du siècle, au Québec, la fréquentation scolaire n'était pas obligatoire. Aujourd'hui, les jeunes ont l'obligation de fréquenter l'école jusqu'à 16 ans (Loi sur l'instruction publique).

© Lisa F. Young/ Shutterstock

Consentir : accepter que quelque chose soit réalisé.

Discrimination : action de séparer un groupe humain d'un autre et de le traiter différemment.

Bannir : exclure définitivement.

Un peu d'histoire

L'HOMOSEXUALITÉ ET LA LOI

Toutes les sociétés se transforment au fil des ans. Les raisons de cette évolution sont nombreuses : l'influence d'autres cultures, le niveau d'éducation, le niveau de conscience sociale, les progrès technologiques, etc.

Ces transformations se reflètent dans les lois et la reconnaissance des droits individuels. Voici quelques repères historiques liés à la reconnaissance des droits des homosexuels au Québec et au Canada.

1969 : Le Parlement du Canada décriminalise les relations homosexuelles entre adultes **consentants**.

1977 : Le gouvernement du Québec inclut, dans la Charte des droits et libertés de la personne, l'orientation sexuelle comme motif de **discrimination** illégal.

1996 : La Loi canadienne sur les droits de la personne ajoute, à la liste des discriminations à **bannir**, celle qui est fondée sur l'orientation sexuelle.

2005 : La loi canadienne permet à deux personnes de même sexe de se marier.

Chaque niveau de gouvernement établit des lois en fonction de sa **compétence législative**. Le Canada a des lois qui s'appliquent sur son territoire, y compris le Québec. Les lois du Québec concernent le territoire de la province. À leur tour, les règlements municipaux régissent le territoire d'une ville. Les lois de chacune de ces juridictions doivent s'harmoniser et respecter le niveau juridique supérieur. Par exemple, on ne pourrait permettre au niveau municipal une chose interdite au Code civil ou au Code criminel.

LES CODES

Les codes sont des recueils de textes juridiques portant sur un domaine précis. Au Canada, le Code criminel comprend la description des actes interdits ainsi que les sanctions qu'ils peuvent entraîner : par exemple, vol, fraude, agression, homicide, ivresse au volant.

Au Québec, le Code civil régit les personnes, les rapports entre les personnes, ainsi que les biens : location et vente de biens, vente de services, mariage et divorce en font partie. Le Code de la sécurité routière, quant à lui, précise les règles que les automobilistes doivent respecter : entre autres, l'obtention d'un permis de conduire, la signalisation routière et les limites de vitesse.

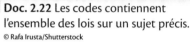

Doc. 2.22 Les codes contiennent l'ensemble des lois sur un sujet précis.
© Rafa Irusta/Shutterstock

LES RÈGLEMENTS MUNICIPAUX

Chaque municipalité établit un ensemble de règlements pour gérer son territoire. Ces derniers touchent des domaines aussi variés que la circulation automobile, la construction et la rénovation, le comportement en public ou encore le bruit.

Doc. 2.23 L'entretien de certaines **infrastructures** est de compétence municipale.
© Julie Ten Eyck (JTeffects)/Shutterstock

Doc. 2.21 Le salaire minimum est fixé par le gouvernement du Québec.

Compétence législative : pouvoir d'une autorité de faire des lois dans un domaine donné.

Infrastructure : ensemble des équipements économiques ou techniques utilisés sur un territoire (ex. : routes, égouts).

2 CHAPITRE

2.4 Les individus et l'ordre social

L'autonomie et la dépendance existent-elles sur le plan social ? Comment se manifestent-elles ? Peuvent-elles être source de tensions ? Comment peut-on réagir face à l'ordre social ?

L'AUTONOMIE ET LA DÉPENDANCE DANS LA SOCIÉTÉ

Nous avons vu dans le premier chapitre que l'autonomie et la dépendance sont en cause dans les relations d'un individu avec son entourage. Cela est également vrai en ce qui concerne la société. En voici deux exemples.

L'émancipation

L'émancipation consiste à se libérer d'une autorité ou d'un pouvoir exercé par un individu ou un groupe. Elle peut être de diverses natures. D'abord, l'émancipation peut être politique. Par exemple, le Parti Québécois réclame depuis plusieurs années la souveraineté pour le Québec. Ce parti milite donc pour que le Québec s'émancipe et acquière sa complète autonomie. L'émancipation peut aussi être sociale. Ainsi, au début du XXᵉ siècle, les femmes dépendaient entièrement des hommes. Elles étaient d'abord soumises à l'autorité de leur père, puis à celle de leur mari. Après des décennies de lutte et de revendications, les lois qui maintenaient les femmes dans une dépendance juridique ont été abolies.

Doc. 2.24 Idola St-Jean (1880-1945) est connue pour son engagement dans le mouvement des **suffragettes**. En 1927, elle a fondé l'Alliance canadienne pour le vote des femmes. Trois ans plus tard, elle se présentait comme candidate aux élections fédérales. Elle n'a pas été élue, mais a tout de même obtenu 3 000 votes.
© Collections numériques de Bibliothèque et Archives nationales du Québec

Doc. 2.25 Marie-Claire Kirkland-Casgrain (1924-   ) fut, en 1961, la première femme élue députée au gouvernement du Québec. En 1962, elle est devenue la première femme ministre. On lui doit la loi qui a mis fin à l'incapacité juridique des femmes mariées.
© Bibliothèque et Archives nationales du Québec

Suffragette : militante pour le droit de vote des femmes au début du XXᵉ siècle.

Sénat : Assemblée où siègent les sénateurs dans le Parlement canadien.

Incapacité juridique : impossibilité pour une personne d'exercer des droits.

Un peu d'histoire   LA RECONNAISSANCE DES DROITS DES FEMMES

L'émancipation des femmes au Québec ne s'est pas faite du jour au lendemain. Elle est le fruit d'une lutte commencée il y a bien longtemps. Voici quelques événements qui ont marqué cette évolution.

1911 : Les forces policières arrêtent 223 femmes qui manifestent au parlement d'Ottawa afin d'obtenir le droit de vote pour les femmes.

1919 : Les femmes acquièrent le droit de vote aux élections fédérales.

1929 : Les femmes deviennent des personnes au sens de la loi.

1930 : Pour la première fois, on nomme une femme au Sénat canadien.

1940 : Les femmes acquièrent le droit de vote au Québec.

1941 : Les femmes peuvent désormais devenir avocates.

1947 : Les femmes qui épousent des étrangers peuvent conserver leur citoyenneté canadienne.

1961 : Marie-Claire Kirkland-Casgrain est la première femme à siéger à l'Assemblée législative.

1964 : Une loi met fin à l'incapacité juridique des femmes mariées au Québec.

1972 : Le gouvernement du Québec crée le Conseil du statut de la femme.

1975 : La Charte québécoise des droits et libertés interdit la discrimination fondée sur le sexe.

1981 : L'égalité entre les conjoints est reconnue. Les femmes conservent désormais leur nom et peuvent le transmettre à leurs enfants.

Un peu d'histoire

LA SOUMISSION EN URSS SOUS STALINE

■ Joseph Staline a imposé à l'**URSS** un régime totalitaire en dominant à la fois la vie politique, économique, sociale et culturelle des citoyens. Ceux-ci ne pouvaient que se soumettre à l'ordre établi. Le régime de Staline, fondé sur la terreur, ne tolérait aucune forme d'opposition.

Doc. 2.26
Joseph Staline
(1879-1953).

Prescrit : ce qui est ordonné.

Représailles : mesures de violence prises contre quelqu'un en réaction à ses agissements.

URSS : Union des républiques socialistes soviétiques, un État dont le territoire s'étendait, de 1917 à 1991, en Europe et en Asie. L'URSS a depuis été divisée en plusieurs pays, dont la Russie.

Doc. 2.27 L'obéissance à la loi peut prendre plusieurs formes, notamment le respect, le conformisme et la soumission.

Des luttes contre des dépendances

Plusieurs personnes sont aux prises avec des problèmes de dépendance. Elles éprouvent un besoin maladif, physique et psychologique, de quelqu'un ou de quelque chose. Ces personnes peuvent être dépendantes de l'amour, de la sexualité, de la drogue ou d'autre chose encore. Les dépendances entraînent de graves conséquences sur le plan individuel. Certaines d'entre elles ont également des conséquences sur le plan social. Les gouvernements tentent actuellement de prévenir, de réduire et de traiter diverses formes de dépendance comme les dépendances au jeu et à l'alcool. D'un autre côté, ces mêmes gouvernements font également la promotion des jeux de hasard et de la vente d'alcool.

LES FORMES D'OBÉISSANCE ET DE DÉSOBÉISSANCE À LA LOI

Nous avons vu précédemment que la société est régie par des conventions sociales, des règles et des lois. Comment les citoyens agissent-ils face à l'ordre social ? Y obéissent-ils toujours ? Comment le non-respect de la loi se manifeste-t-il ? Parmi les nombreux facteurs qui influencent les comportements des gens par rapport à l'ordre social, on note : l'éducation, les valeurs familiales, les formes de pouvoir de la société ainsi que l'appartenance à un groupe. Voyons quelques exemples de comportements face à la loi.

Le respect de la loi

Respecter la loi signifie observer ce qui est prescrit. Les gens qui respectent la loi s'abstiennent de commettre des gestes illégaux. Plusieurs valeurs peuvent les inciter à adopter ce comportement, entre autres, le sens du devoir et des responsabilités ou le respect de l'autorité. Cela dit, certaines personnes respectent la loi simplement par crainte des sanctions.

Le conformisme

Un individu conformiste modèle ses comportements sur ceux de la majorité. Il ne se pose pas de questions et n'émet pas de critiques sur la société.

La soumission

La soumission aux lois est une forme d'obéissance sans protestation. Une personne peut se soumettre aux lois sans protester, tout en pensant qu'elles sont injustes. Une autre le fera plutôt en étant persuadée qu'elles sont justes. Souvent, dans un régime totalitaire, la majorité de la population se soumet au pouvoir, par peur de représailles, y compris le risque de se faire emprisonner, torturer et tuer.

La criminalité

On utilise le mot « criminalité » pour désigner l'ensemble des actes criminels commis dans une société, dans un groupe, dans une ville. Un acte criminel est un acte ou un comportement qui porte gravement atteinte aux valeurs fondamentales de la société, à l'ordre social et à la sécurité. Dans la plupart des cas, ces actes sont associés au Code criminel. Certaines valeurs peuvent amener des individus à commettre des crimes : par exemple, la loyauté envers un groupe, la conviction que l'intérêt personnel passe avant le bien commun, le refus de faire des compromis.

La désobéissance civile

La désobéissance civile consiste à refuser de respecter une loi ou un règlement pour protester contre une autorité ou une action précise de cette autorité. Il s'agit généralement d'un acte non violent fait en public afin de mobiliser l'opinion publique à l'importance de changer une norme. Les gens qui utilisent cette forme de désobéissance assument le risque de sanctions. Parfois, à force de désobéissance civile, il est possible de parvenir à faire changer les lois.

La contestation

En démocratie, lorsque les conventions sociales, les règles ou les lois ne correspondent pas à nos valeurs, il est possible de les remettre en cause par divers moyens de contestation : campagne de presse, discours, pétition, manifestation dans la rue, recours aux tribunaux et autres choses. Le boycottage est aussi une forme de contestation. Un individu, un groupe ou un pays peuvent boycotter un événement en refusant d'y participer. On peut aussi manifester son désaccord en s'abstenant d'entretenir des relations avec d'autres personnes.

La désobéissance civile

Les groupes **altermondialistes** utilisent souvent la désobéissance civile pour faire entendre leurs messages. José Bové est un altermondialiste français connu pour ses actions radicales. Cet homme s'oppose notamment à l'utilisation des organismes génétiquement modifiés (OGM). À plusieurs reprises, Bové et d'autres activistes ont saccagé des champs d'OGM. La désobéissance de Bové envers les lois lui a valu des amendes, des procès et même l'emprisonnement.

Wikipedia

Doc. 2.28 José Bové (1953-) commet des actes de désobéissance civile pour défendre ses convictions.

Altermondialiste : qui s'oppose à la mondialisation de l'économie de type néolibéral dans laquelle l'État intervient peu.

Doc. 2.29 Vingt-huit pays africains ont boycotté les Jeux olympiques de Montréal en 1976. Ils voulaient ainsi dénoncer la présence de la Nouvelle-Zélande parce qu'elle entretenait des relations avec l'Afrique du Sud, un pays pratiquant l'apartheid. Ce régime politique, qui exerçait une séparation stricte et réglementée entre les Blancs et les gens de couleur, allait à l'encontre des valeurs des pays africains qui ont boycotté l'événement.
© Bettmann/CORBIS

Culture et société
Des manières d'envisager la liberté et l'ordre social

De tout temps, la liberté a inspiré des individus, qu'ils soient politiciens, penseurs, scientifiques ou artistes. Elle a aussi amené des groupes à remettre en question les valeurs et les normes sociales. Dans ce dossier, nous verrons quelques citations célèbres liées à la liberté. Ensuite, il sera question d'un monument qui lui est consacré. Finalement, nous verrons trois exemples de groupes sociaux qui ont fait usage de la liberté pour remettre en question l'ordre établi.

Doc. 2.30 Abraham Lincoln.
© Raymond Kasprzak/Shutterstock

Abraham Lincoln (1809-1865)

Lincoln a été le seizième président des États-Unis. Son nom est associé à l'abolition de l'esclavage dans ce pays.

« C'est à nous de décider que le gouvernement du peuple, par le peuple et pour le peuple ne disparaîtra jamais de la face du monde. »

[Extrait d'un discours à la bataille de Gettysburg, 1863]

36956234 © Jupiter Images et ses représentants. Tous droits réservés

Doc. 2.31 Oscar Wilde.

Oscar Wilde (1856-1900)

Écrivain anglais d'origine irlandaise reconnu pour son **anticonformisme**.

« La démocratie : l'oppression du peuple, par le peuple, pour le peuple. »   [Référence non identifiée]

Anticonformisme : attitude opposée aux usages établis.

Simone de Beauvoir (1908-1986)

Philosophe française, écrivaine et figure de proue du féminisme moderne. Sa contribution à la lutte pour l'égalité des droits entre les hommes et les femmes est reconnue mondialement. Elle est notamment l'auteure de l'ouvrage *Le deuxième sexe*.

« Se vouloir libre, c'est aussi vouloir les autres libres. »

[*Pour une morale de l'ambiguïté*, 1947]

Doc. 2.32 Jean-Paul Sartre et Simone de Beauvoir.

Jean-Paul Sartre (1905-1980)

Philosophe et écrivain français qui a marqué son époque. Sa pensée est à l'origine de l'existentialisme. Il a reçu le prix Nobel de littérature en 1964.

« Être libre, ce n'est pas pouvoir faire ce que l'on veut, mais c'est vouloir ce que l'on peut. »

[*Situations I*, 1947]

Winston Churchill (1874-1965)

Homme politique et écrivain britannique. Premier ministre de Grande-Bretagne pendant la Seconde Guerre mondiale. Le prix Nobel de littérature lui a été décerné en 1953.

« La démocratie est un mauvais système, mais elle est le moins mauvais de tous les systèmes. »

[Extrait d'un discours à la Chambre des communes, Londres, 1947]

Doc. 2.33 Winston Churchill, faisant le signe de la victoire.
© Bettmann/CORBIS

Les influences de la société

Culture et société
Des symboles de la liberté

■ **Doc. 2.34** *La Liberté éclairant le monde*, œuvre de Frédéric Auguste Bartholdi.

■ **Doc. 2.35** La lumière du flambeau symbolise le siècle des Lumières.

© Jolamay/Shutterstock

© SV1.umagraphica/Shutterstock

© Amy Nichole Harris/Shutterstock

Doc. 2.36 La date de la Déclaration d'indépendance des États-Unis, le 4 juillet 1776, est gravée sur la tablette que porte la statue.

Siècle des Lumières : mouvement intellectuel, culturel et scientifique propre au XVIIIe siècle.

La liberté ne s'acquiert pas toujours naturellement. Le monument ci-contre évoque des affrontements armés liés à la conquête de la liberté aux États-Unis : la guerre de l'Indépendance (1775-1782) et la guerre de Sécession (1861-1865).

LA LIBERTÉ ÉCLAIRANT LE MONDE

Vous connaissez peut-être la statue de la Liberté. Elle se dresse sur une petite île, Liberty Island, à l'entrée du port de New York. De son vrai nom, « La Liberté éclairant le monde », cette œuvre a été conçue par le sculpteur français Frédéric Auguste Bartholdi (1834-1904). L'ingénieur français Gustave Eiffel (1831-1923), le concepteur de la célèbre tour qui porte son nom, a participé à sa réalisation. Au total, la sculpture mesure plus de 90 mètres.

La France a offert cette statue au peuple américain pour souligner le 100e anniversaire de la Déclaration d'indépendance des États-Unis et lui témoigner son amitié. Depuis 1984, le monument se trouve sur la Liste du patrimoine mondial de l'UNESCO.

Par ce qu'elle représente, la statue de la Liberté est devenue au fil des ans le symbole par excellence des États-Unis, que les Américains eux-mêmes aiment bien appeler le « pays de la liberté ».

LA SYMBOLIQUE DE L'ŒUVRE

La liberté est personnifiée par une femme qui tient un flambeau, symbole du **siècle des Lumières**. La tablette dans la main gauche du personnage porte la date de la Déclaration d'indépendance des États-Unis. Des chaînes brisées se trouvent au pied de la statue, symbole de la fin de l'oppression et de l'esclavage aux États-Unis.

© Henry Diltz/Corbis

La contre-culture

Doc. 2.37 Les hippies remettaient en question les différenciations traditionnelles entre les hommes et les femmes : dans les deux sexes, on portait les cheveux longs, des vêtements amples et on se promenait en sandales ou pieds nus.

Le terme « contre-culture » est apparu au début des années 1970 pour désigner un ensemble de valeurs et un mode de vie en opposition avec la culture dominante dans une société donnée. Une contre-culture se forme d'abord essentiellement chez les jeunes adultes et les adolescents qui utilisent leur liberté pour remettre en question l'ordre social. Chaque époque peut voir émerger une ou plusieurs contre-cultures. Selon le cas, on peut identifier une contre-culture par l'idéologie, la tenue vestimentaire, la musique, les comportements sociaux ou d'autres éléments caractéristiques. Souvent, les courants de la contre-culture sont finalement récupérés par la société de consommation.

LA FIN DES ANNÉES 1960 : LE COURANT HIPPIE

Le mouvement hippie a pris naissance en Amérique du Nord. Il correspondait au rejet systématique par les jeunes **baby-boomers** des valeurs qu'ils considéraient comme celles de leurs parents : société de consommation, matérialisme, mariage et famille, réussite professionnelle, conformisme... Parmi les nouvelles valeurs mises de l'avant, il y avait les suivantes : la libération sexuelle, la paix universelle, le rejet des traditions religieuses, l'importance de la vie spirituelle et le retour à la terre. Au cours des années 1980, la plupart des hippies ont réintégré la société. Encore aujourd'hui, on désigne ce mouvement par l'expression américaine *peace and love* (paix et amour).

LES ANNÉES 1970 : LE COURANT PUNK

Le mouvement punk apparaît d'abord en Grande-Bretagne. Plus qu'un simple rejet des valeurs établies, le mouvement constitue une révolte. Loin du *peace and love* des hippies, les punks se veulent provocateurs. Le courant punk continue d'évoluer au fil des décennies. Il ne présente pas une seule idéologie, mais plusieurs, souvent difficiles à départager.

LES ANNÉES 1980 : LE COURANT GOTH

Le mouvement gothique (ou goth) est lui aussi originaire de Grande-Bretagne. Ce courant, influencé par la culture punk, continue d'évoluer, et diverses idéologies s'y mêlent.

© Hulton-Deutsch Collection/CORBIS

Doc. 2.38 Le style punk est reconnaissable par des vêtements troués et déchirés, des coupes de cheveux extrêmes, des tatouages et des *piercings*.

Baby-boomer : personne appartenant à la génération née après la Seconde Guerre mondiale, soit entre 1945 et 1964.

Doc. 2.39 Le style gothique se caractérise par des vêtements de couleurs sombres et des accessoires extravagants.

© Peter Endig/dpa/Corbis

Les influences de la société

59

Ici et ailleurs
La loi et l'ordre à Singapour

Nous avons vu dans ce chapitre qu'il existe différents types de société.
Voyons le cas d'une société très différente de la nôtre, la république de Singapour.

Doc. 2.40 Le drapeau de la république de Singapour.

Doc. 2.41 « Danger – entrée interdite ». À Singapour, la signalisation dans les quatre langues officielles est chose courante.

UN TOUR D'HORIZON

La république de Singapour se trouve en Asie. Elle est constituée d'une grande île et de quelques dizaines de petites îles. La capitale s'appelle aussi Singapour. Sa population compte quelque 5 millions d'habitants et sa superficie couvre 700 km². Par comparaison, cette population équivaut à environ 65 % de celle du Québec et cette superficie, à une fois et demie celle de l'île de Montréal. Il y a quatre langues officielles à Singapour : l'anglais, le mandarin, le malais et le tamoul. Environ 75 % de la population est d'origine chinoise. On y pratique diverses religions : le bouddhisme, le taoïsme, l'islam, le christianisme et l'hindouisme.

Singapour est souvent considérée comme une démocratie autoritaire. Cette république est reconnue pour l'application sévère de ses lois et règlements, de même que pour un taux de criminalité et de corruption particulièrement bas.

Doc. 2.42 Singapour est une ville moderne dont les rues sont réputées sécuritaires, même en pleine nuit.
© Ng Wei Keong/Shutterstock

Doc. 2.43 Le durian est un fruit d'Asie, savoureux, très apprécié, mais très malodorant. À Singapour, il est interdit d'en apporter dans les transports en commun.

L'ORDRE PUBLIC

En public, il est primordial de surveiller ses manières à l'égard des femmes. Les hommes qui ne respectent pas la pudeur féminine sont passibles de châtiments corporels.

Dans les endroits publics, il est interdit de fumer, de cracher, de mâcher de la gomme et de jeter quoi que ce soit par terre. Les individus pris en défaut reçoivent une amende et doivent parfois faire des travaux communautaires.

Il est interdit de manger ou de boire dans les transports en commun, sous peine d'amende. Le vol à l'étalage est assorti de très fortes amendes.

Contrairement à ce qui se passe dans d'autres pays, c'est de façon stricte qu'on met en application divers règlements, comme l'interdiction de traverser la chaussée sur un feu rouge ou ailleurs qu'aux passages prévus.

L'USAGE DE DROGUES

Toutes les formes de drogue sont interdites à Singapour. La possession de drogue, même en petite quantité, peut être considérée comme une preuve de trafic, ce qui rend le contrevenant passible de la peine de mort. Selon certaines sources, plus de 400 personnes ont été pendues au cours des 20 dernières années à Singapour, la plupart pour trafic de drogue.

Les autorités peuvent faire passer des tests de dépistage aux nouveaux arrivants. En cas de test positif, le contrevenant est réputé avoir consommé de la drogue sur le territoire du pays.

LA CENSURE

La **censure** est chose courante à Singapour. La pornographie est interdite, les représentations érotiques sont très limitées et l'importation de nombreuses publications étrangères n'est pas permise. Toute grève est illégale.

Doc. 2.44 La possession d'armes à feu est interdite à Singapour, même s'il s'agit d'une pièce de collection ou... d'un jouet.

Censure : contrôle exercé par un gouvernement, une autorité, sur la presse, entre autres.

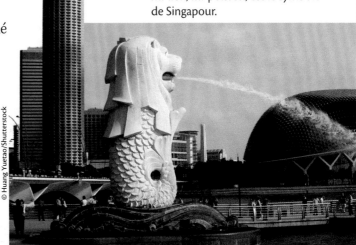

Doc. 2.45 La statue du Merlion, mi-lion, mi-poisson, est le symbole de Singapour.

- La société est régie par un ordre social.

- Au Canada, le pouvoir politique est réparti en plusieurs niveaux, dont le gouvernement fédéral, les gouvernements provinciaux et les conseils municipaux.

- Les groupes, les institutions et les organisations ont recours à différentes formes de pouvoir en ce qui concerne la politique, la société et l'économie.

- Les Canadiens vivent dans une démocratie, c'est-à-dire dans une société où l'ensemble des citoyens et des citoyennes ayant le droit de vote élisent les membres du gouvernement.

- Le Québec s'est doté de la Charte des droits et libertés de la personne qui protège notamment les libertés suivantes : liberté de conscience, de religion, d'opinion, d'expression, de réunion pacifique et d'association. Le Canada a pour sa part adopté la Charte canadienne des droits et libertés.

- Les individus ont des devoirs à remplir. Ils doivent, entre autres, s'informer adéquatement et respecter l'opinion des autres.

- Les conventions sociales sont des normes qui désignent les manières d'agir considérées comme adéquates dans une société.

- Une loi est une règle de conduite écrite qui doit être respectée si on veut éviter des sanctions. Au Québec, on trouve plusieurs lois pour plusieurs champs d'activités.

- Les comportements des individus peuvent aussi être régis par des codes et des règlements.

- L'autonomie et la dépendance existent aussi sur le plan social, notamment en ce qui concerne l'émancipation et certaines luttes contre des dépendances.

- Les individus et les groupes peuvent réagir de différentes manières face à l'ordre social. Ils peuvent respecter la loi ou y désobéir par la criminalité, la désobéissance civile ou la contestation.

1. Quelles responsabilités assument les dirigeants des municipalités ?

2. Sur quels aspects le pouvoir démocratique repose-t-il ?

3. Pourquoi dit-on que le pouvoir autoritaire brime la liberté des gens ?

4. Suffit-il d'être un chef d'État pour être considéré comme un leader charismatique ? Justifiez votre réponse.

5. Dans quel secteur d'activité de la société trouve-t-on surtout le pouvoir coopératif ?

6. Qu'est-ce que le partenariat ?

7. En démocratie, quelle valeur considère-t-on comme la plus fondamentale ?

8. Quelles sont les six libertés fondamentales énumérées par la Charte des droits et libertés de la personne du Québec ?

9. Que signifie l'expression « la transparence d'un gouvernement » ?

10. Quelle est la raison d'être de l'Office de protection du consommateur ?

11. Dans quelle circonstance le droit à la vie privée d'une personne peut-il être brimé ?

12. Lorsqu'une personne commet une faute devant la loi, peut-elle éviter les conséquences de son geste en disant qu'elle ne connaissait pas la loi en question ? Pourquoi ?

13. Quel genre de conséquences entraîne le non-respect d'une convention sociale ?

14. Pourquoi un même geste peut-il susciter des réactions différentes ?

15. Pourquoi le gouvernement change-t-il les lois au fil du temps ?

16. Quel palier de gouvernement est responsable du Code criminel ?

17. Qu'est-ce que le Code civil ?

18. Qu'est-ce que l'émancipation ?

19. Qu'est-ce qui peut motiver un individu à obéir à la loi ?

20. Quelle est la différence entre le respect de la loi et le conformisme ?

21. Pourquoi, dans un régime totalitaire, les gens sont-ils forcés à se soumettre à l'autorité ?

22. Quelles valeurs peuvent mener un individu à la criminalité ?

23. Qu'est-ce qui peut amener des gens à faire des gestes de désobéissance civile ?

24. Qu'est-ce que le boycottage ?

La réflexion éthique

CHAPITRE 3

Les influences des médias

Tous les jours, les médias entrent dans nos vies par la télévision, Internet, le cinéma et les autres sources de divertissement et d'information. Comment les médias influencent-ils nos attitudes, nos comportements et nos façons de voir les choses ? Sont-ils concernés par des questions éthiques ? Si oui, lesquelles ?

LIENS

3.1 Les médias et l'ordre social

Que sont les médias ? Comment peuvent-ils influencer l'ordre social ?
Peuvent-ils être la cause de transformations sociales ?

LES MÉDIAS, L'INDIVIDU ET LA SOCIÉTÉ

Tous les jours, différents types de médias entrent dans nos vies et nous communiquent de l'information. Les médias les plus connus et utilisés sont : la presse, la radio, la télévision et Internet. Ils sont présents à tout moment dans notre vie, notamment à domicile, dans les moyens de transport, à l'école et dans les endroits publics.

Les médias remplissent plusieurs fonctions. Certains d'entre eux, comme les journaux, la radio et la télévision qui diffusent des nouvelles, nous informent et nous tiennent au courant de ce qui se passe dans le monde. D'autres, comme des livres ou des sites Internet, nous éduquent. Finalement, tous ces médias peuvent aussi avoir la fonction de nous divertir.

Parce qu'ils nous accompagnent au quotidien, les médias peuvent être une importante source d'influences, tant pour les individus que pour la société dans laquelle ceux-ci évoluent.

39248246 © Jupiter Images et ses représentants. Tous droits réservés.

Doc. 3.1 Les médias occupent une place importante dans la vie quotidienne de la plupart des gens.

Doc. 3.2 Les adolescents et les adolescentes consacrent beaucoup de leur temps libre aux médias.

Médias : ensemble des moyens de diffusion de l'information destinée au public (presse, radio, télévision, cinéma, publicité, affichage, Internet).

LES MÉDIAS ET LES TRANSFORMATIONS SOCIALES

Les médias peuvent entraîner des transformations sociales parce qu'ils sont des repères. Ils peuvent modifier nos attitudes, nos comportements et nos façons de voir les choses parce qu'ils véhiculent des valeurs et des normes. Ils peuvent donc avoir une influence sur notre identité individuelle et collective. Voyons quelques exemples qui démontrent l'influence des médias sur les individus et la société.

Les stéréotypes

Parfois, les médias créent ou renforcent des stéréotypes sociaux. Un stéréotype est une idée ou une opinion que l'on se fait d'une personne ou d'un groupe sans tenir compte des particularités de chacun et sans faire de recherche ou de réflexion. Tous les groupes sociaux sont susceptibles de faire l'objet de stéréotypes, notamment les hommes, les femmes, les Autochtones, les **ethnies** et les homosexuels.

Parfois, les médias véhiculent des images et des messages qui ne correspondent pas à la réalité. Ces images peuvent contribuer à renforcer des stéréotypes.

Prenons comme exemple l'image stéréotypée de la femme. Les femmes qu'on voit à la télévision, dans les films, dans les magazines et sur Internet sont souvent belles, jeunes et minces. Étant bombardées tous les jours de telles images, les filles et les femmes finissent par croire qu'elles devraient ressembler à ces modèles.

C'est le cas de Josiane, une adolescente de 14 ans qui est prête à tous les sacrifices pour correspondre à son **idéal** féminin. Parce qu'elle veut absolument ressembler aux femmes qu'elle voit à la télévision, Josiane surveille son poids. Elle se prive de sorties afin d'économiser de l'argent pour s'acheter des vêtements à la mode. De plus, elle consacre beaucoup de temps à se coiffer et à se maquiller. Pourquoi Josiane considère-t-elle qu'il faut faire des sacrifices pour être belle ?

Doc. 3.4 Les adolescents sont aussi influencés par les médias.

Ethnie : groupe de personnes ayant la même langue et la même culture.

Idéal : modèle de perfection vers lequel on tend.

Doc. 3.3 Les médias ont une influence sur la perception que les adolescentes ont d'elles-mêmes.

Les influences des médias

Doc. 3.5 Depuis le 31 mai 2006, il est interdit par la loi de fumer dans les endroits publics, notamment dans les centres commerciaux et les restaurants.
© Marc Dietrich/Shutterstock

© Rob Byron/Shutterstock

Doc. 3.6 Les médias peuvent sensibiliser le public à certains problèmes sociaux.

Slogan : formule brève utilisée pour propager une idée.

L'influence sur les valeurs et sur les normes

Les médias, qu'il s'agisse de la presse, d'Internet, de la publicité ou de la télévision, peuvent aussi contribuer à certaines transformations dans la société. Par la diffusion d'informations, ils influencent des normes sociales, en renforçant certaines façons de faire ou en proposant aux citoyens d'en adopter de nouvelles. Les médias peuvent aider à faire refuser tel type de comportement en société en démontrant en quoi celui-ci est inacceptable. Ils peuvent aussi sensibiliser le public à différents problèmes. Prenons trois cas qui illustrent ce phénomène : le tabagisme, la consommation d'alcool et la sexualité.

Le tabagisme

La santé est une valeur mise de l'avant par le gouvernement du Québec. Depuis 2006, celui-ci lutte contre le tabagisme avec sa campagne *Le Québec respire mieux*. La Loi sur le tabac a été modifiée afin de protéger les non-fumeurs, de prévenir la dépendance à la cigarette chez les jeunes et de réduire le tabagisme chez les Québécois. Pour atteindre ces objectifs, des messages ont ensuite été diffusés dans tous les types de médias afin de toucher un public aussi varié que possible. On en a parlé partout, que ce soit dans des articles, dans des tribunes téléphoniques à la radio, dans des émissions éducatives ou sur des forums en ligne. Toute cette couverture médiatique, alliée à l'interdiction de fumer dans les lieux publics, a eu pour effet de faire diminuer le nombre de fumeurs.

La consommation d'alcool

Grâce aux médias, le gouvernement et divers organismes peuvent aussi sensibiliser les citoyens à l'importance d'avoir un comportement responsable à l'égard de l'alcool. Ils rappellent également les sanctions sévères mises en place pour contrer les abus. Vous avez probablement déjà vu des affiches contenant des slogans contre l'alcool au volant ou des émissions d'affaires publiques donnant la parole à des victimes de l'alcool. En diffusant ces messages, les médias contribuent à démontrer en quoi les comportements irresponsables en matière d'alcool vont à l'encontre des normes sociales.

POUR EN SAVOIR +

L'alcool au volant

Les médias diffusent de nombreux messages liés aux dangers de l'alcool au volant. Pourtant, ce problème est encore important. Voici quelques statistiques sur l'alcool au volant au Québec entre 2002 et 2006 :

- L'alcool a causé 32 % des décès sur la route, 16 % des blessures graves et 5 % des blessures légères.

- 33 % des conducteurs âgés de 16 à 24 ans décédés sur la route avaient plus de 80 mg d'alcool par millilitre de sang.

Encore aujourd'hui, avec la vitesse, l'alcool constitue une des premières causes de décès sur les routes du Québec.

Référence : Société de l'assurance automobile du Québec, 2008.

La sexualité

De multiples organismes passent par les médias pour éduquer le public en matière de sexualité. Régulièrement, la radio et la télévision transmettent des campagnes d'information destinées autant aux adolescents qu'aux adultes, qui portent notamment sur la contraception et les infections sexuellement transmissibles (IST). Plusieurs sites Internet sont aussi consacrés à ces sujets. Les médias permettent à des organismes considérés comme des spécialistes en la matière, comme la Société des obstétriciens et des gynécologues du Canada, d'atteindre un large public. Les messages qu'ils diffusent contribuent à faire disparaître certains comportements sexuels qui nuisent aux personnes et à la société dans laquelle elles évoluent.

Les médias jouent-ils tous un rôle équivalent en ce qui concerne ces transformations sociales ? Sachez qu'il existe une différence entre les médias d'intérêts privés et les sociétés d'État. Le principal mandat d'une société d'État est d'éduquer le public, donc de diffuser du contenu éducatif et d'intérêt public. Les médias d'intérêts privés ont plutôt comme mandat de réaliser des profits. Cela n'empêche toutefois pas certaines chaînes spécialisées de diffuser du contenu éducatif.

Les cas du tabagisme, de la consommation d'alcool et de la sexualité qui ont été évoqués précédemment nous démontrent que les médias peuvent influencer l'ordre social en véhiculant des valeurs et des normes. Pour ce faire, les médias doivent toutefois disposer d'une certaine liberté.

POUR EN SAVOIR +

Des organismes qui viennent en aide aux adolescents

Les médias contribuent à faire connaître des organismes et des services qui touchent de près les adolescents et les adolescentes. Voici quelques-uns de ces organismes et un aperçu des sujets qui les concernent :

- **Tel-Jeunes :** intimidation, violence, sexualité, suicide et dépendance.
- **VIRAJ** et **PASSAJ :** violence et harcèlement sexuel, relations amoureuses et **contrôle abusif**.
- **Association canadienne pour la santé des adolescents :** sexualité, communication, santé, soutien psychologique.
- **Vas-y, fais-le pour toi! :** nutrition, exercice, santé.
- **Gai-Écoute :** orientation sexuelle.
- **S.O.S Grossesse :** sexualité, contraception, grossesse.

Contrôle abusif : contrôle exagéré qui est susceptible de causer du tort à une personne.

■ **Doc. 3.7** Les médias peuvent nous éduquer en matière de normes sociales, par exemple en ce qui concerne la santé.
© Miodrag Gajic/Shutterstock

3.2 Les médias et la liberté

Les médias peuvent-ils diffuser n'importe quel contenu ? Comment s'exerce leur liberté ? Où s'arrête-t-elle ? Les médias ont-ils des responsabilités ? Sont-ils concernés par des enjeux éthiques ? Existe-t-il des tensions entre les droits des individus et ceux des médias ?

Doc. 3.8 L'utilisation d'Internet soulève plusieurs enjeux liés à la liberté d'expression.

POUR EN SAVOIR +

La propagande haineuse sur Internet

En 2002, Ernst Zundel, un Allemand vivant au Canada, utilise son site Internet pour faire de la propagande haineuse envers les Juifs. Accusé devant les tribunaux, Zundel se défend en affirmant que la liberté d'expression lui donne le droit de diffuser ses opinions. Le tribunal canadien lui ordonne de fermer son site Internet. Pour échapper à la loi, Zundel repositionne son site sur un serveur américain. Pendant plusieurs années, il a ainsi pu poursuivre sa propagande. En 2007, après avoir été reconnu coupable de 14 chefs d'accusation, dont incitation à la haine et négation de l'**Holocauste**, il a finalement été condamné par un tribunal allemand à cinq ans de prison.

Diffamer : porter atteinte à la réputation de quelqu'un en disant ou en écrivant des choses non fondées.

Propagande : action mise en œuvre pour inciter l'opinion publique à adopter des idées.

Holocauste : extermination systématique des Juifs par les nazis.

LES DROITS ET LIBERTÉS DES MÉDIAS

Les droits et libertés des médias sont liés de près à la forme de pouvoir à la tête d'une société. Dans les pays dirigés par un gouvernement autoritaire, les médias disposent de fort peu de liberté. Ils sont soumis à l'autorité du pouvoir en place. Par contre, dans les sociétés démocratiques, les médias disposent d'une grande liberté. La liberté des médias soulève de nombreux enjeux éthiques.

La liberté d'expression

La Déclaration universelle des droits de l'homme comprend l'article suivant : « Tout individu a droit à la liberté d'opinion et d'expression, ce qui implique le droit de ne pas être inquiété pour ses opinions et celui de chercher, de recevoir et de répandre, sans considération de frontières, les informations et les idées par quelque moyen d'expression que ce soit. »

Cette liberté a-t-elle des limites ? Bien sûr. La Cour suprême du Canada recommande qu'il y ait un équilibre entre la liberté d'expression et les droits de la personne. Par exemple, on ne doit pas **diffamer** un individu, sous peine de poursuites en justice. Cela dit, la frontière entre droits et liberté est parfois mince et des tensions peuvent survenir. Prenons le cas de la propagande haineuse. Devrait-on limiter la liberté d'expression dans les médias pour protéger le droit du public à ne pas être exposé à la haine ? À ce sujet, la Cour suprême a conclu que les sociétés démocratiques ont le devoir d'interdire la **propagande** haineuse pour que tous puissent vivre librement.

Une question se pose : alors qu'il y a de plus en plus de moyens d'information participatifs, comme les blogues ou les forums, où n'importe qui peut écrire n'importe quoi, comment faire respecter cette norme ?

CHAPITRE 3

70

La liberté de presse

La liberté de presse consiste à pouvoir relater et commenter librement des événements, sans qu'il y ait d'entraves et sans craindre de représailles. L'expression date de l'époque où le seul moyen de communiquer ses idées rapidement et à un grand nombre de personnes était l'imprimé. Aujourd'hui, cette liberté concerne tous les médias.

On considère souvent la liberté de presse comme l'un des fondements de la démocratie, notamment parce qu'elle favorise la transparence et permet l'échange des idées. Au Canada, les médias en jouissent largement. Par exemple, les commentateurs de la scène politique peuvent critiquer le gouvernement et remettre en question ses décisions sans craindre d'être emprisonnés. À l'inverse, dans un régime autoritaire, cette liberté est souvent inexistante et la censure s'exerce à presque tous les niveaux de la société.

Comme toutes les libertés, la liberté de presse a ses limites. Les médias ne peuvent s'en prévaloir à tort et à travers. Il arrive aussi parfois que des groupes de pression, des individus ou encore des entreprises cherchent à manipuler les médias à leur avantage. Nous verrons dans la section suivante que les médias, tout comme les individus et les groupes, ont des responsabilités envers la société.

Entrave : obstacle qui empêche quelque chose de se produire.

Transparence : qualité de ce qui exprime la réalité sans la modifier.

POUR EN SAVOIR +

Le prix UNESCO/ Guillermo Cano

Depuis 1997, le prix UNESCO/ Guillermo Cano est décerné à une personne, une organisation ou une institution qui défend et fait la promotion de la liberté de presse. Il est remis le 3 mai de chaque année, date de la Journée mondiale de la liberté de presse. Ce prix a été ainsi nommé en l'honneur de Guillermo Cano Isaza, directeur d'un journal colombien, assassiné en 1986 devant l'immeuble où il travaillait. Cano a été victime de la mafia colombienne parce qu'il dénonçait le trafic de la drogue dans son pays. En 2008, le prix a été remis à la journaliste mexicaine Lydia Cacho Ribeiro qui dénonce la corruption politique, le crime organisé et la violence dans son pays.

Doc. 3.9 Au Québec, les médias bénéficient d'une grande liberté de presse.

© Jeff Daniels/Shutterstock

Un peu d'histoire

LA CENSURE DU CINÉMA AU QUÉBEC

Pendant longtemps, le cinéma a été censuré au Québec. En 1913, on a institué le «Bureau de censure des vues animées de la province de Québec». Cet organisme, qui interdisait la diffusion de nombreux films jugés immoraux, était très efficace. À l'époque, le Québec rejetait plus de films que l'Angleterre, les États-Unis et le reste du Canada réunis. L'Église catholique, alors extrêmement influente, exerçait une très forte pression sur le Bureau de la censure. Elle considérait notamment que le cinéma était une source de corruption pour les jeunes. De plus, comme les projections avaient lieu dans la noirceur, selon elle, le cinéma incitait les jeunes au péché. Dans les années 1940, le Bureau de la censure subit une autre influence, celle du gouvernement. Ce dernier censure alors les films qui abordent des questions politiques, tout en poursuivant sa croisade contre les œuvres dites immorales. En 1967, le Bureau de censure des vues animées de la province de Québec disparaît et les règles s'assouplissent considérablement. La Régie du cinéma est encore chargée d'approuver les films et de les classer par catégorie d'âges. Elle refuse une cinquantaine de films par année.

Doc. 3.10 Tous les médias sont susceptibles d'être un jour ou l'autre censurés, y compris le cinéma.

Corruption : moyens pris pour amener quelqu'un à agir contre sa conscience ou son devoir.

Croisade : campagne menée pour mobiliser l'opinion publique sur un sujet précis.

LE PREMIER DÉBAT POLITIQUE TÉLÉVISÉ

Doc. 3.11 Le premier débat politique télévisé a eu lieu aux États-Unis le 26 septembre 1960. S'opposent alors le sénateur John F. Kennedy (1917-1963) et le vice-président Richard Nixon (1913-1994). Près de 70 millions de téléspectateurs américains regardent le débat. Cet événement a eu un grand impact sur la politique. Pour la première fois, le public avait l'occasion de voir interagir des candidats. Au Canada, le premier débat de ce genre a eu lieu en 1962. Il opposait Daniel Johnson (1915-1968) à Jean Lesage (1912-1980) lors des élections provinciales québécoises. Depuis, les débats télévisés en direct sont devenus la norme. Des politiciens s'y affrontent en direct et débattent de différents thèmes. La discussion est dirigée par un modérateur, une personne chargée d'animer le débat.

LES DÉBUTS DE LA TÉLÉVISION AU CANADA

Doc. 3.12 La télévision canadienne naît véritablement en septembre 1952 alors que la Société Radio-Canada diffuse sa première émission télévisée. La télévision en couleur fera son apparition chez nous en 1967. Selon l'Institut de la statistique du Québec, en 1972, 24,2 % des foyers canadiens possédaient un téléviseur. En 2005, cette proportion est passée à 99,0 %.

Référence : Institut de la statistique du Québec, 2005.

LES RESPONSABILITÉS

La démocratie étant fondée sur une libre circulation des idées et de l'information, les médias ont de grandes responsabilités envers leur public. Aussi, comme ils exercent une très grande influence sur les individus et les groupes, ils ne peuvent diffuser n'importe quel contenu. Selon le Conseil des droits de l'homme, dirigé par l'ONU, les médias ont un rôle important à jouer dans la promotion de valeurs telles que la tolérance, le respect, la liberté de religion ou de conviction. Plusieurs médias reconnaissent l'importance de leurs responsabilités envers le public. Pour jouer leur rôle de manière adéquate, ils adoptent donc des codes de déontologie et obéissent à des lois et règlements.

Les codes de déontologie

Dans le premier chapitre, nous avons vu que l'exercice de certaines professions est régi par un code de déontologie, c'est-à-dire un ensemble de règles et de devoirs imposés aux membres d'une profession. Au Canada, plusieurs organismes élaborent ce genre de codes pour encadrer la liberté des médias. Par exemple, l'Association canadienne des radiodiffuseurs (ACR) a établi un code de déontologie qui définit différentes normes concernant, entre autres, les stéréotypes, la publicité et les droits de la personne. De plus, l'ACR administre des codes de conduite auxquels les diffuseurs peuvent adhérer sur une base volontaire :

• code d'application volontaire concernant la violence à la télévision ;

• code d'application concernant les stéréotypes sexuels à la radio et à la télévision ;

• code de la publicité radiotélévisée destinée aux enfants.

En plus de respecter les codes qui sont énumérés ci-dessus, les diffuseurs peuvent élaborer leur propre code de déontologie. Ainsi, la Société Radio-Canada, le radiodiffuseur public national du Canada, a établi dans son code de déontologie qu'il est de son devoir de présenter une information équitable, exacte, complète et équilibrée.

POUR EN SAVOIR +

Les valeurs du journalisme au Québec

© Florian ISPAS/Shutterstock

En 1996, la Fédération professionnelle des journalistes du Québec adopte un code de déontologie afin d'orienter le travail des journalistes. Cet ensemble de règles est basé sur les valeurs fondamentales suivantes : l'esprit critique, l'impartialité, l'équité, l'indépendance, le respect du public, la compassion, l'honnêteté et l'ouverture d'esprit.

Référence : *Guide de déontologie de la Fédération professionnelle des journalistes du Québec*, 2008.

Radiodiffuseur : organisme qui transmet des programmes télévisés ou des émissions radiophoniques.

La publicité destinée aux enfants

La Loi sur la protection du consommateur du Québec interdit aux médias de diffuser des publicités commerciales s'adressant aux enfants de moins de 13 ans. La loi interdit aussi que certains produits (jouets, friandises et aliments) soient annoncés dans des émissions pour enfants.

Les lois

Si les médias adoptent volontairement des codes de déontologie, il en va autrement pour les lois. Ces dernières doivent être respectées, sous peine de sanctions. Les lois concernant les divers domaines liés aux médias peuvent avoir été établies par le gouvernement fédéral ou par le gouvernement provincial. En voici quelques exemples :

Lois fédérales

• Loi sur la radiodiffusion

• Loi sur les télécommunications

• Loi sur l'accès à l'information

Lois provinciales

• Loi sur la programmation éducative

• Loi sur la presse

• Loi sur la protection du consommateur

Les lois ainsi que les responsabilités concernant les médias se transforment au fil du temps. Elles tiennent compte de l'évolution de la société.

Doc. 3.13 La liberté d'information et le respect de la vie privée sont deux enjeux liés à la liberté des médias.

LES ENJEUX

Les médias ne jouissent pas d'une liberté absolue, car il existe des responsabilités qu'ils doivent assumer. Leur liberté est constamment confrontée à des limites, ce qui peut causer tensions et conflits. À titre d'exemples, voici deux enjeux qui concernent les limites de la liberté des médias : la liberté d'information et le respect de la vie privée.

La liberté d'information

Un des rôles fondamentaux des médias est de diffuser de l'information. De leur côté, les gens ont le droit de savoir ce qui se passe dans leur société et ailleurs dans le monde. Cela dit, les médias doivent-ils diffuser tous les renseignements auxquels ils ont accès ? Les individus ont-ils le droit d'avoir accès à toute cette information ?

En démocratie, l'accès à l'information gouvernementale est particulièrement fondamental. Au Canada, nous considérons que l'État est au service des citoyens et donc, qu'il doit leur rendre des comptes. C'est dans cet état d'esprit que s'est déroulée la commission Gomery dont il a été question dans le chapitre précédent. Par contre, dans d'autres sociétés, l'accès à l'information qui concerne le gouvernement n'est pas un droit acquis.

Dans notre société, certains renseignements sont considérés comme étant confidentiels, c'est-à-dire que les médias ne peuvent les diffuser et que le public n'y a pas accès. Par exemple, en vertu de la Loi sur la protection de la jeunesse, un adolescent impliqué dans une procédure judiciaire, qu'il soit accusé, victime ou témoin, a droit à l'**anonymat**. Toutefois, les médias ont parfois le droit de déroger à cette loi, notamment lorsque la personne en cause représente un danger pour la société.

Cette situation peut donner lieu à des tensions ou à des conflits. Par exemple, certaines personnes peuvent penser qu'elles sont libres d'avoir accès à de l'information, alors que celle-ci n'est pas considérée comme étant d'intérêt public.

© Mikael Damkier/Shutterstock

Doc. 3.14 Au Canada, une loi protège l'identité des jeunes de moins de 18 ans impliqués dans une procédure judiciaire.

Anonymat : état dans lequel l'identité d'une personne n'est pas rendue publique.

POUR EN SAVOIR +

L'identification des délinquants sexuels

Depuis 2004, le gouvernement tient un registre identifiant les délinquants sexuels au Québec. Ce document n'est pas accessible au public. En novembre 2007, une pétition de 62 000 noms était déposée à l'Assemblée nationale pour que la population ait accès à cette information. Le gouvernement a refusé cette demande. Selon le ministre de la Justice, les renseignements liés aux délinquants sexuels doivent être réservés à l'usage de la justice et des corps policiers. Cette mesure vise à éviter que certaines personnes se fassent justice elles-mêmes. Le gouvernement considère donc que ces renseignements ne sont pas d'intérêt public.

© IoanaDrutu/Shutterstock

Doc. 3.15 Au Canada, les renseignements nominatifs, c'est-à-dire ceux qui permettent l'identification d'une personne, sont protégés par une loi.

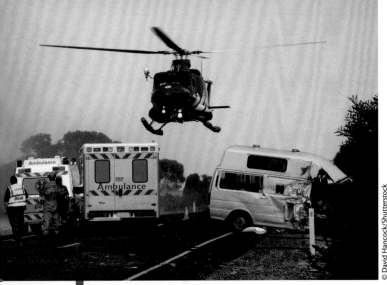

© David Hancock/Shutterstock

Doc. 3.16 Il existe des circonstances où les médias peuvent décider de ne pas divulguer des renseignements.

POUR EN SAVOIR +

Les paparazzi

© Vladimir Mucibabic/Shutterstock

Le mot « paparazzi » provient du film *La Dolce Vita* de Federico Fellini, projeté en 1960. Dans ce film, le personnage principal est souvent accompagné d'un jeune photographe appelé Paparazzo. Son nom a par la suite été repris pour désigner les photographes qui prennent des photos des vedettes dans leur intimité.

Le respect de la vie privée

La question du respect de la vie privée est elle aussi un enjeu lié à la liberté des médias. Dans notre société, toute personne a droit au respect de sa vie privée. D'un autre côté, le public a le droit d'être informé. Où se situe alors la frontière entre les renseignements personnels qui peuvent être révélés par les médias et ceux qui ne le devraient pas ?

La plupart des médias distinguent l'information d'intérêt public de celle qui relève de la simple curiosité publique. Par exemple, avant de dévoiler de l'information concernant un drame humain (suicide, agression, accident grave), les journalistes doivent se demander si l'identification des personnes concernées est nécessaire. En effet, divulguer les noms des victimes ou de leurs proches pourrait parfois exposer ces derniers à des tracas inutiles.

Certains types de médias, notamment ceux liés au vedettariat, se préoccupent plus ou moins du respect de la vie privée. Leurs collaborateurs n'hésitent pas à faire irruption dans la vie privée des vedettes afin d'en révéler des détails croustillants au public. C'est le cas notamment des paparazzi, des photographes qui pourchassent les vedettes pour les surprendre dans leur intimité. La presse à scandale raffole de ce genre d'information. Certaines personnes s'y intéressent parce qu'elles sont tout simplement curieuses, tandis que d'autres considèrent qu'elles ont le droit de tout savoir sur leurs artistes favoris. Mais qu'en est-il du respect de la vie privée et de la liberté des vedettes photographiées ?

Un peu d'histoire

L'ACCIDENT DE LA PRINCESSE DIANA ET DE DODI AL FAYED

En 1997, le couple formé de la princesse Diana et de Dodi Al Fayed meurt dans un accident de voiture en France. Des paparazzi, qui les poursuivaient, sont accusés d'avoir violé la vie privée du couple en prenant des photos alors que celui-ci se trouvait à l'intérieur de sa voiture. Ils sont aussi accusés d'avoir photographié les occupants de la voiture après l'accident qui leur a coûté la vie. En 2006, la Cour française tranche : trois paparazzi sont reconnus coupables d'avoir enfreint le droit à la vie privée du couple. Les photographies prises ont été immédiatement saisies par la police et n'ont jamais été diffusées.

3.3 L'individu face aux médias

LA DÉSINFORMATION

Le contenu auquel vous avez accès par l'intermédiaire des médias est-il toujours fiable? Croyez-vous tout ce que vous lisez sur Internet ou voyez à la télévision? Beaucoup d'informations erronées circulent librement, notamment sur Internet, sans que les auteurs n'aient l'intention de tromper quiconque. Il s'agit parfois simplement d'ignorance. Cela dit, tous les jours, nous pouvons aussi recevoir de l'information douteuse, qui n'est pas fondée sur des faits vérifiables et qui est diffusée dans l'intention de tromper le public. C'est ce que l'on appelle la désinformation.

Ce phénomène est plutôt rare dans certains médias d'information, notamment aux nouvelles télévisées, parce que des journalistes, des recherchistes et des rédacteurs valident le contenu. Il peut arriver que certains renseignements erronés circulent, mais le code de déontologie des journalistes leur interdit de tromper le public de manière intentionnelle.

La désinformation peut prendre plusieurs formes, mais dans tous les cas, un fait demeure: on tente de faire passer des mensonges ou de faux renseignements pour des renseignements véridiques. La désinformation est très présente sur Internet: sur des sites haineux, sur certains sites commerciaux, sur des pages personnelles et dans les courriels. Par exemple, vous avez probablement déjà reçu un courriel contenant une fausse alerte au virus ou une publicité pour un produit miracle. Comment évaluer et établir la crédibilité des informations, parfois contradictoires, qui nous parviennent?

POUR EN SAVOIR +

La contre-publicité

Avec l'arrivée d'Internet, un phénomène a pris de l'ampleur: la contre-publicité. De plus en plus de personnes profitent du cyberespace pour exprimer leur insatisfaction à l'égard de divers produits et services. Par exemple, certaines personnes décrivent, sur leurs sites Internet, les expériences déplorables qu'elles ont vécues dans des restaurants en identifiant les commerces en question. Cette action est-elle légale? En 2002, la Cour suprême du Canada a statué que la liberté d'expression autorise les citoyens à effectuer de la contre-publicité sur Internet ou sur tout autre média.

Les individus ont-ils des responsabilités face aux médias? Doit-on croire tout ce que l'on entend ou lit? Une personne peut-elle exercer son autonomie par rapport aux médias? Peut-on devenir dépendant des médias?

Doc. 3.17
La désinformation circule dans les médias, notamment par Internet.
© Jerome Scholler/Shutterstock

Un peu d'histoire

INTERNET

Internet a vu le jour en 1969, alors que le Département de la défense des États-Unis tentait de relier entre eux les ordinateurs des centres de recherche de l'armée. Au départ, Internet était avant tout un outil de stratégie militaire: en cas de guerre, une destruction d'une partie du réseau n'affecterait pas le fonctionnement global du système. Mais aujourd'hui, cela fait partie intégrante de nos vies. Lorsque vous communiquez avec vos amis par courriel ou par messagerie instantanée, vous utilisez probablement un français écrit différent de celui que vous apprenez en classe. Ce langage, appelé langage SMS (pour *short message service*), a été inventé dans les années 1990 pour faciliter la communication entre deux utilisateurs de téléphones portables. Pour ne pas excéder la limite de caractères permis, les utilisateurs écrivaient les mots en abréviations, selon leur **phonétique** ou en faisant des **rébus**. Voici quelques exemples:

Abréviation: lgtps = longtemps
Phonétique: koi = quoi
Rébus: koi 2 9 = quoi de neuf

Phonétique: représentation écrite du son d'un mot.

Rébus: série de mots, signes ou dessins qui évoquent le son d'un mot ou d'une expression que l'on veut faire deviner.

Les influences des médias

L'AUTONOMIE

Une personne peut-elle être autonome face au contenu véhiculé dans les médias ? Bien sûr ! Un individu autonome exerce son jugement critique par rapport à ce qui est dit ou écrit dans les médias. Il fait preuve de bon sens autant par rapport au contenu que dans ses façons d'utiliser les médias. Il peut notamment utiliser les médias pour promouvoir ses valeurs et peut s'en servir pour faire des choix éclairés.

Le cas suivant illustre bien l'autonomie d'un individu face aux médias. Marc reçoit, par courriel, une publicité pour un produit censé faire augmenter sa masse musculaire de manière phénoménale. Il s'agit d'une boisson qui remplace les repas. Selon cette publicité, on peut gagner du muscle en un temps record sans faire le moindre effort. Plusieurs personnes y sont photographiées, avant et après avoir pris le produit annoncé. Les résultats sont spectaculaires ! Marc est intéressé, mais en même temps, comme la santé est une valeur importante pour lui, il se demande si ce n'est pas trop beau pour être vrai. En faisant une recherche sur Internet, il trouve plusieurs sites où les gens se plaignent d'avoir été dupés par cette entreprise. Ensuite, en consultant le *Guide alimentaire canadien*, il constate que la boisson en question est loin de contenir tout ce que prône une saine alimentation. Marc en conclut qu'il s'agit d'une publicité mensongère.

Doc. 3.18 Une personne peut être autonome par rapport aux médias.

Doc. 3.19 Exercer son jugement critique permet d'être autonome face aux médias.

LA DÉPENDANCE

Saviez-vous qu'il est possible d'être dépendant des médias ? Nous avons vu dans ce chapitre que la télévision et la radio peuvent exercer un grand pouvoir d'attraction sur les individus. Parfois, ces individus en viennent à ne plus pouvoir s'en passer. Mais la dépendance aux médias peut aussi prendre une forme encore plus néfaste. À titre d'exemple, voyons la cyberdépendance.

La cyberdépendance

La cyberdépendance se définit comme une dépendance excessive à Internet. Ce n'est pas seulement aimer naviguer sur Internet. C'est aussi ne pas pouvoir s'en passer ; finir par manquer de temps pour ses proches ; ressentir un sentiment de vide ou de désespoir lorsque l'on est privé d'un ordinateur ; mentir à propos de ses activités pour ne pas devoir avouer cette dépendance ou même négliger sa santé. Les gens peuvent être dépendants d'Internet à cause de diverses utilisations abusives, notamment celles liées aux jeux en ligne, aux sites d'enchères ou aux communautés virtuelles.

Le cas de Cédric est un exemple de cette dépendance aux communautés virtuelles. Ce jeune garçon manque de confiance en soi. Il est timide et ne sait pas comment aborder les autres. Il passe toutes ses soirées devant son ordinateur à vivre en ligne une vie sociale qu'il n'a pas dans la réalité. Il s'est inventé un personnage très sûr de lui et correspond avec des gens sur plusieurs sites. Sa vie sur Internet l'occupe tellement qu'il ne veut jamais sortir. Quand il n'a pas accès à son ordinateur, Cédric est déprimé. En plus, il ressent certains symptômes physiques dus au fait qu'il reste des heures devant son écran : mal de dos, sécheresse des yeux et insomnie. Sa mère pense que cette obsession est malsaine parce qu'elle l'amène à fuir la réalité. Cédric croit au contraire qu'Internet lui permet d'être plus autonome parce qu'il n'a pas besoin des gens autour de lui pour avoir une vie sociale. Qu'en pensez-vous ?

Doc. 3.20 La cyberdépendance peut amener des gens à s'isoler et à négliger leur santé.

POUR EN SAVOIR +

La cyberdépendance

La cyberdépendance est une dépendance méconnue au Québec. Pourtant, selon le Centre québécois de lutte contre les dépendances, ce problème connaît une très forte croissance actuellement. En 2008, on estime que 6 % des quatre millions de personnes qui utilisent Internet au Québec souffrent de cyberdépendance. Celle-ci touche principalement les hommes célibataires âgés d'une trentaine d'années. Selon une étude réalisée à l'Université de Pittsburgh, les cyberdépendants passent en moyenne 38 heures par semaine sur Internet, alors que les autres utilisateurs ne consacrent que 8 heures à cette activité. Les gouvernements de certains pays, comme les États-Unis, la France et les Pays-Bas, ont mis sur pied des cliniques de désintoxication pour les cyberdépendants. Actuellement, au Québec, il n'existe aucune clinique de ce genre.

Références : *Le Devoir*, Montréal, 3 novembre 2006 et Banque de terminologie du Québec de l'Office québécois de la langue française, 2008.

Culture et société

Les libertés d'expression, d'information et de presse des médias ne sont pas respectées en toutes circonstances. Les libertés de presse et d'expression sont parfois bafouées. On peut le constater dans les deux cas suivants qui concernent les médias écrits : le journalisme et la poésie.

Les journalistes et la liberté de presse

La liberté de presse n'est pas respectée partout dans le monde. Selon l'ONU, les 10 pays où la presse est la plus censurée sont : la Corée du Nord, la Birmanie, le Turkménistan, la Guinée équatoriale, la Libye, l'Érythrée, Cuba, l'Ouzbékistan, la Syrie et le Belarus. Dans plusieurs pays, le prix à payer pour cette liberté est élevé : selon Reporters sans frontières, un organisme qui défend la liberté de presse partout dans le monde, entre 2003 et 2007, 209 professionnels des médias (journalistes, photographes et autres) ont été assassinés en Irak, 2 sont portés disparus et 14 ont été kidnappés. Pensez-vous que les journalistes canadiens sont à l'abri des menaces ? Voici les histoires de trois d'entre eux qui ont subi des représailles pour leur travail ici ou dans un autre pays. Notez que les attentats contre les journalistes n'ont pas le même impact selon qu'ils sont perpétrés par des groupes criminels ou par l'État. Jean-Pierre Charbonneau et Michel Auger, parce qu'ils étaient menacés par des groupes criminels, ont pu bénéficier de la protection de la police. Zarha Kazemi, pour sa part, s'est battue contre l'appareil étatique iranien.

■ Jean-Pierre Charbonneau (1950-)

Dans les années 1970, ce journaliste enquêtait sur le crime organisé. Il publia alors plusieurs articles-chocs dénonçant les activités des groupes criminalisés. Le 1er mai 1973, il fut victime d'un attentat dans la salle de rédaction du journal *Le Devoir*. Un individu relié à la mafia montréalaise l'a atteint au bras avec une arme à feu. Malgré cette attaque, Jean-Pierre Charbonneau a poursuivi ses enquêtes sur le crime organisé, puis a mené une carrière en politique provinciale avant de revenir aujourd'hui dans le monde des médias.
David Boily/La Presse

■ Michel Auger (1944-)

Le journaliste Michel Auger couvre les affaires juridiques et le monde criminel depuis les années 1960. Le 13 septembre 2000, il est atteint par six balles dans le stationnement du *Journal de Montréal*. Ses blessures sont très graves, mais il y survit. Cet attentat l'encourage à poursuivre son travail acharné pour dénoncer le crime organisé. Michel Auger a pris sa retraite en 2006.
Photo Le Journal de Montréal/Pascal Ratthé

■ Zarha Kazemi (1948-2003)

Cette photojournaliste irano-canadienne est décédée en Iran après avoir été incarcérée et battue. Elle avait été arrêtée alors qu'elle photographiait des familles de détenus dans la prison d'Evin en Iran. En 2005, l'exposition *Contre l'oubli* rassemblant des photos prises par Zarha Kazemi a été présentée pendant quelques jours à la bibliothèque de l'arrondissement Côte-Saint-Luc à Montréal. Les administrateurs ont finalement décidé de retirer l'exposition parce qu'elle contenait des images qui, selon eux, soulevaient la controverse.
© Reuters/CORBIS

La poésie engagée et la censure

Selon vous, la liberté d'expression concerne-t-elle uniquement les médias de masse ? Sachez que certains écrivains sont aussi victimes de censure. C'est le cas notamment des poètes. Dans plusieurs pays, des poètes sont arrêtés, emprisonnés ou exilés parce que leurs textes dérangent.

Frankétienne (1936-   )

« Ma parole a toujours été libre parce que j'ai choisi, au risque de ma vie, de la projeter hors de moi-même. »

Poète, dramaturge et professeur haïtien qui a publié plus d'une trentaine d'ouvrages en français et en créole. Il a été en résidence surveillée dans son pays pendant 20 ans pour avoir dénoncé le régime politique des Duvalier. Sa pièce *Pèlin-Tèt* a grandement contribué à libérer la parole en Haïti.

Henri Lopès (1937-   )

« J'aime à me répéter deux adages de chez moi : "Trop de paroles bouchent les oreilles" et "Quand tu prends la parole, aie pitié de ceux qui t'écoutent". »

Poète, écrivain et diplomate métis originaire de la République du Congo, un pays où les libertés d'expression et de presse sont souvent bafouées. Henri Lopès est une figure marquante de la littérature africaine contemporaine. Il a beaucoup écrit sur un sujet tabou en Afrique : l'identité métisse.

Tahar Bekri (1951-   )

« Mon dernier livre est une dénonciation de la confiscation de la liberté et de l'art dans le monde. C'est une réponse poétique parce que je n'en ai pas d'autre. »

Poète tunisien qui écrit en français et en arabe. Tahar Bekri est exilé en France depuis 1976. Il est considéré comme une voix importante du Maghreb. Ses œuvres sont traduites en plusieurs langues, notamment en russe, en anglais, en italien et en turc.

Référence : Entrevues de Michel Morin avec Frankétienne, Henri Lopès et Tahar Bekri, *Chez nous le matin*, Radio-Canada, mai 2008.

Un peu d'histoire

LE RÉGIME DES DUVALIER EN HAÏTI

François Duvalier (1907-1971) a été président d'Haïti de 1957 à 1964, puis dictateur de 1964 à 1971. À sa mort, son fils Jean-Claude prend le pouvoir. Il le conservera jusqu'en 1986. Le régime des Duvalier a été marqué par la violence et la répression.

Maghreb : ensemble des pays du nord-ouest de l'Afrique, soit la Lybie, la Tunisie, l'Algérie, le Maroc et la Mauritanie.

Doc. 3.21 Les poètes peuvent aussi être victimes de censure.

Les influences des médias

Ici et ailleurs
L'État russe et le contrôle des médias

Dans certains États, les médias bénéficient d'une grande liberté. Ce n'est pas le cas dans tous les pays, comme le démontre l'exemple de la Fédération de Russie, un État qui se dit démocratique.

La Fédération de Russie en bref

Population : 143 221 000 habitants

Monnaie : rouble

Superficie : 17 075 400 km²

Capitale : Moscou

Langue : russe

Chef d'État : Dmitri Medvedev est président depuis mars 2008

Doc. 3.22 Le drapeau de la Russie.

À l'époque de l'URSS, dont le peuple était soumis à la dictature, les médias étaient tous dominés par le gouvernement. En principe, la Fédération de Russie est aujourd'hui devenue un régime démocratique, mais la situation concernant les médias est demeurée quasiment identique. Certes, les gens ont maintenant accès à plusieurs médias étrangers, ce qui n'était pas le cas dans l'ancien régime. Cela dit, la majorité des médias russes sont encore sous l'emprise du gouvernement. L'État russe est d'ailleurs accusé par plusieurs organismes, dont Reporters sans frontières, de brimer la liberté de presse.

L'EMPIRE MÉDIATIQUE DE L'ÉTAT

Deux des trois agences de presse du pays sont gérées par l'État : Itar-Tass, qui possède maintenant le statut de société d'État, et RIA Novosti, une agence d'information administrée par le ministère russe de la Presse et de l'Information. Le gouvernement détient aussi trois chaînes de télévision : La Première, TV-Centre et VGTRK, laquelle compte environ 80 millions de téléspectateurs.

L'EMPIRE MÉDIATIQUE DE GAZPROM

La compagnie russe de production et de transport de gaz naturel Gazprom possède de nombreux médias. Ce géant est une compagnie privée, mais 50,1 % de ses actions sont détenues par l'État. Gazprom possède trois journaux, une chaîne de télévision et 66 % des actions d'une station radiophonique.

Doc. 3.23 Le Kremlin est le centre politique de la Russie. Situé en plein cœur de Moscou et entouré d'une muraille de briques, le Kremlin rassemble plusieurs monuments historiques, dont un théâtre, des cathédrales et des palais.

DES LOIS POUR CENSURER LES MÉDIAS

Au cours des dernières années, le gouvernement a adopté quelques lois ayant pour effet de censurer les médias. Ainsi, une loi sur les médias, mise en vigueur en 2002, interdit l'existence de tout média jugé extrémiste. Une autre loi, adoptée en 2003, interdit aux médias de donner leur avis sur les candidats en période électorale.

FERMETURE ET CENSURE

En 2002, l'État russe a fait fermer la chaîne de télévision indépendante TV6, qui se montrait très critique à l'égard du pouvoir. La même année, le ministre de la Presse et de l'Information aurait empêché la diffusion sur une chaîne d'une entrevue avec un membre d'un commando tchétchène. Cette interdiction s'explique par le fait que la Tchétchénie est une région de la Russie qui a été déchirée par une guerre civile, et que certains rebelles tchétchènes voulaient obtenir leur indépendance par les armes.

LA PRISE D'OTAGES DE BESLAN

En septembre 2004, une école de Beslan est prise en otage par des rebelles tchétchènes. Quelques jours plus tard, les forces spéciales donnent l'assaut. Cette intervention aura entraîné la mort de près de 350 personnes, dont 185 enfants. Selon Reporters sans frontières, les deux journalistes russes spécialistes de la question tchétchène ont été tenus volontairement à l'écart de cet événement. Anna Politkovskaïa, victime d'un empoisonnement, a été hospitalisée pendant plusieurs jours. Andreï Babitski a pour sa part été emprisonné parce que la police le soupçonnait de transporter des explosifs. Après une fouille, il a été relâché. À sa sortie de prison, une bagarre a éclaté. Babitski a été arrêté une seconde fois. Anna Politkovskaïa a été assassinée en 2006.

© EDUARD KORNIENKO/Reuters/Corbis

© Alex Kapranoff/Shutterstock

Doc. 3.24 La tour de télévision d'Ostankino mesure 540 mètres de haut et est la deuxième plus haute tour auto-portante au monde, après la tour du CN à Toronto.

Doc. 3.25 Les médias ont largement couvert le procès des terroristes responsables de la prise d'otages de Beslan. Ici, un enfant livre son témoignage à la cour de Vladikavkaz sous l'œil des caméras.

Les influences des médias

Synthèse

- Les médias entrent quotidiennement dans nos vies et nous communiquent de l'information.

- En véhiculant des valeurs et des normes, les médias peuvent influencer les attitudes, les comportements et les façons de voir les choses des gens.

- Les médias peuvent créer, défaire ou renforcer des stéréotypes.

- Un stéréotype est une idée ou une opinion que l'on se fait d'une personne ou d'un groupe sans tenir compte des particularités de chacun et sans faire de recherche ou de réflexion.

- Les médias peuvent influencer la perception que les gens ont d'eux-mêmes.

- Les médias peuvent contribuer à certaines transformations sociales, notamment en ce qui concerne le tabagisme, l'alcool et la sexualité.

- Au Canada, les médias disposent d'une grande liberté d'expression.

- La liberté d'expression a des limites : il doit y avoir un équilibre entre la liberté d'expression et les droits de la personne.

- Au Canada, les médias jouissent de la liberté de presse. Ils peuvent ainsi décrire et analyser les événements sans entraves et sans craindre de subir des sanctions.

- Les responsabilités des médias sont définies dans les codes de déontologie qu'ils adoptent et dans les lois auxquelles ils obéissent.

- Les médias sont concernés par certains enjeux éthiques. La liberté d'information et le respect de la vie privée en sont deux exemples.

- Les enjeux liés aux médias peuvent être des sources de tensions.

- La désinformation est parfois présente dans les médias.

- Une personne qui utilise son jugement critique et son bon sens face à ce qui est diffusé dans les médias fait preuve d'autonomie.

- Certaines personnes développent une dépendance aux médias. Par exemple, une personne cyberdépendante a une dépendance excessive à Internet.

1 Quels sont les quatre principaux médias que l'on trouve dans la société ?

2 Les stéréotypes reflètent-ils la réalité ? Justifiez votre réponse.

3 Pourquoi certaines personnes sont-elles influencées par les stéréotypes présents dans les médias ?

4 Comment les médias peuvent-ils influencer les valeurs et les normes d'une société ?

5 Quel rôle les médias ont-ils joué dans la campagne *Le Québec respire mieux* du gouvernement du Québec ?

6 Quel est le message véhiculé dans les publicités qui portent sur la conduite d'un véhicule avec les facultés affaiblies ?

7 Quel est le lien entre la forme de pouvoir d'une société et les droits et libertés des médias ?

8 La liberté d'expression autorise-t-elle les médias à diffamer un individu ? Pourquoi ?

9 Qu'est-ce que la propagande haineuse ?

10 Dans une société démocratique, quelle liberté permet à la presse de relater et commenter les événements sans craindre de représailles ?

11 Selon l'ONU, quelles valeurs doivent être promues par les médias ?

12 Sur quelles valeurs le code de déontologie de la Fédération professionnelle des journalistes du Québec est-il fondé ?

13 Le gouvernement fédéral est-il le seul gouvernement à établir des lois qui concernent les médias ? Justifiez votre réponse.

14 Quelle loi interdit aux médias de diffuser des messages publicitaires qui s'adressent aux enfants âgés de moins de 13 ans ?

15 Au Canada, le public a-t-il accès à l'information gouvernementale ? Pourquoi ?

16 Qu'est-ce qui distingue une information d'intérêt public d'une information qui relève de la curiosité publique ?

17 Les médias diffusent-ils toujours le nom des personnes impliquées dans les drames humains ? Pourquoi ?

18 Qu'est-ce qu'un paparazzi ?

19 Les paparazzi sont-ils autorisés à enfreindre le droit à la vie privée des gens ? Pourquoi ?

20 La désinformation est-elle très présente dans les nouvelles télévisées ? Pourquoi ?

21 Qu'est-ce qui permet à un individu d'exercer son autonomie face aux médias ?

22 Comment nomme-t-on la dépendance liée à Internet ?

Culture religieuse

Héritage du passé ou richesse du présent ?

1er CYCLE DU PRIMAIRE

DES CÉLÉBRATIONS EN FAMILLE	• Des fêtes (chapitre 4) • Des rituels de naissance (chapitre 5)
DES RÉCITS MARQUANTS	• Des récits qui ont une grande influence (chapitre 6) • Des récits de personnages importants (chapitre 6)

2e CYCLE DU PRIMAIRE

DES PRATIQUES RELIGIEUSES EN COMMUNAUTÉ	• Des lieux de culte où les pratiques religieuses se déroulent (chapitre 5) • Un temps pour les célébrations (chapitre 4) • Des lieux de culte, des objets et des symboles liés à des pratiques (chapitre 5) • Des pratiques de prière et de méditation (chapitre 4)
DES EXPRESSIONS DU RELIGIEUX DANS L'ENVIRONNEMENT DU JEUNE	• L'environnement physique (chapitre 5) • Des expressions culturelles (chapitres 5 et 6) • Des représentations de l'origine du monde (chapitre 5)

3e CYCLE DU PRIMAIRE

DES VALEURS ET DES NORMES RELIGIEUSES	• Des valeurs et des normes (chapitre 4) • Des personnes modèles et leurs œuvres (chapitre 5) • Des pratiques alimentaires et vestimentaires (chapitre 5)

PRÉLUDE

- Pâques, Noël, Action de grâce, Pessah, Soukkôth, Hanoukkah, Id al-Fitr, naissance du gourou Nanak, jour de l'An, anniversaire de naissance
- baptême, attribution du nom pour une fille, circoncision, caractéristiques du nom énoncées par le chaman, horoscope de naissance

---

- des récits reliés à des fêtes religieuses (mages, Maccabées, sacrifice d'Ismaël, des récits fondateurs (Noé et le Déluge, le castor qui dérobe le feu, révélation à Muhammad), des repères culturels reliés à des récits qui ont une grande influence (arche de Noé, menorah)
- Annonciation, naissance de Jésus, naissance de Moïse, naissance de Siddhartha Gautama

---

- la mosquée, le temple, l'église, la synagogue, la pagode, la chapelle, la cathédrale, le temple bouddhique
- la messe, la première communion, le culte du dimanche, les funérailles, le sabbat, la prière du vendredi
- la croix, l'étoile de David, le croissant, la menorah, la calligraphie du nom d'Allah, la roue à huit branches, le kirpan, le khanda

- des noms du divin (Dieu, A-do-naï, Allah, Brahma, Shiva, Vishnou)
- des écrits (la Bible, la Torah, le Coran, le Tripitaka, les Vedas)
- les ablutions, les postures de prières, la contemplation, le chapelet, le tambour, le tapis, le moulin à prières, le *Notre Père*, la lecture de la Bible, Shema Israël, des actions de grâces

---

- des monuments, des édifices, la toponymie
- des œuvres artistiques, des œuvres communautaires, des événements culturels reliés au religieux
- des symboles et des images représentant l'origine du monde, des récits de l'origine du monde, des repères culturels reliés à des représentations de l'origine du monde

---

- des paraboles, les deux commandements les plus importants, norme relative à l'amour du prochain, les dix commandements, les cinq piliers de l'islam, le dharma, le caractère sacré de l'individu, l'individu fait la force du groupe
- Vincent de Paul et l'aide aux démunis, Mère Teresa et l'aide aux démunis, Martin Luther King et les droits civils, Henri Dunant et la Croix-Rouge, Gandhi et le Dalaï Lama pour la résistance pacifique et l'indépendance d'un pays, Élie Wiesel et les droits humains
- la symbolique reliée à certaines pratiques alimentaires (jeûne, carême, ramadan, réveillon de Noël), des règles alimentaires (jour maigre et jour gras, lois casher, végétarisme, le halal), des pratiques vestimentaires, la symbolique et les règles qui y sont reliées (couleur, tenue de baptême, vêtements de deuil, habits d'un pasteur, kippa, turban, voile, tilaka)

Le phénomène religieux

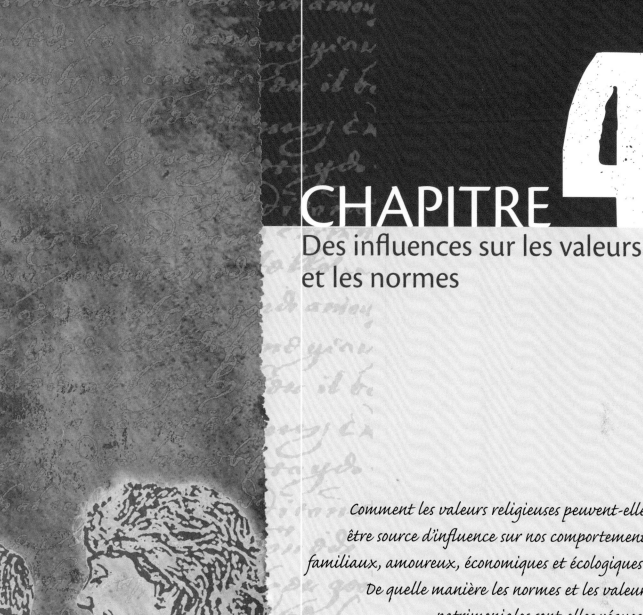

CHAPITRE 4

Des influences sur les valeurs et les normes

Comment les valeurs religieuses peuvent-elles être source d'influence sur nos comportements familiaux, amoureux, économiques et écologiques ? De quelle manière les normes et les valeurs patrimoniales sont-elles vécues ?

LIENS

■ ÉTHIQUE

- Des valeurs et des normes propres à des groupes, à des institutions et à des organisations
- La transformation des valeurs et des normes
- Des individus et des groupes
- Des droits et des devoirs : des préceptes, des codes de vie, des règlements

■ DIALOGUE

- Les formes du dialogue : le panel
- Des moyens pour interroger un point de vue : les types de jugements
- Des pistes pour favoriser le dialogue

4.1 L'influence des institutions religieuses sur la famille

La religion a une influence certaine sur notre environnement personnel. Quelle est l'origine de cette influence et pourquoi persiste-t-elle ?

Doc. 4.2 Certaines communautés religieuses se spécialisaient en soins infirmiers. Ici, un hôpital pour les enfants abandonnés dont s'occupait la congrégation catholique des Sœurs de la Providence.

Archives des Sœurs de la Providence

BAC PA80937

Doc. 4.1 Dès leur entrée à l'école, les enfants du Québec étaient pris en charge soit par des religieuses, soit par des laïques. Ici, les élèves de la chorale du couvent Sainte-Marie, dans les années 1950, dirigée par une religieuse.

UNE PRÉSENCE DE 400 ANS

La famille, le premier cercle social, est particulièrement touchée par les traditions religieuses. En effet, les valeurs et les traditions familiales ont été forgées au fil des siècles par ceux et celles qui nous ont précédés.

Un acteur social de taille

L'histoire de la famille québécoise est marquée par une relation qui a longtemps été intimement liée à la religion. Dès les tout débuts de la Nouvelle-France, pour les catholiques, et à partir de la fin du XVIIIᵉ siècle pour les protestants, la religion a occupé une très grande place dans la vie des habitants. L'Église catholique a façonné les croyances, mais aussi les attitudes et les valeurs des individus et de la collectivité. Cette grande influence s'expliquait en partie par l'omniprésence de l'Église dans l'éducation, la santé et les œuvres de charité auprès des pauvres, des personnes âgées et des orphelins.

L'Église catholique et son clergé ont investi d'autres sphères importantes de la société. Au cours du XIXᵉ siècle et durant toute la première moitié du XXᵉ siècle, le syndicalisme, le journalisme, l'économie sociale, la politique ont aussi été très influencés par l'Église catholique.

Saviez-vous que le clergé a même joué un rôle dans la création des Caisses populaires ? L'Église catholique était partie intégrante de la vie de la société québécoise.

BAC PA119877

Doc. 4.3 En 1955, de hauts dignitaires du clergé catholique, dont le cardinal Paul-Émile Léger, assistent à une célébration en compagnie du maire de Montréal, Jean Drapeau, à gauche, et du premier ministre du Québec, Maurice Duplessis, à droite.

Des curés de paroisse présents

Personnage important de la vie paroissiale et souvent le plus instruit du village, le curé n'est pas uniquement un chef spirituel. Il bénéficie d'une grande autorité auprès de ses paroissiens.

C'est à lui que les fidèles se confient et **confessent** leurs **péchés**. À l'occasion, le curé devient arbitre, instituteur, notaire et administrateur. De façon ponctuelle, il perçoit la **dîme**. Il s'assure également que ses fidèles pratiquent leur religion, qu'ils assistent à la **messe** et à la célébration des fêtes catholiques. Dans certaines paroisses, le curé s'occupe même de la vie familiale, notamment quant au devoir des couples d'avoir de nombreux enfants. Cet aspect est d'ailleurs souvent illustré dans les films ou les téléséries relatant cette époque.

Pendant longtemps, les valeurs canadiennes-françaises ont ainsi été dictées par l'Église catholique. Après la Conquête de 1760, dans une société désormais dominée par la bourgeoisie protestante et anglophone, le clergé cherche une façon de protéger le catholicisme. Il la trouvera dans la sauvegarde et la promotion du traditionalisme, de la langue française, de l'agriculture, des mœurs et des coutumes conservatrices.

La fin d'une époque

Au milieu du XXe siècle, époque marquée par le début de la **Révolution tranquille** et la **laïcisation** des institutions, les Églises catholiques et protestantes perdent de leurs pouvoirs au sein de la société et de ses institutions. Elles voient également leur nombre de fidèles diminuer. La religion juive, qui correspond au troisième groupe religieux au Québec à cette époque, n'est pas épargnée. Comme plusieurs églises chrétiennes, de nombreuses synagogues se vident.

Aujourd'hui, malgré tout, les Églises chrétiennes jouent encore un rôle d'évangélisation. Toutes les Églises président à la célébration de leurs différents rites religieux. Elles sont également actives au sein de plusieurs institutions privées s'occupant d'enseignement et d'œuvres de charité.

Collection particulière

Doc. 4.4 Dans la deuxième moitié du XXe siècle, les écoles ne sont plus exclusivement dirigées par des congrégations religieuses. Des enseignantes et des enseignants laïques remplacent les religieux. Aujourd'hui, au Québec, toutes les écoles publiques sont laïques.

(Se) confesser : dans la religion catholique, avouer ses fautes à un prêtre pour en obtenir le pardon.

Péché : transgression d'une loi divine.

Dîme : somme d'argent ou fraction de la récolte prélevée par l'Église catholique. Cette contribution servait à l'entretien du clergé et de l'église ainsi qu'à aider les pauvres.

Messe : cérémonie rituelle du culte catholique, célébrée par le prêtre qui offre à Dieu du pain et du vin devenus, par la consécration, le corps et le sang du Christ.

Laïcisation : action de laïciser, de rendre laïque, d'enlever le caractère religieux. Un laïc est une personne qui ne fait pas partie du clergé.

Un peu d'histoire

Révolution tranquille est le nom donné à la période historique qui a débuté en juin 1960 avec la victoire du Parti libéral du Québec et de son chef Jean Lesage. Ce fut la fin de la « Grande Noirceur ». On a ainsi qualifié les années de pouvoir de Maurice Duplessis, chef de l'Union nationale et premier ministre pendant presque 20 ans. Ce parti, aujourd'hui disparu, était alors en relation étroite avec le clergé catholique, dont il partageait les valeurs traditionnelles. L'élection du Parti libéral met un terme à ces relations avec le clergé. Le gouvernement s'investit davantage dans les affaires de l'État et le Québec s'ouvre sur le monde et la modernité. C'est une période très importante politiquement, économiquement, socialement et culturellement.

Doc. **4.6** Un défilé de la Fête nationale le 24 juin à Montréal.

POUR EN SAVOIR +

La fête de **Hanoukkah** est une fête juive célébrée en décembre. Aussi appelée fête des Lumières, elle commémore le retour du culte juif dans le Temple de Jérusalem en l'an 165 avant l'ère chrétienne. Durant ces célébrations, la communauté juive observe diverses traditions. Les familles se réunissent tous les soirs durant huit jours pour allumer une des chandelles de la hanoukkia, un chandelier à neuf branches, dont celle du milieu, qui s'appelle « le serviteur », porte la chandelle qui sert à allumer les autres. On chante également des cantiques. Les enfants jouent avec de petites toupies appelées *dreydel*. Il est également coutume de déguster des beignets sucrés.

Foi : croyance, conviction.

Doc. **4.5** Des enfants s'apprêtent à allumer une bougie de la hanoukkia pendant la fête des Lumières. On aperçoit sur la table de petites toupies traditionnelles.

DE TRADITIONS RELIGIEUSES À TRADITIONS FAMILIALES

Les coutumes familiales sont parfois influencées par les traditions religieuses. Vous ne le savez peut-être pas, mais certaines de vos traditions familiales tirent leur origine de pratiques religieuses.

C'est bien souvent en famille qu'on observe les rituels entourant la pratique de la foi, même si cette dernière est quelque chose de très personnel, et ce, au sein de diverses religions. Pour certains, les fêtes ont un sens religieux important alors que pour d'autres, elles sont devenues des fêtes familiales sans référence à la religion. Ces pratiques sont devenues des coutumes que les familles perpétuent et transmettent d'une génération à l'autre. C'est le cas, par exemple, des fêtes religieuses bien connues que sont Pâques et Noël pour les catholiques et les protestants, ou **Hanoukkah** pour les juifs.

D'autres célébrations et traditions culturelles proviennent aussi de rites religieux. C'est notamment le cas de la Fête nationale du Québec, autrefois connue sous le nom de fête de la **Saint-Jean-Baptiste**, de la fête de la Saint-Patrick, le patron des Irlandais, célébrée le 17 mars, ou encore, de la fête nationale des Acadiens, célébrée le 15 août, jour de l'Assomption.

Un peu d'histoire

Il y a plus de 2000 ans, on soulignait le solstice d'été par une fête païenne. Avec l'arrivée du christianisme, elle a été assimilée à la fête de saint Jean-Baptiste qui était célébrée à la même époque. C'était une fête très populaire en France où le roi lui-même allumait le feu de la Saint-Jean. Les colons de la Nouvelle-France ont perpétué cette coutume.

Le 24 juin 1834, désirant faire de la Saint-Jean une fête nationale, le patriote Ludger Duvernay organisa un banquet à Montréal. Cette célébration fut répétée par la suite, mais c'est seulement en 1925 que le 24 juin est devenu un congé férié. Puis, en 1977, la Saint-Jean-Baptiste est devenue officiellement la Fête nationale du Québec. Si cette fête a perdu son caractère chrétien, des messes sont cependant encore célébrées dans plusieurs municipalités le 24 juin.

Un jour de repos et de prière

Dans nombre de familles, on a l'habitude de se réunir autour d'un bon repas le dimanche. Ces rencontres hebdomadaires, qui ont lieu le samedi chez les juifs, ont également des racines religieuses.

Chez les chrétiens

Le dimanche, jour de culte et de repos pour les chrétiens, a acquis avec le temps une signification particulière pour bon nombre de familles. C'est le dimanche que sont célébrés, dans les églises et les temples, les principaux offices chez les catholiques, les protestants et les orthodoxes. Autrefois, il était interdit de travailler le dimanche. Cette interdiction n'existe plus aujourd'hui.

Chez les juifs

Le samedi, appelé shabbat, est le jour de culte hebdomadaire chez les juifs. Le shabbat est le jour où tout travail doit cesser du coucher du soleil le vendredi au coucher du soleil le samedi. C'est un jour de fête et de réjouissance autant que de prières. Le culte est célébré dans les synagogues.

Chez les musulmans

Le jour du vendredi est celui de la prière collective pour les musulmans. Cette grande prière a lieu à la mosquée, au milieu de la journée. Les hommes ont l'obligation d'y assister. Il n'est pas interdit de travailler avant ou après la prière. Bien que le vendredi soit une journée particulière, on ne peut cependant pas comparer le vendredi musulman au samedi juif et au dimanche chrétien.

Au rythme des traditions religieuses

La célébration de certains rites religieux, comme les cérémonies marquant l'arrivée d'un nouveau-né, le mariage ou les rites funéraires, correspond à des temps de passage qui font partie des traditions familiales. Pour certains, le caractère sacré est important et ces rituels sont également des occasions de se retrouver. Pour d'autres, le caractère sacré revêt moins d'importance et ces rituels deviennent surtout des occasions de partager de précieux moments avec les leurs. Même avec des fêtes et des coutumes qui ont évolué au fil des temps, on voit que les traditions religieuses rythment encore aujourd'hui la vie familiale et sociale.

Doc. 4.8 Un prêtre catholique célébrant la messe.

Dimanche: du latin *dies dominicus* qui signifie «jour du Seigneur».

Hebdomadaire: qui a lieu chaque semaine.

Office: cérémonie du culte.

Doc. 4.7 La prière du dimanche dans une église chrétienne orthodoxe.

Les traditions religieuses, les valeurs et les normes

L'influence des traditions religieuses sur les valeurs et les comportements est-elle aussi importante que sur la famille ? Pourquoi ?

Judéo-chrétien : qui appartient à la fois aux valeurs spirituelles du judaïsme et du christianisme. Les Églises catholiques, protestantes et orthodoxes sont des Églises chrétiennes.

Principe : règle de conduite basée sur des valeurs qui guident le comportement d'une personne ou d'un groupe.

Précepte : énoncé qui exprime un enseignement, une règle ou une façon de faire.

RÈGLES SOCIALES, VALEURS RELIGIEUSES

Lorsqu'on s'y attarde, on constate que les valeurs et les normes de la société contemporaine ont un caractère judéo-chrétien. Les valeurs et principes du christianisme sont à la base même de nos codes moraux, ces ensembles de règles qui nous orientent, comme individu et comme membre de la collectivité. Partager, aider son prochain, respecter les autres, pardonner, être honnête, donner aux plus démunis : n'est-ce pas là la description d'une personne responsable, direz-vous ? À une certaine époque, on aurait plutôt dit un bon chrétien puisque les normes de l'Église étaient à la base même du fonctionnement de la société.

Plusieurs règles sociales se fondent sur des valeurs véhiculées par les traditions religieuses. C'est assurément le cas de quelques-uns des règlements énoncés dans le code de vie de votre école ou de la maison des jeunes que vous fréquentez. Ces codes imposent généralement la politesse, le respect des autres, mais également le respect des lieux physiques et de tout ce qui s'y trouve.

Pensez également aux lois imposées par la justice. Bien sûr, ces lois ont pour but d'assurer l'ordre social, mais plusieurs d'entre elles ne sont pas sans rappeler les grands préceptes judéo-chrétiens, en particulier ceux contenus dans les **Dix commandements :** tu ne tueras point, tu ne voleras point, etc. Ces préceptes ont un aspect universel dans la mesure où on les retrouve aussi dans d'autres religions.

POUR EN SAVOIR +

Selon les religions chrétiennes et juives, les commandements sont ces règles que Dieu a données à Moïse sur le mont Sinaï. En voici la version biblique ancienne.

20,3 Tu n'auras pas d'autres dieux face à moi.

20,7 Tu ne prononceras pas à tort le nom du Seigneur, ton Dieu, car le Seigneur n'acquitte pas celui qui prononce son nom à tort.

20,8 Que du jour du sabbat on fasse un mémorial en le tenant pour sacré.

20,9 Tu travailleras 6 jours, faisant tout ton ouvrage, mais le septième jour, c'est le sabbat du Seigneur, ton Dieu. Tu ne feras aucun ouvrage, ni toi, ni ton fils, ni ta fille, pas plus que ton serviteur, ta servante, tes bêtes.

20,11 Car en 6 jours, le Seigneur a fait le ciel et la terre, la mer et tout ce qu'ils contiennent, mais il s'est reposé le septième jour. C'est pourquoi le Seigneur a béni le jour du sabbat et l'a consacré.

20,12 Honore ton père et ta mère, afin que tes jours se prolongent sur la terre que te donne le Seigneur, ton Dieu.

20,13 Tu ne commettras pas de meurtre.

20,14 Tu ne commettras pas d'adultère.

20,15 Tu ne commettras pas de rapt.

20,16 Tu ne témoigneras pas faussement contre ton prochain.

20,17 Tu n'auras pas de visées sur la maison de ton prochain. Tu n'auras de visées ni sur la femme de ton prochain, ni sur son serviteur, sa servante, son bœuf ou son âne, ni sur rien qui appartienne à ton prochain.

Exode 20 (3-17)

Doc. 4.9 Les normes concernant la famille sont en constante évolution.

Codes moraux et règles de conduite

Il existe une différence indéniable entre nos codes moraux et les règles que nous nous sommes données pour assurer le bon fonctionnement de notre société. Cette différence est dans les conséquences qu'entraîne l'infraction à ces règles. Un voleur qui est trouvé coupable doit payer une amende, faire des travaux communautaires ou aller en prison.

La personne qui manque de respect à une autre personne ou qui n'aide pas un individu dans le besoin n'est pas toujours punie, à l'exception, peut-être, du sentiment de culpabilité ou de honte qu'elle pourrait ressentir.

Des valeurs de leur temps

Bien sûr, certaines valeurs et normes sociales sont encore fidèles à l'enseignement des Églises chrétiennes. Cependant, beaucoup de préceptes religieux sont remis en question de nos jours.

Qu'elles soient d'origine religieuse ou non, les valeurs se transforment au rythme des époques et des **idéologies**. Certaines normes issues des traditions religieuses ont donc disparu au fil des temps. Pensons seulement au divorce que beaucoup de religions condamnent. Il a été longtemps interdit par la loi canadienne. Aujourd'hui, cette norme ne fait plus l'unanimité et les personnes divorcées ne sont plus considérées comme marginales. En 1969, il y avait 8,8 divorces pour 100 mariages. Trente-cinq ans plus tard, il y en avait 53,5*.

Les normes acceptées à certaines époques peuvent même nous paraître aujourd'hui un peu étranges. Par exemple, savez-vous que l'Église catholique avait dressé une liste d'œuvres littéraires et scientifiques qu'il était interdit aux catholiques de lire ? Cette liste s'appelait l'*Index*. Elle a existé de 1559 à 1966. L'Église condamnait aussi certains genres musicaux, comme le rock n' roll dans les folles années de vos grands-parents.

*Source : Statistique Canada

Doc. 4.10 Nos comportements sont régis par des codes moraux, mais également par les lois du pays.

Idéologie : ensemble des idées philosophiques, sociales, politiques, morales, religieuses ou autres, propres à une époque ou à un groupe social.

Des influences sur les valeurs et les normes

© Veronika Vasilyuk/Shutterstock

Doc. 4.11 Dans le christianisme, le ciel a toujours été associé au paradis, à Dieu et au bien. Plusieurs expressions québécoises en témoignent : « gagner son ciel », « un cadeau du ciel », « aller au ciel », « invoquer le ciel », etc.

Piété : sentiment de dévotion et de respect pour Dieu, pour les choses de la religion.

Enfer : dans le christianisme, lieu de supplice des damnés.

« Gagner son ciel »

L'importance accordée à la **piété** des chrétiens, particulièrement celle des catholiques, a longtemps été au cœur des normes de la société québécoise. L'Église a toujours vu à inculquer aux enfants les préceptes de la religion chrétienne.

La participation à la vie religieuse de la paroisse était autrefois obligatoire pour les catholiques. Le clergé veillait à ce que les fidèles aillent à la messe, prient, se confessent, payent leur dîme, célèbrent les fêtes religieuses et se comportent selon les enseignements de l'Église. Ceux-ci correspondaient alors aux normes de vie des catholiques et donc, de la majorité de la population. C'était pour ces gens la seule façon de « gagner leur ciel », c'est-à-dire, après leur mort, de pouvoir, pour toujours, accéder au paradis et de ne pas aller en **enfer**.

Autres temps, autres mœurs

Beaucoup de chrétiens pratiquent encore leur religion. Mais la célébration de leur foi a évolué en tenant compte parfois des valeurs et des normes de la société. Vivre sa foi est devenu un acte beaucoup plus personnel. Il existe plusieurs façons de vivre sa spiritualité.

L'ouverture du Québec sur le monde et l'arrivée de nombreux immigrants ont permis aux gens de connaître d'autres religions et d'autres formes de spiritualité. Ces changements ont aussi contribué à la transformation des valeurs et des normes.

POUR EN SAVOIR +

Les catéchismes sont des ouvrages rédigés par les Églises chrétiennes. Ils enseignent aux fidèles ce qu'ils doivent croire et faire pour vivre chrétiennement. Ils incluent les Dix commandements. Le Petit Catéchisme catholique présentait autrefois les enseignements de l'Église sous forme de questions et de réponses que les enfants devaient apprendre par cœur.

DES VALEURS DIFFÉRENTES ET DES VALEURS COMMUNES

Les valeurs sous-jacentes aux croyances religieuses témoignent en partie de la culture de laquelle elles sont issues. Il y a des valeurs et des normes qui varient d'une religion à l'autre. Ce qui semble anodin pour les croyants d'une religion peut avoir une grande importance pour ceux d'une autre religion. En revanche, on peut trouver des valeurs semblables dans plusieurs religions.

Les spiritualités autochtones

Les spiritualités autochtones offrent un bon exemple d'une vision différente de celle d'autres cultures religieuses. Les traditions spirituelles des Amérindiens et des Inuits sont transmises oralement de génération en génération. Pour la plupart des Autochtones, la terre est la mère de toute vie. Les plantes et les animaux ont un esprit qu'il faut respecter, honorer et dont il faut prendre soin. Les croyances amérindiennes et inuites se démarquent par la grande considération que ces peuples accordent à la nature et à ses éléments. Ce respect de la terre dicte les normes de vie et guide les comportements des individus.

Par exemple, puisque c'est grâce à la nature que l'homme peut se nourrir, s'habiller, s'abriter et se soigner, une relation d'interdépendance unit l'homme et la nature. Une surexploitation ou un non-respect des ressources contribuerait à leur disparition et, par conséquent, à celle de l'homme.

Pour les Autochtones, toutes les choses vivantes ont un esprit et une personnalité propres. Les fruits de la terre naissent, vivent, meurent et retournent à la terre. Ainsi, cette conception a conduit les Autochtones à se conformer aux lois de la nature et à son cycle de renouvellement.

Les animaux occupent une grande place dans la vie des Autochtones. Les bêtes sont précieuses pour leur viande, leur peau, leur fourrure et leur grande valeur symbolique. Les animaux sont des sources d'inspiration. Selon les nations, on associe les individus à un animal totémique. Ce dernier protège, guide et donne du courage à celui qui porte son nom. Les individus s'attribuent les caractéristiques de leur animal totem.

L'évangélisation par les missionnaires catholiques et protestants explique que de nombreuses communautés amérindiennes et inuites sont aujourd'hui de confessions chrétiennes. Mais l'univers des spiritualités traditionnelles y est demeuré présent ; il est même en recrudescence au sein de plusieurs communautés.

Autochtone : se dit d'un peuple qui a toujours habité le pays où il se trouve. Les Amérindiens et les Inuits sont les peuples autochtones du Canada.

Interdépendance : dépendance réciproque.

© Scott Kapich/Shutterstock

Doc. 4.12 L'ours symbolise la force physique, l'introspection et la force de l'âme.

© James R. Hearn/Shutterstock

Doc. 4.13 Le loup représente la loyauté et la fidélité.

4.3 Des interdits et des tabous

L'influence de la religion se fait sentir dans les interdits, les tabous et même les contraintes sociales. Est-ce partout la même chose ? Pourquoi ?

Blasphématoire : qui porte outrage au divin, au sacré, à la religion. Un blasphème peut aussi être une insulte à l'égard d'une personne respectable.

Juron : expression blasphématoire ou grossière.

Consacrer : rendre sacré.

Doc. 4.14 Le **calice** est une coupe qui contient le vin que le prêtre consacre et boit durant la messe.

CROYANCES ET CONTRAINTES

L'influence de la religion sur les comportements ne se limite pas uniquement aux traditions et aux valeurs. Elle affecte les interdits, les tabous et les contraintes sociales. Certaines interdictions sont communes à plus d'une religion. Leur respect varie selon la communauté, le milieu, la famille et l'individu.

Dictés par nos croyances, les interdits influent, de façon plus ou moins grande, sur notre manière de penser, de nous comporter et de nous exprimer. Selon les croyances religieuses, l'habillement, l'alimentation et les traitements médicaux sont également touchés par les interdictions.

SACRER, EST-CE SACRÉ ?

Le vocabulaire des Québécois et des Québécoises francophones comporte des mots dont l'usage a longtemps été condamné par l'Église catholique sous peine de punition. Il s'agit des sacres, ces mots blasphématoires apparus au Québec au XIXe siècle. Ces gros mots font référence aux objets religieux de l'Église, comme calice, tabernacle, ciboire, hostie ou encore aux mots du vocabulaire religieux, tels baptême ou sacrement. Pour beaucoup de croyants, ces jurons enfreignent un des Dix commandements selon lequel il ne faut pas prononcer le nom du Seigneur à tort et à travers.

Vous connaissez sûrement des sacres québécois. Savez-vous cependant ce que ces mots représentent ? Vous en trouverez quelques exemples sur ces deux pages.

Doc. 4.16 Christ est l'un des titres donnés à Jésus. Le mot Christ signifie l'« oint », celui qui a reçu l'onction.

Doc. 4.15 Le **calvaire** est une représentation de la crucifixion de Jésus que l'on trouve habituellement dans les cimetières ou au croisement de deux routes. Lieu de mise à mort de Jésus, le calvaire est une représentation de sa crucifixion.

Des jurons « dilués »

Sous les pressions du clergé catholique qui interdisait l'utilisation de ces jurons blasphématoires, les gens ont modifié les mots pour tenter de les rendre moins offensants : tabernacle est devenu « tabarnouche », baptême « batèche », Christ « clisse », etc.

Toujours présents dans la longue liste des jurons typiquement québécois, les sacres ont beaucoup perdu de leur caractère blasphématoire. Ils sont désormais utilisés par des personnes de diverses religions. Cependant, si pour la plupart des gens ces gros mots ont perdu leur symbolique sacrée, ils gardent un caractère interdit et leur utilisation est en général mal vue.

Des interdits dans toutes les religions

Les interdits verbaux à connotation religieuse ne sont pas propres à la société québécoise. Ils existaient déjà en France avant l'époque de la Nouvelle-France et ils existent encore aujourd'hui dans la plupart des cultures et des religions.

Par exemple, chez les juifs, il est interdit de prononcer ou d'écrire le nom du Créateur. Il est également défendu de le représenter, en image, en icône ou sous forme de statue. L'islam aussi interdit toute représentation de Dieu. Selon un grand nombre d'écoles d'interprétation islamique, il y a également une interdiction de représenter le prophète Muhammad. Transgresser cette règle peut être considéré comme un blasphème.

16281471 © Jupiter Images et ses représentants.
Tous droits réservés.

Doc. 4.18 Le **ciboire** est un vase muni d'un couvercle dans lequel est gardé le pain consacré.

Doc. 4.19 Une **hostie** est une rondelle de pain sans levain qui, une fois consacrée, est mangée par les chrétiens lors de la communion.

10045300 © Jupiter Images et ses représentants.
Tous droits réservés.

Communion : partie de la messe catholique et orthodoxe ou de l'office protestant au cours de laquelle le pain consacré est distribué aux fidèles.

© José Correia Marafona/Shutterstock

Doc. 4.17 Le **tabernacle** est une petite armoire dans laquelle est gardé le ciboire.

CROYANCES ET INTERDITS

La plupart des traditions religieuses comportent des interdits divers touchant, entre autres, l'alimentation, l'habillement ou les traitements médicaux. Ces interdits sont en général dictés par des textes religieux ou ancrés dans les croyances et les coutumes des gens. Afin de respecter les droits des individus, plusieurs institutions québécoises ont adapté leurs pratiques. C'est ce qu'on appelle les accommodements raisonnables. Ils ont pour but d'éviter qu'une personne ne subisse de la discrimination à cause, entre autres, de son sexe ou de ses convictions religieuses, comme le prescrivent les chartes canadiennes et québécoises des droits et libertés de la personne.

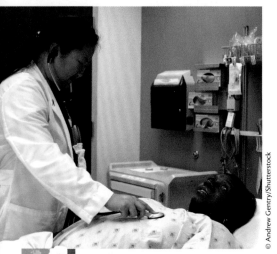

■ **Doc. 4.20** Pour des raisons religieuses, certains patients préfèrent être soignés par une personne de leur sexe.

© Andrew Gentry/Shutterstock

Des soins de santé respectueux des religions

De nombreux interdits touchent les traitements médicaux. Par exemple, plusieurs religions ou branches à l'intérieur d'une même religion ne permettent pas l'avortement, la transplantation ou le don d'organes. Devant tous ces interdits, les hôpitaux québécois ont, dans la mesure du possible, ajusté leur approche tout en étant responsables et soucieux de la vie humaine.

Les pratiques religieuses en prison

Dans les prisons, on reconnaît aux détenus le droit à la pratique religieuse, le tout dans le respect des règles de sécurité. On offre des locaux et des services religieux multiconfessionnels. Le Service correctionnel veille au respect des divers régimes alimentaires imposés par certaines religions. Les responsables s'assurent également que les détenus ont tout le nécessaire pour accomplir leurs rites religieux ou spirituels. Quant aux spiritualités amérindiennes, elles sont reconnues au même titre que les autres religions. On assure aux prisonniers amérindiens les services d'un chef spirituel ou d'un aîné amérindien tout comme les détenus de diverses confessions religieuses peuvent recevoir, par exemple, les services d'un prêtre, d'un rabbin ou d'un imam.

Des milieux de travail accommodants

Depuis quelques années, on tient compte de la diversité religieuse dans les milieux de travail, publics et privés. Pour faciliter la pratique des rites religieux tels la prière, le jeûne, les jours fériés, les règles vestimentaires, des ententes personnelles ou collectives sont conclues. Depuis mars 1990, par exemple, les policiers **sikhs** de la Gendarmerie royale du Canada peuvent porter le turban à la place du traditionnel chapeau de feutre prévu au règlement.

POUR EN SAVOIR +

L'hôpital de Montréal pour enfants (HME) est le premier hôpital pédiatrique au Canada à avoir mis au point des mesures pour concilier les croyances des patients de diverses traditions religieuses. Pour faciliter la compréhension et le respect des patients, l'hôpital met à la disposition du personnel et de la clientèle un service de traduction en 60 langues. Ce service permet d'éviter notamment les maladresses concernant les croyances religieuses.

Cette ouverture se traduit également à la cafétéria. Par exemple, les musulmans y trouvent de la nourriture halal. Un réfrigérateur réservé uniquement aux aliments casher est mis à la disposition des juifs.

L'HME compte également un lieu de recueillement adapté à toutes les confessions. Les patients qui le désirent y trouvent les services d'un prêtre pour les chrétiens, d'un rabbin pour les juifs et d'un imam pour les musulmans.

Sikh : pratiquant du sikhisme, une religion originaire de l'Inde. Les hommes sikhs doivent, entre autres, porter le turban.

CHAPITRE 4

FEMMES ET INTERDITS

Dans plus d'une religion, la place réservée aux femmes est différente de celle qu'occupent les hommes. Le comportement des femmes et leurs droits sont régis par de multiples règles et interdits qui varient selon les religions.

Certains groupes religieux exigent que les hommes soient séparés des femmes dans les lieux de culte, notamment lors de la période de prière.

Lorsqu'elle n'est pas inexistante, la présence des femmes au sein des différents clergés est rare ou confinée généralement aux sphères de pouvoir secondaires que sont les communautés religieuses.

Des « cheffes » spirituelles

Le titre de chef spirituel n'est plus réservé uniquement aux hommes. Dans certaines Églises protestantes, le mot pasteur a désormais son équivalent féminin : pasteure. En effet, depuis plusieurs décennies, les femmes peuvent assumer le rôle de pasteure, ou de ministre du culte, au sein des divers ministères ecclésiastiques. Par exemple, l'Église unie du Canada accepte d'ordonner les femmes depuis 1936.

Chez les juifs, les femmes peuvent remplir le rôle de rabbin, le chef spirituel d'une communauté juive. Cette réalité n'est cependant pas celle de toutes les branches du judaïsme.

Chez les Autochtones, il n'existe pas de clergé organisé pour les pratiques spirituelles. Certaines personnes, tels les anciens et les chamans, jouent des rôles particulièrement importants dans les traditions. Les chamans sont à la fois guérisseurs spirituels et physiques et dirigent les cérémonies. Ils connaissent des remèdes et des herbes pour la guérison des âmes et des corps. Les chamans et les anciens peuvent être tout autant des hommes que des femmes.

Ordonner : accorder à quelqu'un les ordres sacrés d'une Église, la charge d'un ministère.

Doc. 4.21 Dans certaines Églises protestantes, des femmes se voient confier le rôle de pasteure, ou de ministre du culte.

Un peu d'histoire

Lydia Gruchy (1894-1992)

a été la première femme à être ordonnée pasteure par l'Église unie du Canada.

Détentrice d'un doctorat en théologie du St. Andrew's College en Saskatchewan, Lydia Gruchy a travaillé fort pour devenir ministre du culte. Dès la création de l'Église unie du Canada en 1926, Mme Gruchy a fait une demande d'ordination. Elle a dû revenir à la charge à plusieurs reprises, car à l'époque, les règles de cette Église interdisaient aux femmes d'être pasteures. Elle a finalement été ordonnée le 4 novembre 1936, année où l'Église unie du Canada a permis aux femmes d'accéder à cette fonction.

Lydia Gruchy a été la première Canadienne à recevoir le doctorat « *Doctor of Divinity* » du St. Andrew's College, qui a donné le nom de cette pionnière à sa chaire de théologie.

Des influences sur les valeurs et les normes

Culture et société
Maria Chapdelaine

L'influence de la religion catholique sur les valeurs et les normes de la société québécoise est brillamment illustrée dans le roman de Louis Hémon, Maria Chapdelaine. L'histoire se déroule au début du XXᵉ siècle et est le reflet de la société de l'époque.

Doc. 4.22 L'église de Péribonka à la sortie de la messe du dimanche. Dessin au fusain de Marc-Aurèle de Foy Suzor-Côté pour l'édition originale de *Maria Chapdelaine*, parue en 1916.

© Musée du Québec 34.76D

Le roman dépeint le mode de vie des défricheurs du début du XXᵉ siècle au nord du lac Saint-Jean. Ce roman illustre leurs us et coutumes, leurs croyances et superstitions ainsi que la structure sociale au sommet de laquelle se trouve le curé de la paroisse. L'auteur décrit comment la religion a profondément influencé les valeurs des gens dans leur vie quotidienne.

La famille constitue le noyau central de l'histoire. Selon le récit, après la mort de sa mère, c'est par amour pour sa famille que Maria Chapdelaine, pourtant amoureuse d'un autre, choisit d'épouser Euthrope Gagnon afin de pouvoir continuer à s'occuper de son père et de ses frères et sœurs qui ont besoin d'elle. Les grandes valeurs judéo-chrétiennes d'amour, de partage, de fraternité, d'abnégation, d'entraide sont au premier plan de l'histoire de Maria Chapdelaine. En voici un court extrait.

Abnégation : dévouement, sacrifice volontaire de soi-même.

Depuis la venue de l'hiver l'on avait souvent parlé chez les Chapdelaine des fêtes, et voici que les fêtes approchaient.

– Je suis à me demander si nous aurons de la visite pour le jour de l'An, fit un soir la mère Chapdelaine.

[...]

Un soupir révéla qu'elle songeait encore à l'animation des vieilles paroisses au temps des fêtes, aux repas de famille, aux visites inattendues des parents qui arrivent en traîneau d'un autre village, ensevelis sous les couvertures et les fourrures, derrière un cheval au poil blanc de givre.

CHAPITRE 4

Doc. 4.23 Trois jours avant Noël le vent du nord-ouest se leva et abolit les chemins.

Maria songeait à autre chose.

– Si les chemins sont aussi méchants que l'an dernier, dit-elle, on ne pourra pas aller à la messe de minuit. Pourtant j'aurais bien aimé, cette fois, et son père m'avait promis...

Par la petite fenêtre elle regardait le ciel gris, et s'attristait d'avance. Aller à la messe de minuit, c'est l'ambition naturelle et le grand désir de tous les paysans canadiens, même de ceux qui demeurent le plus loin des villages. Tout ce qu'ils ont bravé pour venir : le froid, la nuit dans le bois, les mauvais chemins et les grandes distances, ajoute à la solennité et au mystère ; l'anniversaire de la naissance de Jésus devient pour eux plus qu'une date ou un rite : la rédemption renouvelée, une raison de grande joie, et l'église de bois s'emplit de ferveur simple et d'une atmosphère prodigieuse de miracle. Or plus que jamais, cette année-là, Maria désirait aller à la messe de minuit, après tant de semaines loin des maisons et des églises ; il lui semblait qu'elle aurait plusieurs faveurs à demander, qui seraient sûrement accordées si elle pouvait prier devant l'autel, au milieu des chants.

Mais au milieu de décembre la neige tomba avec abondance, fine et sèche comme une poudre, et trois jours avant Noël le vent du nord-ouest se leva et abolit les chemins.

[...]

Il fallait se résigner ; Maria soupira et songea à s'attirer la bienveillance divine d'une autre manière.

– C'est-il vrai, sa mère, demanda-t-elle vers le soir, qu'on obtient toujours la faveur qu'on demande quand on dit mille Ave le jour avant Noël ?

– C'est vrai, répondit la mère Chapdelaine d'un air grave. Une personne qui a quelque chose à demander et qui dit ses mille Ave comme il faut avant le minuit de Noël... c'est bien rare si elle ne reçoit pas ce qu'elle demande.

[...]

Longtemps avant le jour, Maria avait commencé à réciter ses Ave.

Louis Hémon, *Maria Chapdelaine*, Les Éditions CEC inc., 1997, pages 128-130, d'après le manuscrit original conservé aux archives de l'Université de Montréal, Fonds Louis-Hémon (P.106)

Doc. 4.24 « Longtemps avant le jour, Maria avait commencé à réciter ses Ave. » Dessin au fusain de Marc-Aurèle de Foy Suzor-Côté pour l'édition originale de *Maria Chapdelaine*, parue en 1916.

Ici et ailleurs
Des valeurs et des normes au cœur de la vie quotidienne

Dans plusieurs pays, des gestes, des comportements, des us et coutumes révèlent, entre autres, l'influence de la religion dans la vie quotidienne. Les valeurs et les normes sont aussi influencées par les traditions religieuses.

L'influence de la religion sur les valeurs et les normes est particulièrement perceptible en Inde où plus de 80 % des habitants sont hindous et où la religion imprègne les gestes de la vie quotidienne. Par exemple, en parcourant ce pays, force est de constater que la vache a un statut particulier dans la religion hindoue. Boucoup d'hindous la vénèrent car les représentations symboliques de la vache traduisent des valeurs qui leur sont chères.

DES VACHES BÉNÉFIQUES

Ce statut particulier des vaches de l'Inde leur vient d'une économie fondée sur l'élevage et l'agriculture. Elles représentent la vie, la fécondité. L'abattage des vaches est traditionnellement considéré comme un acte répréhensible. Les hindous encouragent une alimentation à base de lait et de yaourt; selon la tradition, seules les castes les plus basses consomment du bœuf. Les vaches symbolisent aussi la richesse, l'abondance et une vie réussie.

Doc. 4.25 Les vaches symbolisent, entre autres, la richesse, l'abondance et une vie réussie.
Wikimedia

Doc. 4.26 Les vaches sont mêlées quotidiennement à l'expérience religieuse des hindous.
Wikimedia

Doc. 4.27 La vache jouit d'un statut particulier dans la religion hindoue.

On comprend que les vaches en viennent à être un symbole de force et d'altruisme. Ces valeurs sont très importantes dans la religion hindoue.

Les vaches sont mêlées quotidiennement à l'expérience religieuse des hindous. On en parle même dans les textes fondateurs de l'hindouisme. Voici un court extrait du Rig-Veda consacré à la vache.

> Elle est la mère des dieux Rudra, la fille des dieux Vasu, la source d'ambroisie, la sœur des dieux Aditya. Devant les gens censés je déclare : « Ne faites aucun mal à cette vache, qui est sans faute, qui est comparable à la déesse Aditi. »
>
> Les vaches sont venues et nous ont apporté la fortune. Qu'elles reposent à l'étable et soient heureuses en notre compagnie. Que ces vaches multicolores aient de nombreux veaux et donnent pendant longtemps chaque matin du lait pour les offrandes au dieu Indra.
>
> Ô vaches, vous redonnez force à ceux qui sont épuisés et les laids vous les rendez beaux à regarder. Que vos meuglements rendent prospère ma maison ! Votre force est hautement célébrée dans nos assemblées !
>
> Rig-Veda VI, 90, 15 ; VI, 28, 1 et 6

Doc. 4.28 Une vache participe à une célébration à Agra en Inde.

Altruisme : tendance à aimer et à vouloir aider les autres.

Ambroisie : nourriture des dieux.

POUR EN SAVOIR +

Les journaux occidentaux aiment montrer une vache dite « sacrée » se baladant librement dans les rues d'une grande ville. C'est de moins en moins le cas, et même alors, de telles vaches, qui ont habituellement un propriétaire, sont moins « sacrées » qu'affamées. De rares animaux sont libérés par leurs propriétaires en signe de dévotion. Quoi qu'il en soit, la vache est un animal culturellement important en Inde, et on ne s'étonnera pas que, les jours de fête, elle soit intégrée aux célébrations. On s'en sert parfois pour tirer des chars allégoriques. Il arrive aussi qu'on les pare d'ornements colorés. Le dieu Krishna a passé son enfance à faire paître des vaches dans une forêt du nord de l'Inde, protégeant ainsi la richesse du pays. Par ce biais également, les vaches ont fini par apparaître sur les images religieuses.

Synthèse

- Durant plus de 400 ans au Québec, influence prépondérante de l'Église catholique sur les croyances et les valeurs de la société.

- 1760 : l'Église catholique devient la gardienne des traditions et de la langue françaises, des mœurs et des coutumes conservatrices, dans une société dirigée par une bourgeoisie protestante et anglophone.

- Au cours du XIXᵉ siècle et dans la première moitié du XXᵉ siècle, omniprésence de l'Église catholique dans l'éducation, la santé et les œuvres de charité, ainsi que dans le syndicalisme, le journalisme, l'économie sociale et la politique.

- Années 1960 : Révolution tranquille et laïcisation des institutions. Les religions catholique et protestante perdent de leurs pouvoirs au sein de la société et de ses institutions.

- Années 1960 : ouverture du Québec sur le monde, arrivée de nombreux immigrants qui font connaître d'autres religions et d'autres formes de spiritualité, transformant ainsi les valeurs et les normes québécoises.

- Beaucoup de traditions familiales tirent leur origine de pratiques religieuses.

- Dans plusieurs traditions religieuses, une journée par semaine est consacrée au repos et au culte.

- Les valeurs et les normes de la société québécoise ont un caractère judéo-chrétien : partager, aider son prochain, respecter les autres, pardonner, être honnête, donner aux plus démunis, etc.

- Les grands préceptes du christianisme sont à la base de nombreuses lois.

- Certaines valeurs se transforment au rythme des époques et des idéologies.

- Certaines valeurs caractérisent les croyances et témoignent de la culture de laquelle elles sont issues.

- Les croyances spirituelles amérindiennes et inuites sont fondées sur le respect de la nature.

- Toutes les traditions religieuses comportent des interdits et des tabous.

- Dans plus d'une religion, la place occupée par la femme est différente de celle de l'homme. Des règles et des interdits divers selon les religions régissent les droits des femmes.

- Chez les Autochtones ainsi que dans les religions juives et protestantes, les femmes peuvent assumer le rôle de chef spirituel.

1 Au Québec, quelle confession religieuse a joué un grand rôle dans le syndicalisme, le journalisme, l'économie sociale et la politique ?

2 Est-ce que les Dix commandements font uniquement partie de la tradition chrétienne ? Justifiez votre réponse.

3 Sur quel aspect de la vie familiale le curé catholique intervenait-il ?

4 Qu'est-ce que la Révolution tranquille et quel fut son impact au Québec ?

5 Nommez des fêtes ou des coutumes familiales qui sont d'origine religieuse.

6 Les blasphèmes existent-ils dans toutes les religions ? Donnez des exemples.

7 Quel jour de la semaine est jour de repos et de culte chez les chrétiens ?

8 Que font généralement les gens le jour du Seigneur ?

9 Donnez des exemples de valeurs judéo-chrétiennes qui se retrouvent dans les normes de la société.

10 Expliquez pourquoi plusieurs normes et valeurs proviennent des cultures religieuses.

11 Quels préceptes des Dix commandements trouve-t-on dans d'autres traditions religieuses ?

12 Expliquez ce que signifie l'expression « gagner son ciel ».

13 Pourquoi peut-on affirmer qu'il y a une recrudescence des spiritualités autochtones ?

14 Quelle était l'importance du Petit Catéchisme catholique autrefois ? Expliquez.

15 Qu'ont permis l'ouverture du Québec sur le monde ainsi que l'arrivée de nombreux immigrants ?

16 Que représente la nature dans les spiritualités autochtones ?

17 Pourquoi l'Église catholique condamne-t-elle les jurons que certains Québécois et Québécoises emploient ?

18 Expliquez ce qu'est un calvaire. Où le trouve-t-on généralement ?

19 Qu'est-ce qu'un accommodement raisonnable ?

20 Dans quelles religions les femmes peuvent-elles être chefs spirituels ?

21 Quel est le jour de culte hebdomadaire chez les juifs ?

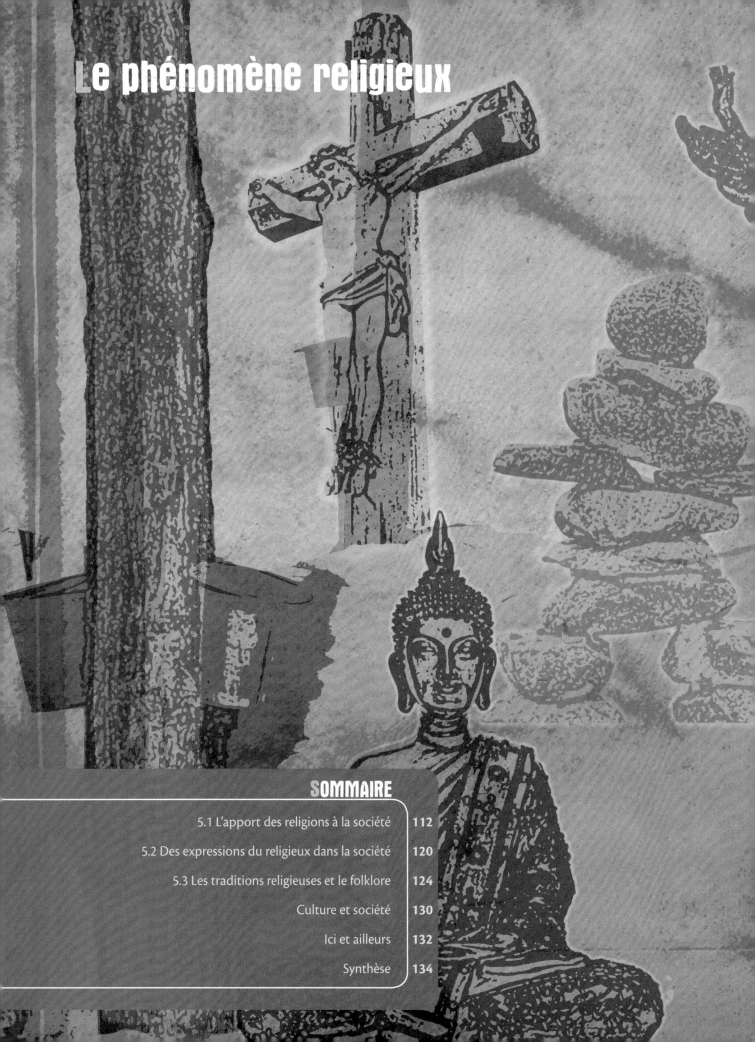

Le phénomène religieux

CHAPITRE 5

L'influence des traditions religieuses sur la société

*Comment la société est-elle influencée
par les traditions religieuses ?
De quelle manière les traditions religieuses
agissent-elles sur la société ? Qu'apportent
les religions à la société québécoise ?*

LIENS

■ ÉTHIQUE

- Des limites à la liberté
- Des individus et des groupes
- La transformation des valeurs et des normes

■ DIALOGUE

- Les formes du dialogue : la narration
- Des moyens pour élaborer un point de vue : la description
- Des moyens pour interroger un point de vue : les types de jugements

5.1 L'apport des religions à la société

Le riche héritage laissé par celles et ceux qui ont contribué à faire du Québec ce qu'il est devenu est composé bien sûr d'œuvres patrimoniales. Mais savez-vous que cet héritage est aussi composé des valeurs et des normes qui ont orienté et influencé ces bâtisseurs ? Sauriez-vous reconnaître les traces de ces pionniers dans la société québécoise d'aujourd'hui ?

Doc. 5.1 Les églises et leurs clochers font partie du patrimoine bâti de Montréal.

Œuvre patrimoniale : œuvre d'art (peinture, sculpture, vitrail, monument, bâtiment, etc.) faisant partie du patrimoine.

Fondation : don d'un capital pour un usage déterminé par le donateur.

Coopérative : entreprise dont les associés participent en parts égales au travail, à la gestion et au profit.

L'apport des religions à la société québécoise est très significatif dans plusieurs domaines. La manifestation la plus visible de cet apport demeure bien sûr le patrimoine bâti, composé des édifices et des monuments religieux qui nous entourent. Cependant, des valeurs et des normes issues de traditions religieuses diverses font aussi partie du patrimoine religieux québécois.

Ces valeurs ont orienté et influencé des personnages marquants, religieux et laïcs, qui ont mis sur pied, entre autres, des hôpitaux, des écoles, des fondations, des coopératives. Ces bâtisseurs ont mis en pratique les valeurs et les normes de leurs religions respectives que ce soit dans le domaine de la santé et de l'éducation, dans le domaine social ou communautaire ou même des affaires et du commerce. Qu'ils aient été catholiques, protestants ou juifs, membres de communautés religieuses ou laïques, ces personnages avaient tous en commun des valeurs qui les ont incités à améliorer les conditions de vie des êtres humains.

RELIGION ET SOINS DE SANTÉ

Au Québec, depuis les débuts de la Nouvelle-France jusqu'à nos jours, de multiples établissements de santé et organismes de charité sont nés de l'action de communautés religieuses et de laïcs. Ainsi, les catholiques, les protestants et les juifs, entre autres, ont contribué, chacun à leur façon, à améliorer les conditions de vie des malades et des pauvres.

Certains hôpitaux fondés par des catholiques au temps de la Nouvelle-France existent encore aujourd'hui, comme l'Hôtel-Dieu de Montréal et l'Hôtel-Dieu de Québec.

Doc. 5.2 L'Hôtel-Dieu de Québec, fondé en 1639, est aujourd'hui un grand hôpital universitaire.

Souvenez-vous qu'à cette époque, l'assurance-maladie n'existait pas et la plupart des malades n'avaient pas les moyens de se faire soigner. Les premiers hôpitaux de la Nouvelle-France accueillaient les colons français, les Amérindiens et même les soldats du camp ennemi au temps des batailles. Les communautés religieuses qui ont assumé cette responsabilité ont donc joué un rôle très important.

Presque tous les hôpitaux francophones du Québec ont été fondés par des catholiques au cours du XIXᵉ et dans la première moitié du XXᵉ siècle. Les Augustines ont fondé douze de ces hôpitaux entre 1639 et 1955, notamment à Lévis, Roberval, Gaspé, Montmagny, Chicoutimi et Jonquière. Ces institutions sont désormais intégrées au réseau public de la santé. À Montréal, l'Hôpital Notre-Dame a été fondé en 1880 par le Dʳ Emmanuel Persillier-Lachapelle, secrétaire de la Faculté de médecine de l'Université Laval à Montréal, Julie Hainault-Deschamps, de la congrégation des Sœurs Grises, et Victor Rousselot, de la Compagnie des Prêtres de Saint-Sulpice et curé de la paroisse Notre-Dame.

D'autres hôpitaux de Montréal ont été fondés par des laïcs de confession protestante. Par exemple, l'Hôpital général de Montréal a ouvert ses portes en 1819 à la suite de campagnes de financement menées par une organisation charitable, la *Female Benevolent Society of Montreal*. Quant à l'hôpital Royal Victoria, il a été inauguré en 1894 grâce aux dons d'hommes d'affaires anglophones, dont ceux plus substantiels de Lord Strathcona et de Lord Mount Stephen. La bourgeoisie protestante de cette époque se faisait un devoir de soutenir financièrement des causes sociales et des organisations charitables.

Doc. 5.3 L'Hôtel-Dieu de Lévis, fondé en 1892.

Doc. 5.4 L'hôpital Royal Victoria, fondé en 1894.

L'influence des traditions religieuses sur la société

Doc. 5.5 Le campus de l'Université Laval à Québec.

En 1934, c'est l'Hôpital général juif de Montréal qui voit le jour. Fondé par la communauté juive de Montréal, il s'agit d'un établissement non confessionnel ouvert aux principes des diverses religions, cultures et communautés ethniques. Cet hôpital maintient cependant un environnement respectueux des valeurs préconisées par la religion juive.

RELIGION ET ÉDUCATION

Charte : loi établie par un souverain ou un pape.

Dans le domaine de l'éducation, les communautés religieuses du Québec ont participé non seulement à la création d'écoles, de collèges, de couvents, de séminaires, mais aussi d'universités. Ainsi, l'Université Laval, constituée à Québec en 1852 par une **charte** royale de la reine Victoria, était dirigée par des religieux catholiques. En effet, sa gestion en a été confiée au Séminaire de Québec qui avait été fondé en 1663 par Mgr de Laval. En 1878, une charte émise par le pape Pie IX autorise l'ouverture d'une annexe de l'Université Laval à Montréal. C'est cette annexe qui deviendra officiellement l'Université de Montréal en 1920.

L'Université McGill est née en 1821 grâce à la générosité de James McGill. Cet immigrant protestant d'origine écossaise était arrivé au Canada en 1766. À son décès, il a légué un terrain et une forte somme d'argent qui a servi à fonder à Montréal l'université qui porte son nom. De généreux bienfaiteurs de l'époque, dont Lord Strathcona, Sir William Macdonald, William Molson et Peter Redpath ont contribué au rayonnement et à l'excellence de l'Université McGill.

Doc. 5.6 Le campus de l'Université McGill à Montréal.

En 1846, l'Institut protestant de la Pointe-aux-Trembles est né de la fusion d'une école protestante de Mirabel fondée par Anne Cruchet-Amaron et de l'école de filles fondée à Montréal par Olympe Hoerner-Tanner (1807-1854), enseignante et missionnaire protestante. Les principes évangéliques ont toujours été au cœur de l'approche éducative de ce collège. L'Institut protestant a connu un large rayonnement et a éduqué, en français, de nombreux élèves protestants, mais aussi catholiques, jusqu'en 1971.

RELIGION ET VALEURS

Il faut savoir que dans la plupart des religions, venir en aide à son prochain est une valeur fondamentale. Cette aide peut prendre diverses formes. En voici des exemples.

Aider son prochain

Depuis toujours, des communautés religieuses et laïques de toutes confessions sont venues en aide aux orphelins, aux personnes âgées, aux pauvres, aux handicapés. Mais à la suite de la période de laïcisation des années 1960, c'est l'État qui a progressivement pris à sa charge la plupart des gens dans le besoin. Pourtant, de nombreuses organisations ont continué à secourir les démunis. Plus encore, de nouveaux organismes d'aide ont vu le jour. Ensemble, ils constituent aujourd'hui une part importante de notre patrimoine social. En voici quelques-uns.

L'Accueil Bonneau a été fondé à Montréal en 1877 par le **philanthrope** Joseph Vincent, aidé du sulpicien et aumônier de la Société de Saint-Vincent de Paul, René Rousseau. Les deux hommes se sont unis aux Sœurs Grises afin d'offrir un refuge à la population itinérante de Montréal. La Société de Saint-Vincent de Paul, les Prêtres de Saint-Sulpice et les Sœurs Grises assurent encore aujourd'hui le bon fonctionnement de la cuisine et des résidences.

L'Armée du Salut est à la fois une Église protestante et un organisme de services sociaux fondé à Londres en 1865 et arrivé au Canada en 1882. Sa mission consiste à propager le christianisme et à venir en aide à toute personne dans le besoin, peu importe sa race, sa couleur, ses croyances, son sexe ou son âge.

POUR EN SAVOIR +

Connaissez-vous la guignolée ? Chaque année, au début de décembre, dans plusieurs municipalités québécoises, on recueille des denrées et des dons pour les gens défavorisés. À l'origine, la guignolée était une fête de fin d'année que célébraient les Celtes. Au cours de la fête, les druides donnaient du gui, une plante sacrée à leurs yeux, aux malades, aux pauvres et aux soldats afin de leur offrir du réconfort. Au même moment, on criait : « Au gui l'an neuf ». Cette expression serait à l'origine du mot guignolée. Au Québec, c'est la Société de Saint-Vincent de Paul, un organisme catholique qui vient en aide aux personnes défavorisées, qui a rétabli cette coutume dans la seconde moitié du XIXe siècle.

Philanthrope : personne qui contribue par son action personnelle, par des dons en argent, par la fondation d'œuvres ou d'organismes, à l'amélioration des conditions de vie des êtres humains.

Doc. 5.7 Les itinérants vivent dans la rue, tous les jours, toute l'année. Des refuges, comme l'Accueil Bonneau, leur procurent des repas chauds et un lit pour la nuit.

© Kshishtof/Shutterstock

Doc. 5.8 La bannière publicitaire du «Bon Dieu dans la rue».

Doc. 5.9 L'édifice Seagram à New York dont les plans ont été dessinés, entre autres, par Phyllis Lambert et Ludwig Mies van der Rohe.

Le père Emmett Johns est l'homme derrière l'organisme «Le Bon Dieu dans la rue». Couramment appelé Pops, ce prêtre catholique s'est fait connaître grâce à sa roulotte. En 1988, à Montréal, il a commencé à y accueillir de jeunes sans-abri à qui il offrait nourriture, vêtements, produits essentiels et réconfort. Depuis, «Le Bon Dieu dans la rue» a diversifié ses services et vient en aide à des milliers d'adolescents et de jeunes adultes chaque année.

De toute évidence, même s'ils étaient de confessions religieuses différentes, ces gens qui sont venus en aide à leur prochain en offrant leurs services ou en contribuant à l'ouverture d'hôpitaux, d'institutions d'enseignement et de refuges partageaient des valeurs communes. Et on constate que ces valeurs font toujours partie intégrante de la société québécoise.

La philanthropie

Améliorer les conditions de vie des êtres humains est une valeur fondamentale dans beaucoup de traditions religieuses. Voici quelques philanthropes qui ont mis en pratique cette valeur très importante, notamment dans la religion juive.

Immigrant juif né en Ukraine et arrivé au Canada en 1902, Maurice Pollack (1885-1968) a fait sa marque dans la ville de Québec où il a ouvert un grand magasin. Ce marchand prospère était également un généreux philanthrope. Il a créé une fondation ayant pour mission d'accorder de l'aide financière à divers organismes. Ainsi, l'Université Laval, l'Université McGill et les orchestres symphoniques de Québec et de Montréal ont pu profiter de cette aide. La contribution de la Fondation Maurice Pollack a permis à l'Université McGill de se doter d'une salle de concert de calibre professionnel, la salle Pollack. Un pavillon de l'Université Laval porte aussi le nom de cet important donateur.

Samuel Bronfman (1889-1971) a créé la plus grande distillerie mondiale de son temps. En plus d'avoir présidé le Congrès juif canadien de 1939 à 1962, cet homme d'affaires fut un grand philanthrope. Son immense fortune lui a permis de mettre sur pied, avec son épouse, Saidye, une fondation pour soutenir des causes sociales, culturelles et éducatives. En effet, les Bronfman étaient convaincus que le progrès d'une société ne peut se concevoir sans la participation de la communauté.

Les enfants de Samuel et Saidye Bronfman ont également apporté leur contribution à la société québécoise, notamment leur fille, Phyllis Lambert, née en 1927. Architecte de grand renom, elle a conçu et mis sur pied le projet du Centre des arts Saidye Bronfman à Montréal. On lui doit aussi le Centre canadien d'architecture (CCA), un centre international de recherche et un musée, qu'elle a créé dans cette ville, avec la conviction que l'architecture est d'intérêt public.

Phyllis Lambert a consacré une grande partie de sa vie et de sa fortune à la promotion de l'architecture et à la conservation du patrimoine, tant culturel que religieux. Elle a participé à la mise sur pied d'Héritage Montréal, voué à la protection du patrimoine. Dans les années 1990, elle a caressé le projet de restaurer la synagogue Ben Ezra, vieille de 1000 ans, au Caire en Égypte, pour y ouvrir un centre interreligieux. Mais les tensions politiques dans la région l'en ont empêchée (*New York Times*, 10 septembre 1995).

Sténographe : personne qui pratique la sténographie, un procédé d'écriture très simplifié qui permet de noter un texte aussi vite qu'il est prononcé.

RELIGION ET VIE ÉCONOMIQUE

Les valeurs issues des traditions religieuses qui ont incité des gens à améliorer les conditions de vie de leurs semblables se retrouvent aussi dans la vie économique. L'Église catholique encourageait les entrepreneurs à contribuer aux œuvres sociales. Des entreprises fondées à des périodes difficiles de l'histoire ont permis à des milliers de personnes d'améliorer leur sort. En voici deux exemples.

Nazaire Dupuis (1844-1876) était d'origine acadienne. En 1868, ce fervent catholique a ouvert un petit commerce qui allait rapidement devenir un des trois plus grands magasins à rayons de Montréal. Le succès de Dupuis Frères reposait sur trois piliers idéologiques : la religion catholique, la famille et le nationalisme. Dupuis Frères était le carrefour commercial des francophones de la ville. Dans les années 1950, plus de 1500 personnes y travaillaient, majoritairement des femmes. Le magasin fermera ses portes en 1978.

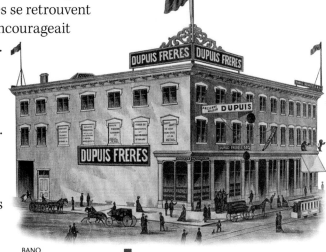

BANQ

▌ **Doc. 5.10** Le magasin Dupuis Frères en 1877, rue Sainte-Catherine à Montréal.

Alphonse Desjardins (1854-1920) est né à Lévis dans une famille catholique de 15 enfants. Il a occupé diverses fonctions, dont celles de journaliste, secrétaire-trésorier de la Chambre de commerce de Lévis et **sténographe** français à la Chambre des communes. À la fin du XIXᵉ siècle, à la suite d'une série de mauvaises récoltes, beaucoup d'agriculteurs étaient acculés à la faillite. Conscient de la gravité de la situation, Alphonse Desjardins eut l'idée de fonder une coopérative d'épargne et de crédit, laquelle permettrait aux ouvriers et aux cultivateurs d'emprunter et d'épargner de l'argent. C'est ainsi qu'en 1900, est née à Lévis la première Caisse populaire. Son fondateur réussit à obtenir le soutien de l'Église catholique, ce qui inspirait confiance aux gens. En 1913, il a même reçu une décoration du pape, en reconnaissance de sa contribution aux œuvres sociales catholiques.

Wikipedia

▌ **Doc. 5.11** Alphonse Desjardins en 1915.

Ces exemples illustrent bien comment, au fil des siècles, des bâtisseurs issus de confessions religieuses diverses ont participé, à leur façon, à la transformation de la société québécoise. Grâce à leurs réalisations et à leur générosité, ils ont contribué à l'amélioration de la qualité de vie de bien des gens.

Un peu d'histoire

■ Joseph Casavant (1807-1874)

D'abord forgeron, Joseph Casavant abandonna son métier à l'âge de 27 ans pour aller étudier le latin au collège de Sainte-Thérèse. On lui confia la réparation de l'orgue du collège. La nouvelle se répandit très vite que ce jeune homme avait réussi à restaurer l'instrument en panne. Des églises commandèrent des orgues à Joseph Casavant qui devint le premier **facteur** d'orgues d'importance né au Canada. À sa retraite en 1866, il avait fabriqué environ 17 instruments, dont ceux des cathédrales catholiques de Bytown (Ottawa) et de Kingston en Ontario. Après avoir perfectionné leur art en Europe, ses deux fils, Claver et Samuel, ont poursuivi son œuvre. Établie à Saint-Hyacinthe, la maison Casavant a acquis une renommée mondiale pour la qualité de ses instruments. Depuis sa fondation, elle a produit quelque 4000 orgues qui ont été vendus partout dans le monde. Pour honorer ce pionnier, des avenues portent le nom de Joseph Casavant à Saint-Hyacinthe, à Québec, à Montréal et à Gatineau.

Facteur : fabricant de certains instruments de musique.

POUR EN SAVOIR +

Guido Nincheri (1885-1973) a probablement été l'artiste qui a produit le plus grand nombre d'œuvres religieuses au Canada au XX⁰ siècle. D'origine italienne, Nincheri installe son atelier de vitrail à Montréal en 1913. Son chef-d'œuvre est sans conteste l'église Saint-Léon à Westmount sur laquelle Nincheri a travaillé de 1928 à 1944. En 1933, le pape Pie XI le nomme Chevalier-Commandeur de l'ordre de Saint-Sylvestre, soulignant ainsi son exceptionnelle contribution au patrimoine catholique.

RELIGION ET ŒUVRES PATRIMONIALES

Au fil des siècles, les diverses traditions religieuses du Québec ont grandement contribué à l'enrichissement du patrimoine religieux. Les chrétiens, au Québec depuis plus de 400 ans, ont laissé des chef-d'œuvres dans les domaines de l'architecture, de la sculpture, du vitrail et de la peinture. Les juifs, dont la religion ne permet pas les représentations du divin, ont néanmoins construit de magnifiques synagogues. Plus récemment, des immigrants de traditions religieuses bouddhiques, hindoues, islamiques ou sikhes ont fait construire des temples à l'architecture parfois spectaculaire. Le patrimoine de la plupart de ces religions est encore bien vivant. C'est le cas, notamment, du patrimoine religieux chrétien et de celui des traditions spirituelles autochtones que nous aborderons dans cette section.

Le patrimoine religieux chrétien

Le patrimoine religieux laissé par les catholiques, les anglicans, les orthodoxes ou les protestants est d'une grande richesse. Voici quelques-uns des artistes qui y ont contribué et leurs chef-d'œuvres.

Ozias Leduc (1864-1955), un des peintres les plus importants du Québec, a beaucoup apporté au patrimoine religieux québécois. Il a décoré plus de 30 églises et chapelles tant au Québec, qu'en Nouvelle-Écosse ou dans l'Est des États-Unis.

Doc. 5.12 La décoration intérieure de l'église catholique de Mont-Saint-Hilaire en Montérégie, réalisée entre 1896 et 1900, est une des œuvres les plus marquantes d'Ozias Leduc, natif de l'endroit. Cet artiste a consacré l'essentiel de sa carrière à la décoration d'églises et de chapelles.
Wikipedia

CHAPITRE 5

Doc. 5.13 Le patrimoine religieux ne se trouve pas que dans les églises. Une statue en bronze de Raoul Hunter représentant Mère Émilie Gamelin (1800-1851), fondatrice des Sœurs de la Providence, se trouve à la station de métro Berri-UQAM à Montréal. Cette œuvre représente la religieuse portant un panier de vivres et tendant la main aux démunis.
Wikipedia

Doc. 5.14 Les protestants ont aussi laissé beaucoup d'œuvres patrimoniales. Sur cette photo, un des magnifiques vitraux de l'église presbytérienne St. Andrews à Québec, construite en 1810. L'église possède aussi un orgue Casavant. C'est la plus vieille congrégation de langue anglaise et d'origine écossaise au Canada.
© Conseil du patrimoine religieux du Québec, 2003

Œuvres patrimoniales autochtones

Les œuvres patrimoniales liées aux spiritualités autochtones sont riches et diversifiées. Parce qu'ils constituent encore aujourd'hui le cœur des activités spirituelles autochtones et qu'ils sont liés de près à la spiritualité et aux esprits, des lieux situés en pleine nature sont considérés comme étant patrimoniaux et font partie de ce que l'on appelle le patrimoine vivant.

Les Autochtones se transmettent, oralement et de génération en génération, un important bagage de légendes, de chants, de savoir-faire et de contes. Par exemple, certaines légendes expliquent comment les esprits ont engendré des phénomènes, comme les vents, ou des reliefs naturels, comme les vallées et les montagnes.

Les Autochtones ont aussi produit de nombreux objets liés à leurs spiritualités. Certains de ces objets rituels, considérés comme tabous, sont détruits après usage et ne doivent être ni photographiés, ni conservés. D'autres peuvent être présentés au public comme le tambour ci-dessous qui, selon la spiritualité des Ilnuatsh du Lac-Saint-Jean, permet d'entrer en contact avec le monde invisible.

Pour certaines communautés autochtones, le patrimoine bâti est aussi un élément important de la spiritualité. Par exemple, les Mohawks de Kahnawake et les Hurons-Wendat de Wendake pratiquent leur culte dans des maisons longues traditionnelles.

Doc. 5.15 Les tambours ilnus sont confectionnés à partir de peaux de caribou lacées avec de la babiche et tendues sur une armature en bois.

© Musée amérindien de Mashteuiatsh, Photo Louise Leblanc, Québec

5.2 Des expressions du religieux dans la société

Dans une société multiethnique comme celle du Québec, les expressions du religieux sont nombreuses et variées. Savez-vous ce que signifient ces expressions ? D'où viennent-elles ? Quelles sont leurs fonctions ?

UN PAYSAGE RELIGIEUX VARIÉ

Les expressions du religieux sont les éléments propres à une religion comme les écrits, les symboles, les pratiques, les monuments, les édifices ou les objets. Au Québec, les expressions du religieux les plus visibles et les plus nombreuses sont essentiellement de traditions judéo-chrétiennes. Le paysage québécois est surtout parsemé d'églises, de croix de chemin ou de statues rappelant les pratiques catholiques des premiers pionniers. Cependant, au fil des années, ces représentations se sont de plus en plus diversifiées. On peut aujourd'hui admirer des œuvres, des sculptures ou des édifices de traditions religieuses autres que chrétienne ou juive. En avez-vous déjà vu ? Pouvez-vous les reconnaître ?

DES LIEUX DE CULTE DE TOUTES CONFESSIONS

Du plus majestueux au plus discret, les édifices religieux suscitent de l'intérêt et de la curiosité, que ce soit pour leur beauté, leur signification ou leur utilité. Au-delà des différences évidentes, les églises, temples, synagogues, pagodes et mosquées sont d'abord des lieux où des rites religieux sont pratiqués régulièrement.

L'architecture, la forme et les matériaux présentent parfois des indices permettant de rattacher ces lieux à une confession ou à une autre. Par exemple, les églises catholiques, orthodoxes et protestantes sont reconnaissables à leurs coupoles et à leurs clochers.

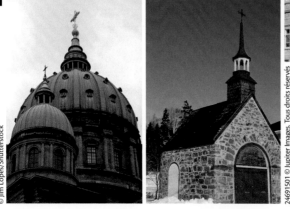

Doc. 5.16 Qu'elles soient catholiques, orthodoxes ou protestantes, petites ou grandes, les églises chrétiennes ont presque toutes des clochers surmontés d'une croix.

Quant aux temples, synagogues et mosquées, surtout implantés en région montréalaise, ils sont parfois beaucoup plus discrets. Par exemple, même s'il y en a qui sont imposantes, une synagogue est souvent un édifice qui se distingue peu des habitations avoisinantes. De nombreuses mosquées sont installées dans des bâtiments destinés antérieurement à un tout autre usage. Par contre, certaines communautés bouddhistes ou sikhes ont aménagé des temples dont l'architecture attire le regard par son originalité.

Doc. 5.17 Une maison de Montréal transformée en pagode bouddhique.
Photo Patrick Fuyet

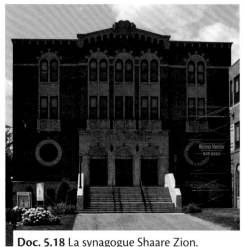

Doc. 5.18 La synagogue Shaare Zion.
© Conseil du Patrimoine religieux du Québec, 2003

Doc. 5.19 Le plus imposant temple sikh de Montréal.
Photo Patrick Fuyet

UN DÉCOR QUI EXPRIME LE DIVIN

Pénétrer dans un édifice religieux, c'est accéder à la richesse des expressions du religieux qu'on y trouve. Qu'elles soient architecturales, décoratives ou utilitaires, les diverses expressions sont spécifiques à chacune des religions, et elles varient d'un lieu à l'autre. Il faut se souvenir que certaines religions, comme le judaïsme et l'islam, interdisent toute représentation imagée du divin.

Photo Patrick Fuyet

Doc. 5.20 Le grand bâtiment de la mosquée de Saint-Laurent.

Selon les traditions, on accorde plus ou moins d'importance à la décoration et à l'architecture des lieux de culte. Le décor peut être très dépouillé, comme dans la plupart des synagogues, des mosquées ou des églises protestantes. Ces dernières comptent très peu d'ornements. À l'opposé, dans les églises catholiques, le décor est souvent somptueux.

© Matt Apps/Shutterstock

Doc. 5.21 L'intérieur de cette église luthérienne est d'une grande sobriété.

© Conseil du Patrimoine religieux du Québec, 2003

Doc. 5.22 Dans les synagogues le décor est généralement très dépouillé.

L'influence des traditions religieuses sur la société

Doc. 5.23 Le Christ en croix à la basilique Notre-Dame.

Doc. 5.24 Une grande croix nue dans une église protestante.

Doc. 5.25 Une croix orthodoxe sur le dôme d'une église.

Doc. 5.26 Des croix sur les tombes d'un cimetière en Gaspésie.

L'aménagement des lieux sacrés comporte des objets de culte et des espaces intégrés aux rites religieux. À l'entrée de temples de diverses confessions, un endroit est prévu pour les **ablutions** obligatoires qui accompagnent le passage dans certains de ces édifices. Dans certaines synagogues, mosquées ou temples hindous, par exemple, un point d'eau est mis à la disposition des fidèles afin qu'ils procèdent à une toilette rituelle avant de pénétrer pour prier à l'intérieur du bâtiment. Ces ablutions permettent de laver des parties du corps, mais aussi, de façon symbolique, de se purifier. Chez les catholiques, de petits bassins d'eau bénite, appelés bénitiers, sont placés à l'entrée de l'église afin que les fidèles y trempent leurs doigts avant de faire le signe de la croix.

Les croix

Quiconque se promène un peu au Québec verra des croix de toutes sortes. Près des édifices religieux ou au sommet des clochers, au bord des chemins, dans les cimetières, ces expressions du religieux, liées aux confessions chrétiennes, sont à la fois nombreuses et diversifiées.

Pour les chrétiens, la croix symbolise bien sûr la mort de Jésus et sa résurrection, mais elle renvoie surtout au sens de cette mort. La croix est donc vue dans le christianisme comme un grand symbole de l'amour de Dieu. La forme de la croix peut toutefois varier. La croix des protestants est généralement nue, sans représentation du Christ crucifié. Portée en bijou, elle est souvent accompagnée d'une colombe. Contrairement aux croix catholiques et protestantes qui ne comptent qu'une barre horizontale, la croix orthodoxe en compte trois : la barre supérieure symbolise l'écriteau sur lequel est inscrit le motif de condamnation « Le roi des Juifs » et la barre inférieure oblique symbolise l'appui-pied de la croix. Les croix catholiques et orthodoxes présentent en général l'image du Christ ; on appelle ces croix des crucifix.

Ablution : action de se laver pour se purifier.

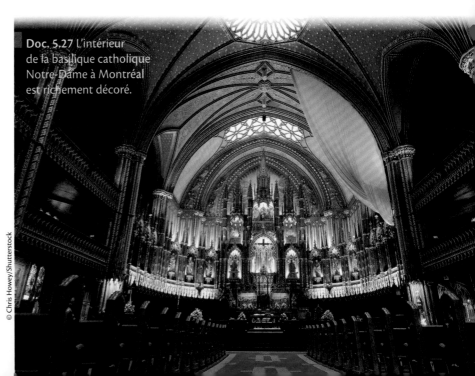

Doc. 5.27 L'intérieur de la basilique catholique Notre-Dame à Montréal est richement décoré.

Doc. 5.28 Croix de chemin et inukshuk, des points de repère sacrés.

Doc. 5.29 Des statues représentant saint Joseph et l'Enfant Jésus.

Des points de repère sacrés

Les croix de chemin appartiennent à une longue tradition dont les origines sont européennes, surtout bretonnes. D'abord symboles religieux, elles étaient aussi des points de repère. On trouve encore sur les routes rurales du Québec des croix mesurant cinq ou six mètres, de bois, de fer forgé ou d'autre matériau. La croix de chemin a longtemps été un lieu de prière, surtout quand l'église était éloignée. Plusieurs sont considérées comme des trésors historiques et font partie du patrimoine religieux québécois. Chez les Inuits, des amoncellements de pierres imitant une forme humaine, appelés inukshuks, servent de points de repère. Les inukshuks peuvent aussi marquer des lieux sacrés ou annoncer un danger imminent. La tradition inuite interdit de les détruire.

Les statues

Dans les religions qui ont des représentations imagées du divin, les statues occupent une grande place. Les catholiques représentent très souvent Jésus, la Sainte Vierge, les saints et les anges sous forme de statues. Ils les placent à l'intérieur et à l'extérieur des églises, dans les cimetières, dans les jardins. Les hindous ont aussi d'innombrables statues de leurs divinités dont ils ornent leurs temples. Les bouddhistes ont, quant à eux, des représentations du Bouddha.

Doc. 5.30 La façade de l'église de Saint-Pierre à l'île d'Orléans est ornée de statues.

Doc. 5.31 Une statue de la Sainte Vierge sur la chapelle Notre-Dame-de-Bon-Secours à Montréal.

Doc. 5.32 Les statues de trois divinités surplombent l'entrée d'un temple hindou.

Doc. 5.33 Une des nombreuses représentations du Bouddha en position de méditation.

Doc. 5.34 Une statue du bodhisattva Guanyin devant une pagode bouddhique de Montréal.

Doc. 5.35 Un ange aux ailes déployées au Parc du mont Royal.

L'influence des traditions religieuses sur la société

123

5.3 Les traditions religieuses et le folklore

Jusqu'ici dans ce chapitre, nous avons vu que l'apport des religions à la société est multiple. Mais savez-vous que l'influence de la religion s'est propagée jusque dans les contes et les légendes du folklore québécois ?

Doc. 5.36 Sur cette peinture du XVᵉ siècle, le Diable tente de corrompre saint Augustin (354-386), un des grands personnages de la religion catholique, en lui montrant le Grand livre des vices.

LÉGENDES ET CROYANCES

Certaines composantes des religions influencent les us et les coutumes d'une société, ses expressions culturelles ainsi que ses croyances. Parmi ces composantes, il y a les récits sacrés. Toutes les traditions religieuses comportent des récits sacrés qui leur sont propres et qui en constituent les éléments fondamentaux. Ces récits influencent la façon dont les fidèles se représentent leur identité et leur histoire, leurs croyances et leurs craintes, leurs héros et leurs ennemis, le bien et le mal, le divin et le merveilleux.

Il n'est donc pas étonnant que les légendes et les contes traditionnels soient bien souvent des adaptations des récits propres à une tradition religieuse, où on trouve des représentations du divin et des êtres mythiques et surnaturels.

Chez les Amérindiens, les récits, tout comme les rites et les règles, revêtent une grande importance. D'une communauté à l'autre, les légendes sont nombreuses et ont diverses fonctions. Elles relatent, par exemple, l'origine du monde, d'un cours d'eau ou encore, elles mettent en scène des actions pouvant servir de modèle aux humains.

Au fil du temps, plusieurs légendes amérindiennes ont été transformées par les missionnaires catholiques et protestants qui ont évangélisé ces peuples. C'est pourquoi, quelquefois dans les récits, des esprits, des sorciers ou des humains transformés en animaux côtoient des personnages ou des expressions religieuses chrétiennes comme le prêtre ou la chapelle.

Bien que plusieurs existent maintenant sous forme écrite, ces récits proviennent surtout de la tradition orale. C'est de cette façon qu'ils ont longtemps été transmis d'une génération à l'autre. Encore aujourd'hui, la tradition orale est intimement liée à l'art du récit, et ce, dans plusieurs sociétés aux quatre coins de la planète.

POUR EN SAVOIR +

Une légende atikamekw

Il y a très longtemps, lorsque la terre fut créée, les Anciens tinrent un grand conseil. L'un d'entre eux dit : « Je veux devenir un bouleau pour aider les humains. Je suis riche, je leur dirai de prendre ma robe pour faire tout ce dont ils ont besoin : canots, maisons, paniers… À travers moi, ils comprendront l'importance de communiquer avec la nature. »

CHAPITRE 5

EXPRESSIONS DU RELIGIEUX DANS LES CONTES

Les contes sont souvent basés sur des superstitions et des croyances. On y met en scène un phénomène surnaturel ou fantastique, ou la **transgression** d'un interdit, qui provoque l'apparition du Diable, de ses complices, les diablotins, ou de bêtes mystérieuses comme le loup-garou, la bête à « grand queue ». Ailleurs, on remplacera le Diable par un monstre local, un esprit ou un élément naturel comme le feu ou un volcan.

La mise en scène du Diable sous toutes ses formes permet de symboliser le mal. C'est d'ailleurs pour cette raison qu'il est généralement mis en opposition avec un héros populaire ou un personnage religieux ou divin qui, lui, représente toujours la victoire du bien.

Contes et légendes du Québec

Dans le contexte religieux du Québec du XIXe siècle, le bien est presque toujours incarné par le curé. Ce dernier devient le héros en sauvant les paroissiens des flammes de l'enfer, une logique qui n'est pas sans rappeler l'importance du rôle du curé dans la paroisse de l'époque.

Rose Latulippe

La légende de Rose Latulippe est un bon exemple de ce genre de conte. Le soir du **Mardi gras**, une jeune femme, Rose Latulippe, se laisse séduire par le Diable qui a pris pour l'occasion les traits d'un bel étranger. Malgré les avertissements de son père et l'interdiction de danser le **mercredi des Cendres**, Rose poursuit son manège avec le Diable, une fois minuit passé. C'est le curé de la paroisse qui accourt pour sauver la jeune femme en forçant Satan à disparaître en laissant derrière lui une odeur nauséabonde de **soufre**.

Doc. 5.37 Une scène représentant l'archevêque de Canterbury tentant de chasser le Diable à l'aide d'une pince rougie au feu.

Transgression : fait de ne pas obéir à un ordre, une loi ou une règle.

Mardi gras : jour de fête lié au carnaval qui précède le mercredi des Cendres.

Mercredi des Cendres : jour qui marque le début du **Carême**.

Carême : pour les Églises catholique et orthodoxe ainsi que pour un bon nombre d'Églises protestantes, période de 40 jours qui précède la fête de Pâques. Durant le Carême, les chrétiens sont invités à s'adonner à la prière plus intensément et à se priver de certains aliments (viandes ou mets sucrés).

Soufre : élément chimique qui a une odeur d'œufs pourris.

BANQ

Doc. 5.38 Rose Latulippe danse avec le bel étranger.

L'influence des traditions religieuses sur la société

Doc. 5.39 Le grand canot était sur la neige dans une clairière, prêt à s'envoler par-dessus les montagnes.

Doc. 5.40 Comme le pacte avec le Diable ne fut pas respecté, le canot plongea dans le vide.

La Chasse-galerie

Dans les légendes et les contes québécois, c'est généralement le Diable, ennemi numéro un du chrétien, qui, sous des formes diverses, tente de séduire les personnages pour les entraîner sur le chemin du péché.

La Chasse-galerie est une des légendes les plus célèbres du Québec. Elle présente des bûcherons qui concluent un pacte avec le Diable afin de quitter le chantier le temps d'une nuit pour rejoindre leurs amoureuses à bord d'un canot d'écorce volant. En échange, le Diable leur demande d'éviter les croix des clochers des églises et de ne pas prononcer le nom de Dieu, sans quoi leur canot plongera dans le vide. En voici un extrait.

« [...] Le grand canot était sur la neige dans une clairière. Nous répétâmes : Satan ! roi des enfers, nous te promettons de te livrer nos âmes, si d'ici six heures nous prononçons le nom de ton maître et du nôtre, le bon Dieu, et nous touchons une croix durant le voyage. À cette condition, tu nous transporteras à travers les airs, au lieu où nous voulons aller et tu nous ramèneras de même au chantier ! »

« La Chasse-Galerie », *Légendes canadiennes*, Honoré Beaugrand, Montréal, 1900.

Doc. 5.41 Le Christ chassant le Diable.

DES EXPRESSIONS QUI FONT LONGUE ROUTE

Le chapitre précédent nous a appris que le vocabulaire est lui aussi influencé par les traditions religieuses. Cet apport culturel est observable dans les expressions populaires. Vous a-t-on déjà dit que vous étiez une véritable bénédiction ou le bon Dieu en personne ?

Nombre d'expressions québécoises font référence à Dieu, à des personnages religieux ou bibliques et à diverses représentations du divin ou encore aux anges ou au Diable. Comme dans les contes, les références à Dieu, aux personnages religieux ou au divin permettent habituellement de représenter le bien, la perfection. Le Diable, lui, représente généralement le mal.

Dieu et le Diable se retrouvent souvent dans la même expression, mais pas toujours pour marquer l'opposition entre le bien et le mal. On dit par exemple : « le bon Dieu le sait, et le Diable s'en doute » pour parler d'une évidence ou « ne pas avoir peur ni de Dieu, ni du Diable » pour parler de quelqu'un qui ne craint rien.

Contrairement aux jurons, les expressions composées de termes religieux ne sont pas nées d'une transgression de l'interdit. Elles sont plutôt une manifestation d'un mode de vie axé davantage sur la pratique religieuse. Certaines de ces expressions ont été oubliées avec le temps. D'autres se sont frayé un chemin à travers les générations et colorent encore aujourd'hui le langage populaire.

POUR EN SAVOIR +

Quelques expressions populaires et leur signification

Être plus catholique que le pape
Se dit d'une personne trop honnête.

Donner le bon Dieu sans confession
Faire confiance à quelqu'un.

Tirer le Diable par la queue
Ne pas avoir de ressources suffisantes pour vivre.

S'agiter comme un diable dans l'eau bénite
Se démener avec une grande énergie pour se sortir d'une mauvaise situation, l'eau bénite ayant, pour les catholiques, le pouvoir de faire fuir Satan.

Ambitionner sur le pain bénit
Abuser de la bonté d'une personne.

Envoyer au Diable
Envoyer quelqu'un le plus loin possible de soi pour s'en débarrasser, là où se trouve le Diable.

Pauvre comme un rat d'église
Se dit d'une personne très pauvre.

Faire damner un saint
Impatienter, exaspérer quelqu'un.

Le diable est aux vaches
Se dit d'une situation où règne une grande confusion.

Avoir une face de carême
Avoir le teint pâle.

DES SUPERSTITIONS

Les superstitions d'une société sont intimement liées à ses croyances et à sa culture. Il arrive donc qu'elles soient fortement teintées par la religion. Néanmoins, plusieurs d'entre elles ne sont pas d'origine religieuse.

Comme les contes et les expressions, bon nombre de superstitions québécoises sont influencées par le christianisme. Pendant longtemps, le clergé catholique les voyait d'un mauvais œil, car il les considérait comme une « menace morale », une forme de sorcellerie et de divination.

Pourtant, on pourrait soupçonner certaines superstitions d'avoir contribué à garder quelques chrétiens dans le droit chemin. On disait notamment que l'utilisation des sacres à outrance pouvait provoquer l'apparition du Diable. Ou encore, que l'omission de payer sa dîme mettait en colère les âmes du purgatoire qui provoquaient alors un malheur.

Objets, nombres et superstitions

Dans la catégorie des superstitions liées à des objets, par exemple, le fait de poser des ustensiles croisés sur une table porte malheur. Les objets placés en forme de croix ont longtemps eu diverses symboliques, positives ou négatives, selon leur nature et le contexte. À l'opposé, faire le signe de la croix est encore utilisé pour faire lever le pain, assurer une journée profitable ou conjurer le mauvais sort. On voit même certains grands sportifs faire le signe de la croix avant une partie de hockey ou un match de tennis, par exemple. Dans la même lignée, l'eau et le pain bénits étaient de bon augure.

Certains chiffres et nombres ont une signification particulière dans quelques traditions religieuses. Il faut dire que les chiffres n'existent pas en eux-mêmes, mais le plus souvent à l'intérieur d'énumérations propres à chaque tradition religieuse et qui doivent être considérées dans leur contexte. Pour chacun, on pourrait évidemment multiplier les références. Par exemple, pour les Amérindiens, le chiffre quatre est significatif. Le cercle sacré, symbole fondamental des spiritualités amérindiennes, est divisé en quatre parties. Celles-ci sont elles-mêmes associées aux quatre éléments (air, terre, feu, eau), aux quatre stades de la vie (enfance, jeunesse, âge adulte, vieillesse), aux quatre points cardinaux (nord, est, sud, ouest) et aux quatre saisons (printemps, été, automne, hiver).

© Milos Luzanin/Shutterstock

Doc. 5.42 Les objets disposés en forme de croix sont sources de superstitions pour plusieurs personnes.

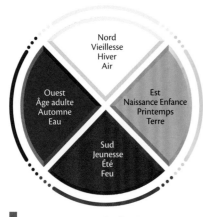

Nord
Vieillesse
Hiver
Air

Ouest
Âge adulte
Automne
Eau

Est
Naissance Enfance
Printemps
Terre

Sud
Jeunesse
Été
Feu

Doc. 5.43 Le cercle de vie des Amérindiens.

Le nombre 13

Pour certains chrétiens, la crainte du nombre 13 viendrait de la dernière Cène, le dernier repas que Jésus aurait partagé avec ses **apôtres**. Le 13e convive aurait alors été Judas, celui qui a livré le Christ aux bourreaux en échange d'argent. Ce nombre serait donc symbole de malheur. Quant au vendredi 13, on dit que cette journée représente le comble de la malchance puisque le Christ serait mort un vendredi. Mais tout le monde ne partage pas cette explication. Il y a des gens pour qui le nombre 13 fait référence à une des cartes bien connues du tarot, celle de la Mort.

Au sein du judaïsme par contre, on voit le nombre 13 d'une manière plutôt positive. En effet, la bar mitsvah, qui est un rite d'initiation, est célébrée lors du 13e anniversaire des jeunes hommes. Elle souligne leur majorité religieuse. L'adolescent peut alors porter les phylactères et prononcer les bénédictions sur la Torah durant le service religieux. Pour les filles, lorsqu'elles atteignent l'âge de 12 ans, c'est la bat mitsvah qui marque la majorité religieuse. Cette dernière cérémonie n'existe que depuis le XIXe siècle.

Qu'elle soit abordée d'un point de vue religieux ou non, la peur du nombre 13 fait néanmoins l'objet d'une crainte répandue. Si bien que plusieurs immeubles n'ont pas d'étage portant le nombre 13, des hôtels ne comptent ni chambre 13, ni 13e étage. Certains avions n'ont pas de rangée 13 et aucune voiture de Formule 1 ne porte le numéro 13.

Ainsi, comme nous le constatons, les superstitions ne sont pas toujours associées à des expressions du religieux. Pensons par exemple aux craintes engendrées par le fait de passer sous une échelle, de briser un miroir, ce qui cause sept ans de malheur, ou de croiser un chat noir. Il y a aussi des formules et des gestes pour conjurer le sort, comme toucher du bois ou jeter du sel par-dessus son épaule. Chaque société a des superstitions bien à elle, qui, comme les accents, varient souvent d'une région à l'autre.

Doc. 5.44 La peur du nombre 13 s'appelle la triskaidékaphobie.

Doc. 5.45 Un jeune garçon portant sur son front un phylactère transporte les rouleaux de la Torah au cours d'une bar mitsvah.

Apôtre : chacun des douze compagnons de Jésus et d'autres disciples qui prêchent son enseignement.

L'influence des traditions religieuses sur la société

Culture et société
Les multiples représentations du monde

Comme nous l'avons vu au cours de ce chapitre, l'influence des traditions religieuses touche plusieurs sphères de notre société. Plus encore, la spiritualité ne se limite plus seulement aux grandes religions et les représentations du monde prennent aujourd'hui des formes diverses. Beaucoup de gens ont développé un intérêt pour des croyances et des pratiques non religieuses, qui, parfois, sont inspirées de traditions très anciennes. En voici quelques exemples.

LE YOGA

Rares sont les gens qui ne connaissent pas le yoga de nom. Le yoga est en fait une discipline spirituelle qui suppose une éthique et comprend divers exercices de concentration et de méditation utilisant des postures particulières. Il s'agit à proprement parler d'une technique qui vise à libérer l'être humain du cycle des renaissances dans des corps humains, animaux, divins et qui se pratique dans le but d'en arriver à rejoindre l'absolu. Ceux qui pratiquent le yoga sans être hindous eux-mêmes y trouvent plutôt une façon de garder la forme, de gagner de la souplesse et de relaxer, mais aussi parfois de méditer.

LE TAI-CHI

Plusieurs formes de méditation d'origine asiatique sont maintenant pratiquées en Occident. Le tai-chi en est une. Cette gymnastique chinoise est une combinaison de gestes inspirés des arts martiaux, le tout exécuté de façon très lente. Le tai-chi prend racine dans une branche de la médecine traditionnelle chinoise, le *qi gong*, qui utilise l'esprit pour diriger l'énergie vitale (le tchi) dans le corps. En Occident, le tai-chi est surtout apprécié pour ses bienfaits sur la santé. Il est même recommandé par l'Agence de la santé publique du Canada, notamment pour les personnes âgées. Il est réputé pour améliorer la souplesse et pour réduire le stress.

■ **Doc. 5.46** Une des postures classiques du yoga.
© GeoM/Shutterstock

■ **Doc. 5.47** La pratique du tai-chi est très populaire en Chine.
© Thomas Barrat/Shutterstock

LES ARTS MARTIAUX ASIATIQUES

Les arts martiaux asiatiques sont un bon exemple de l'influence des traditions religieuses sur la société. Ces techniques de combat inspirées des entraînements militaires connaissent un grand succès international depuis nombre d'années : karaté, judo, kendo, aïkido, etc. Même s'ils sont essentiellement perçus comme des sports (le judo et le taekwondo sont des disciplines olympiques), les arts martiaux asiatiques sont très liés à la spiritualité. Ils sont axés sur la maîtrise du corps, mais également de l'esprit.

L'ASTROLOGIE

Ce n'est pas d'hier que les gens s'intéressent à l'art **divinatoire** qu'est l'astrologie. Dès l'Antiquité, les gens tentaient d'interpréter les astres pour essayer de prévoir l'avenir. Qu'elles soient nées sous le signe du Lion ou du Gémeaux, nombreuses sont les personnes qui accordent de l'importance à la signification de leur signe astrologique. Chaque début d'année, les librairies sont inondées de livres à succès contenant des prédictions pour l'année à venir, et dans plusieurs quotidiens et périodiques, les horoscopes sont très populaires.

LE FENG SHUI

Le feng shui se fonde sur des notions issues du taoïsme, une religion qui existe en Asie depuis le VIe siècle avant l'ère chrétienne. Les mots feng shui signifient le vent et l'eau. Le feng shui, philosophie de vie qui repose sur l'art de l'aménagement de l'espace, existe en Chine depuis des milliers d'années. Selon les adeptes du feng shui, cet art favoriserait la circulation de l'énergie vitale, ce qui permet d'accroître le bien-être et de favoriser la santé, la réussite et le bonheur. Un mauvais aménagement de l'espace entraînerait une influence négative. L'art feng shui peut s'appliquer à l'aménagement non seulement de la maison mais aussi d'un jardin ou d'un bureau, par exemple.

Doc. 5.48
Une compétition de karaté.
© Tito Wong/Shutterstock

Doc. 5.49
Une compétition de judo.
© Goran Cakmazovic/Shutterstock

Doc. 5.50
Les signes du zodiaque.
© Maisei Raman/Shutterstock

Doc. 5.51 Les adeptes du feng shui sont convaincus que l'aménagement de leur espace de vie accroît leur bien-être.
© Natalia Bratslavsky/Shutterstock

Divinatoire : relatif à la divination.

Ici et ailleurs
Des êtres mythiques appelés gargouilles

© Ernesto Lopez Albert/Shutterstock

© Ralph Herschbach/Shutterstock

© luminouslens/Shutterstock

© Pete Hoffman/Shutterstock

Connaissez-vous les gargouilles ? Ce sont ces statues de pierres aux formes étranges qui ornent les grands édifices. Sous leurs airs mystérieux, les gargouilles sont en fait des conduites servant à évacuer l'eau de pluie loin des murs des bâtiments afin de les préserver. Ce n'est pas un hasard si leur nom rappelle celui des bruits que fait parfois votre ventre quelques minutes avant que la cloche du dîner ne sonne. Ce mot provient du latin *gargula* qui signifie gosier ou gorge et il est lié au verbe gargariser.

Les premières gargouilles datent de l'Antiquité. C'est toutefois au Moyen Âge, au cours du XIIe siècle, qu'elles ont fait leur véritable apparition. Leur utilisation s'est répandue surtout en Europe au XIIIe siècle.

LES DESCENDANTES D'UN DRAGON ?

Une légende relie l'origine des gargouilles à la tradition chrétienne. Celle-ci raconte qu'il y a très longtemps, un dragon hantait les habitants d'une ville de France appelée Rouen. Un prêtre italien s'engagea à les débarrasser de cette bête à la condition qu'ils reçoivent le sacrement du baptême et qu'ils construisent une église. Le prêtre captura le dragon et le fit brûler sur un bûcher. Or, la tête et le cou de la créature ne brûlèrent pas. On décida alors de les suspendre à la vue de tous. Une version de cette légende veut que la tête du dragon ait été accrochée à la nouvelle église de la paroisse pour devenir la toute première gargouille.

En plus de cette légende, il en existe plusieurs autres pour expliquer la signification des gargouilles et la raison de leur présence sur nombre d'églises chrétiennes.

Certains prétendent que les gargouilles servaient à éloigner le mal des églises. On dit aussi qu'elles repoussaient les chrétiens loin du péché en leur faisant craindre l'enfer par la représentation de ces créatures. D'autres encore racontent que les gargouilles personnifiaient des pécheurs transformés en pierre ou qu'elles étaient des figures du mal qui incitaient les fidèles à se réfugier dans l'église.

Pourtant, les gargouilles n'ont pas seulement des allures horrifiantes. Elles possèdent 1001 visages. Parfois monstrueuses, parfois drôles, leurs diverses formes peuvent être empruntées aux domaines surnaturel et mythique. Il existe même des gargouilles aux représentations humaines, plus ou moins réalistes. Plusieurs d'entre elles ont une forme animale souvent des plus originales : les lions ont des ailes, les oiseaux ont des cornes et les chiens ont des crinières ! D'autres gargouilles semblent sortir d'un univers fantastique où se croisent diables à grandes dents, dragons, sirènes et créatures ailées.

© Joseph R. Bailey/Shutterstock

DES GARGOUILLES AU CANADA

Bien que l'Europe soit le berceau des gargouilles, on en trouve un peu partout, même au Canada. En voici quelques-unes.

34554794 © Jupiter Images et ses représentants. Tous droits réservés

Doc. 5.52 Les gargouilles de l'église Christ Church à Montréal.

© Stephen Finn/Shutterstock

Doc. 5.53 Les gargouilles sur la tour du Parlement d'Ottawa.

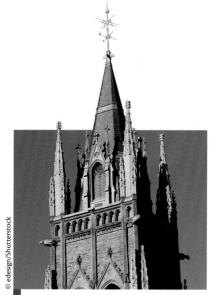
© edesign/Shutterstock

Doc. 5.54 Les gargouilles de l'église anglicane Saint James United à Montréal.

DES CRÉATURES EN VOIE DE DISPARITION

Si on trouve des gargouilles en Amérique, c'est en Europe où il y en a le plus grand nombre. Cependant, il ne reste que très peu de gargouilles qui datent du Moyen Âge. Certaines ont été ravagées par le temps et les intempéries, d'autres ont été démolies en même temps que l'édifice qu'elles décoraient. Certaines ont pu être restaurées à mesure qu'elles vieillissaient alors que de nouvelles, qui n'ont jamais servi à évacuer l'eau, ont été construites pour orner des édifices.

© Mary Lane/Shutterstock

Doc. 5.55 Les gargouilles de la tour de l'horloge de l'ancien hôtel de ville de Toronto.

Intempéries : mauvais temps.

L'influence des traditions religieuses sur la société

133

Synthèse

- L'apport des religions à la société québécoise est important dans le domaine de la santé, de l'éducation, des organismes sociaux et communautaires, des affaires et du commerce.

- Des citoyens d'origines et de confessions religieuses diverses ont contribué à la vie économique et à l'évolution des normes et des valeurs de la société québécoise.

- Au Québec, depuis les débuts de la Nouvelle-France, beaucoup d'établissements de santé et d'organismes de charité sont nés de l'action de communautés religieuses ou de laïcs. Dans la plupart des religions, venir en aide à son prochain est une valeur fondamentale.

- De nombreuses communautés religieuses et laïques de toutes confessions sont venues en aide aux orphelins, aux personnes âgées, aux pauvres, aux handicapés, en fondant des organismes comme l'Accueil Bonneau, l'Armée du Salut, « Le Bon Dieu dans la rue » et autres.

- Les expressions du religieux sont les éléments propres à une religion comme les écrits, les symboles, les pratiques, les monuments, les édifices ou les objets. Au Québec, les expressions du religieux les plus visibles et les plus nombreuses sont essentiellement de tradition judéo-chrétienne.

- Les églises chrétiennes sont reconnaissables à leurs coupoles et à leurs clochers. Les temples, synagogues et mosquées, surtout visibles en région montréalaise, sont souvent plus discrets.

- Partout au Québec, on trouve des croix de toutes sortes. Pour les chrétiens, la croix est le symbole représentant la crucifixion de Jésus, mais surtout le don de sa vie en vue de renouveler l'alliance avec Dieu.

- Les croix de chemin ont été des lieux de prières et des points de repère. Chez les Inuits, les inukshuks servent de points de repère et marquent des lieux sacrés.

- Dans les religions qui représentent le divin, les statues occupent une grande place.

- L'influence de la religion se fait sentir dans les contes et légendes du folklore.

- Chez les Amérindiens, les récits, tout comme les rites et les règles, revêtent une grande importance. D'une communauté à l'autre, les légendes sont nombreuses et ont diverses fonctions.

- Nombre d'expressions québécoises font référence à Dieu, à des personnages religieux ou bibliques et à diverses représentations du divin.

- Comme les contes et les expressions, beaucoup de superstitions québécoises sont influencées par le christianisme.

1 Au Québec, quelle est la manifestation religieuse la plus visible ?

2 Quelle personnalité a reçu une décoration du pape, en reconnaissance de sa contribution aux œuvres sociales catholiques ?

3 Quels sont les trois piliers idéologiques sur lesquels reposait le succès de Dupuis Frères ?

4 Quelle était la religion de Maurice Pollack, ce grand philanthrope ?

5 Que signifie être philanthrope ?

6 Pourquoi le rôle des communautés religieuses a-t-il été très important dans le domaine de la santé, à l'époque de la Nouvelle-France jusqu'à la première moitié du XXᵉ siècle ?

7 À quelle communauté religieuse doit-on la création des hôpitaux francophones dans des régions du Québec, telles que Lévis, Roberval, Gaspé, Montmagny, Chicoutimi ou Jonquière ?

8 Expliquez le lien entre la *Female Benevolent Society of Montreal* et l'Hôpital général de Montréal.

9 Quel est le rôle du pape Pie IX dans la création de l'Université de Montréal ?

10 Qu'est-ce que l'Accueil Bonneau ? Quel est son rôle ?

11 Quel est le lien entre la guignolée et la Société de Saint-Vincent de Paul ?

12 Pourquoi les expressions du religieux les plus visibles et les plus nombreuses au Québec sont-elles essentiellement de tradition judéo-chrétienne ?

13 Pourquoi certains lieux de culte sont-ils dépouillés d'ornements et d'art pictural ?

14 Qu'est-ce qu'une ablution et quelle est la symbolique du geste ?

15 Est-ce que la forme de la croix est la même pour tous les chrétiens ?

16 Quelles sont les coutumes rituelles associées aux croix de chemin ?

17 Pourquoi peut-on retrouver des personnages ou des éléments chrétiens dans plusieurs légendes amérindiennes ?

18 Pourquoi le Diable a-t-il une grande importance dans les légendes ?

19 Pourquoi était-il interdit de danser lors du mercredi des Cendres, dans la légende de Rose Latulippe ?

20 Que signifie l'expression « S'agiter comme un diable dans l'eau bénite » ?

21 Dans les contes, pourquoi le Diable est-il mis en opposition avec un héros populaire ou un personnage religieux ou divin ?

22 Qu'est-ce que la triskaïdékaphobie ?

23 À quoi sert-il de jeter du sel par-dessus son épaule ?

24 Dans quels domaines les normes et les valeurs ont-elles évolué avec l'apport de diverses religions ?

Le phénomène religieux

CHAPITRE 6

La diversité des expressions du religieux dans la littérature et les médias

L'importance des traditions religieuses est grande. Elles touchent l'individu, la famille, la société, les institutions, les organismes, le langage, le folklore. Mais savez-vous que la présence des traditions religieuses se fait particulièrement sentir dans la littérature et les médias ?

LIENS

■ ÉTHIQUE

• Des réflexions sur la liberté: des contraintes physiques et sociales

• Des expressions individuelles et collectives

• Le rôle des médias dans la transformation des valeurs et des normes

■ DIALOGUE

• Les formes du dialogue: l'entrevue

• Des moyens pour élaborer un point de vue: la synthèse

• Des moyens pour interroger un point de vue: les jugements de réalité et de valeur

Les références aux traditions religieuses sont nombreuses et diversifiées. Sauriez-vous reconnaître les représentations du divin ou les symboles associés au divin dans les médias ?

Doc. 6.1 Une statue du Bouddha enseignant son message veille sur un temple à Vienne en Autriche.

Wikimedia

DES REPRÉSENTATIONS DU DIVIN

Qu'est-ce qu'une représentation du divin ? Le mot divin employé comme nom désigne tout ce qui vient de Dieu ou des dieux. Les représentations en sont d'une infinie diversité. Certaines sont imagées alors que d'autres consistent à attribuer des noms ou des attributs au divin tels des sentiments, des caractéristiques physiques, des noms propres, des qualificatifs. Des symboles sont également associés au divin comme des couleurs, des formes, des éléments, des végétaux.

Des noms et des attributs donnés au divin

Dans certaines traditions religieuses, par exemple le christianisme, on attribue au divin des caractéristiques physiques humaines. Dans d'autres, comme l'hindouisme, le divin, qui n'est pas toujours susceptible d'être représenté en lui-même, peut aussi prendre des formes humaines, animales ou mixtes quand il entre en relation avec le monde des humains. Dans les religions comme l'islam ou le judaïsme, il est interdit de représenter Dieu d'une façon imagée.

On attribue au divin d'innombrables noms propres, qualificatifs ou sentiments. En voici quelques exemples : Dieu, Seigneur, Jésus, Christ, Dieu le Père, Dieu le Fils, Dieu le Saint-Esprit, A-do-naï, Grand Esprit, Wakan-Tanka, Brahma, Vishnou, Shiva, Shaddaï, Éveillé, Consolateur, Illuminateur, Créateur, Vérité, Très Miséricordieux, Infiniment Saint, Manitou, Tout-Puissant, Omniprésent, Elohim, Équitable, Magnifique, Très-Haut, Infiniment Grand, Lumière, Éternel, Protecteur, Pur, Infiniment Juste, Infiniment Bon, Infiniment Parfait.

Des symboles associés au divin

Toutes les traditions religieuses ont recours à des symboles associés au divin. Des couleurs, les éléments de la nature, le feu, l'air, l'eau et la terre, des astres, des formes ou des végétaux sont autant de symboles qui lui sont associés.

Des couleurs

Dans toutes les cultures, les personnes religieuses parlent du divin en utilisant des réalités qui les entourent (des couleurs, des formes, des éléments du corps ou de la nature, etc.). Pour les chrétiens, le blanc est la couleur des vêtements de Jésus pendant sa transfiguration. Pendant sa vie sur terre, le Christ a subi momentanément un changement de son apparence corporelle, une transfiguration qui a révélé sa grande proximité avec Dieu. Le blanc est aussi la couleur des vêtements du pape qui, pour les catholiques, est le successeur de l'apôtre Pierre.

Des éléments et des astres

De tous les éléments de la nature, c'est sans doute le feu qui est le plus souvent associé à la puissance divine. Par exemple, la flamme symbolise le Saint-Esprit chez les chrétiens. Le feu de la lampe du sanctuaire dans les églises chrétiennes symbolise la présence de Dieu. Le feu de la menorah indique la présence de Dieu chez les juifs. Les hindous font brûler des offrandes pour rendre hommage à leurs divinités. Dans plusieurs religions et spiritualités, le Soleil, la lumière et les étoiles symbolisent le divin.

Des formes

Le cercle est un symbole associé au divin. Il exprime le souffle de la divinité, sans commencement ni fin. Trois cercles soudés évoquent la Sainte Trinité chrétienne, un seul Dieu en trois personnes : le Père, le Fils et le Saint-Esprit. Chez les chrétiens, Jésus, sa mère, la Vierge Marie, et les saints sont fréquemment représentés couronnés d'une **auréole**. Il s'agit d'un symbole de sainteté. Le mot auréole vient du latin et signifie couronne d'or. Cet anneau fait d'ailleurs référence au Soleil et à la lumière divine, notamment par sa forme ronde et sa luminosité. Dans la plupart des traditions autochtones, le cercle est le point de départ de la spiritualité.

Doc. 6.2 Trois cercles soudés évoquent la Sainte Trinité.

Auréole : anneau de lumière ou cercle coloré qui entoure la tête des personnages saints dans l'art pictural chrétien.

POUR EN SAVOIR +

Doc. 6.3 Dans les églises chrétiennes orthodoxes, les icônes se trouvent sur l'iconostase. Il s'agit d'un mur qui sépare la partie centrale de l'église où sont placés les fidèles et le sanctuaire où se trouve l'autel. Sur les icônes orthodoxes, l'auréole est omniprésente. Elle prend la forme d'un cercle d'or qui entoure la tête du saint. Pour les chrétiens orthodoxes, les icônes font l'objet d'une grande vénération. On dit qu'elles sont des fenêtres sur le monde divin.

© Alexey Goosev/Shutterstock

Des représentations imagées du divin

Dans les traditions religieuses qui ont des représentations imagées du divin, la position des mains est très significative. Ainsi, chez les chrétiens, Jésus est souvent représenté les mains ouvertes, paumes tournées vers le ciel, en signe d'accueil. On le voit aussi une main levée en position de bénédiction, de protection, de pardon. Ces gestes révèlent les attributs qui lui sont conférés.

Doc. 6.4 Un vitrail représentant le Christ qui guérit et bénit un malade. Le malade est sanctifié par le Christ. Tous deux portent une auréole.
© Jurand/Shutterstock

La position des mains est également importante dans les représentations des divinités hindoues. On voit fréquemment certains dieux la main droite levée à la hauteur de l'épaule en signe de bénédiction et de protection. Ces dieux ainsi que les déesses sont aussi couramment figurés tenant une fleur de lotus à la main. Ce végétal très présent dans la religion hindoue symbolise la vie et la fertilité. On raconte d'ailleurs que le dieu Brahma est apparu au sommet d'un lotus renfermant les créatures et ayant poussé dans le nombril du dieu Vishnou alors qu'il reposait sur l'océan cosmique.

Doc. 6.5 Un vitrail représentant le baptême de Jésus par saint Jean-Baptiste. Jésus est vêtu de blanc, symbole de pureté. Une colombe dans un cercle d'or symbolisant le Saint-Esprit descend vers Lui sur un rayon lumineux. Saint Jean-Baptiste et le Christ ont une auréole, symbole de sainteté.
© Keith McIntyre/Shutterstock

De nombreuses traditions hindoues invoquent Vishnou comme divinité suprême, une divinité qui peut prendre toutes les formes et que l'on vénère sous mille noms différents. On dit que ce grand dieu prend plus spécifiquement le nom de Vishnou quand il pénètre dans le monde pour y restaurer l'ordre menacé.

Sur l'image ci-contre, Vishnou possède quatre bras, ce qui indique son omniprésence et sa toute-puissance. Ce dieu est intervenu dans le monde sous la forme d'un guerrier à l'occasion de la guerre des Bharata, et c'est pourquoi il tient dans la main droite supérieure un disque avec lequel il tranche la tête de ses adversaires et dans sa main droite inférieure une massue qui lui sert à les écraser. On donne souvent une signification plus spirituelle à ces armes en disant que Vishnou est un dieu qui dissipe toute forme d'ignorance. La conque qu'il porte dans la main gauche supérieure fait aussi partie de son armement : en soufflant dans ce coquillage, il produit un son qui effraie tous ses ennemis, et qui ne serait pas différent du son du Veda lui-même, ou encore du fameux son OM qui serait un condensé du Veda. Mais en même temps, de sa main gauche inférieure, il fait le signe de l'absence de crainte et rassure ses fidèles.

La fonction spécifique à Vishnou est celle de préserver l'ordre menacé. Mais coiffé d'une tiare royale et orné de divers bijoux, ce dieu est en même temps celui qui détruit toute forme d'opposition et celui qui recrée les êtres. Il apparaît ici, comme Brahma, sur une base en forme de lotus, on peut aussi le représenter avec un lotus dans une main. Le Vishnou montré sur cette image veut être une divinité suprême extrêmement séduisante pour ceux et celles qui s'abandonnent à lui parce qu'il est capable de tout, et qu'il peut à la fois créer, protéger et détruire.

Doc. 6.6
Une statue de Vishnou, le préservateur, le protecteur dans la tradition hindoue.
© Dmitry Rukhlenko/Shutterstock

La diversité des expressions du religieux dans la littérature et les médias

141

Un peu d'histoire

Le caractère divin attribué à la couleur blanche est d'origine très ancienne. Déjà les Égyptiens de l'Antiquité enveloppaient le corps de leurs morts dans une pièce de tissu blanc.

Les juifs ont adopté le blanc pour certaines fêtes. Lors du Nouvel An juif, le Rosh Hashana, les fidèles sont vêtus de blanc. La Torah est également enroulée dans une étoffe blanche.

Chez les Celtes, les vêtements blancs étaient réservés aux druides, intermédiaires entre les dieux et les hommes, ainsi qu'aux devins.

Chez les chrétiens, le blanc est, entre autres, associé au baptême et au mariage.

Wikimedia

Doc. 6.7 Les druides et les devins étaient vêtus de blanc.

Wikimedia

Doc. 6.8 La déesse Lakshmi entourée des déesses Parvati et Saraswati.

LE PHÉNOMÈNE RELIGIEUX ET LES MÉDIAS

En ce début de XXIe siècle, nous vivons plus que jamais dans un monde où la publicité est omniprésente. On la trouve partout, à la télévision, dans les médias écrits, sur Internet, en bordure des routes, dans le métro, sur les autobus et parfois même dans le ciel sur de longues banderoles tirées par un avion. Dans tout ce lot de messages publicitaires, des symboles et des éléments nous sont familiers, qu'on habite à Montréal, Los Angeles ou Paris. Plusieurs de ces symboles proviennent des traditions religieuses. Selon les spécialistes du marketing, les publicitaires ont recours à des éléments des traditions religieuses, puisque même sans mots, ils sont compris par tout le monde.

Des images « divines »

En publicité, on fait parfois appel directement aux dieux et aux déesses pour mousser la vente de divers objets. Ainsi, en Inde où les dieux sont très nombreux, il est fréquent de les voir associés à des publicités de toutes sortes. On choisit le dieu qui correspond le mieux aux qualités du produit qu'on veut vendre. Par exemple, Lakshmi, la déesse de la beauté, de la fortune et de la prospérité, est vénérée notamment dans le monde rural indien. On la voit, par exemple, sur une affiche publicitaire qui annonce les mérites d'une marque de tracteurs. Un fabricant de piles vantera la puissance de son produit en l'associant à Shakti, la déesse de la puissance.

Doc. **6.9** Les mots paradis et paradisiaque sont souvent utilisés pour qualifier une destination vacances.

© Petra Silhava/Shutterstock

Un vocabulaire « divin »

Les références au divin dans la publicité ne se limitent pas aux images. On en trouve également dans le vocabulaire publicitaire.

Comme les qualificatifs associés au divin font référence à la toute-puissance, à la protection, à la perfection, à l'idéal et au bonheur, il n'est pas étonnant que les publicitaires aient recours à ces mots pour caractériser les produits qu'ils tentent de vendre.

Les produits qui permettent aux gens d'éprouver du plaisir ou de trouver le confort feront appel à des mots comme divin, paradis ou paradisiaque, pur, éden, etc. On les associe à des aliments, des boissons, un vêtement, un oreiller, une destination vacances. On nous vend un chocolat divin, une eau pure, un goût de paradis ou des plages paradisiaques.

D'autres mots associés aux réalités religieuses sont utilisés pour qualifier des produits d'utilité quotidienne comme les électro-ménagers ou les produits nettoyants. Pour cette catégorie de produits, les pubs sont parsemées de mots comme miraculeux, bénédiction, puissant, etc. On nous promet que tel liquide accomplira de véritables miracles en faisant disparaître les taches sur les tapis ou qu'un extraordinaire aspirateur s'avérera une réelle bénédiction pour les familles occupées du XXIe siècle.

Peu importe le contexte dans lequel ils sont utilisés, qu'ils soient exagérés ou non, les mots associés au divin ont l'intérêt d'être imagés, un avantage qui vaut son pesant d'or lorsqu'on veut dire beaucoup en peu de mots.

Doc. **6.10** Les publicitaires nous promettent régulièrement qu'un produit tout-puissant fera de véritables miracles.

© Thomas M. Perkins/Shutterstock

Doc. **6.11** Le blanc, symbole de pureté et de propreté, est largement utilisé par les publicitaires.

© LeahAnn Thompson/Shutterstock

La diversité des expressions du religieux dans la littérature et les médias

143

6.2 La diversité des êtres mythiques et surnaturels dans la littérature et les médias

Utilise-t-on certaines références empruntées aux traditions religieuses ou à la mythologie dans la littérature et les médias ?

Fabuleux : qui provient du merveilleux, de l'imaginaire.

■ **Doc. 6.12** Une statue du légendaire héros, Robin des Bois, devant le château de Nottingham en Angleterre. Robin des Bois est un personnage fictif, mais le château de Nottingham existe bel et bien.

© Mark William Richardson/Shutterstock

DES ÊTRES MYTHIQUES ET SURNATURELS

Mais qu'entend-on par êtres mythiques et surnaturels ? Les êtres mythiques, comme leur nom l'indique, sont liés aux mythes. Les mythes sont ces récits merveilleux transmis par la tradition, qui, à travers les exploits d'êtres fabuleux (héros, divinités, animaux mythiques, etc.), fournissent une tentative d'explication des phénomènes naturels et humains. Les anciennes religions égyptienne, grecque et romaine de l'Antiquité ont laissé une mythologie d'une très grande richesse.

Les êtres surnaturels, quant à eux, sont pourvus de caractéristiques qui échappent aux lois de la nature. Parmi ceux-ci, on compte les anges, les esprits, le Diable et ses incarnations, etc. La frontière qui sépare les êtres mythiques des êtres surnaturels est souvent bien mince, car en effet certains d'entre eux, comme Méduse, sont des êtres mythiques ayant des pouvoirs surnaturels.

DES DIEUX ET DES HÉROS MYTHIQUES

Bien avant le cinéma, la littérature nous a fait connaître des dieux et des héros de la mythologie grecque et romaine, comme Aphrodite, Saturne, Ulysse ou Hercule. On a pu aussi lire les aventures de héros de la mythologie bretonne du Moyen Âge, comme la légende du roi Arthur et son épée Excalibur, dont les personnages luttent contre les forces du mal pour trouver la relique suprême, le saint Graal ou saint Calice. Parmi ces héros, figurent Lancelot, la Dame du Lac et Merlin l'Enchanteur dont les aventures ont fait l'objet de nombreux romans et d'adaptations cinémato-graphiques. Robin des Bois est un autre héros légendaire du Moyen Âge, défenseur des pauvres et des opprimés, luttant pour le bien contre le mal. Ses aventures ont maintes fois été racontées dans des romans, des films ou des bandes dessinées.

Les héros modernes

La littérature et le cinéma créent aussi des héros de toutes pièces. Lorsqu'on dit héros, on pense immédiatement aux superhéros dont les pouvoirs permettent de faire régner le bien et de protéger les gens contre les forces du mal. On les admire pour leur puissance, mais souvent aussi pour leur tête de vainqueur et leur fière allure.

La littérature et le cinéma nous en ont fait connaître plusieurs. Ils sont tous pourvus de pouvoirs surnaturels : force surhumaine, capacité de voler, immortalité, don pour la magie, capacité de se rendre invisible, etc. On associe habituellement les superhéros à des caractéristiques fabuleuses comme des ailes ou un objet ayant des pouvoirs magiques (baguette, sabre lumineux ou potion magique). Les aventures de certains héros de bandes dessinées ont été transposées à la télévision ou au cinéma.

La quête du bien est également reprise dans plusieurs jeux vidéo modernes où les superhéros sont nombreux. Encore là, ces derniers sont généralement pourvus de pouvoirs surnaturels et de caractéristiques fabuleuses.

Qu'ils soient personnages mythiques des légendes de l'Antiquité, du Moyen Âge ou des Temps modernes, les héros comme les superhéros sont toujours rattachés à une quête, un but ultime : rétablir l'ordre des choses, protéger l'humanité des forces du mal, se dévouer ou même mourir pour sauver les autres. En somme, ces héros luttent constamment pour que le bien triomphe du mal. Et cette lutte pour le bien contre le mal est très présente dans les textes sacrés de la plupart des religions.

© Christos Georghiou/Shutterstock

Doc. 6.13 Un superhéros volant au-dessus de la ville, tel qu'on peut le voir au cinéma.

POUR EN SAVOIR +

Des héros d'un tout autre genre

De nos jours, les héros ne sont pas seulement imaginaires. Bien souvent, les médias transforment en héros certaines vedettes du sport, du spectacle ou de la politique. Ces héros n'ont pas de pouvoirs surnaturels ou de caractéristiques fabuleuses. Certains peuvent être néanmoins à leur façon une source d'inspiration par leur talent, leurs réalisations, leur engagement dans diverses causes ou leur générosité pour améliorer le sort de leurs semblables.

Au Québec, Maurice Richard a été un des plus grands joueurs de hockey de l'histoire. Ses exploits sur la glace et ses buts spectaculaires l'ont hissé au rang de héros national. Il croyait que la passion et la détermination peuvent soulever des montagnes et transformer les rêves en réalité.

Doc. 6.14 À Gatineau, le gouvernement du Canada a érigé une statue à la mémoire de Maurice Richard.
Wikipedia

La diversité des expressions du religieux dans la littérature et les médias

Doc. 6.15 Un marbre du XVIIᵉ siècle de l'artiste italien Bernini représentant Méduse et sa chevelure de serpents.

Wikimedia

Doc. 6.16 Une représentation fantaisiste du griffon.

© Margie Hurwich/Shutterstock

Doc. 6.17 Un dragon protecteur monte la garde sur le toit d'un temple en Asie.

©Videowokart/Shutterstock

QUELQUES ANIMAUX MYTHIQUES

Parmi les êtres mythiques issus de récits merveilleux, il y a beaucoup d'animaux légendaires qui ont fait l'objet d'œuvres d'art, de romans, de films ou de bandes dessinées. En voici quelques-uns. Les reconnaissez-vous?

La **licorne** est un animal fabuleux, une sorte de cheval à longue corne torsadée sur le front. Dans les légendes du Moyen Âge, elle symbolisait la force et la pureté. En Orient, elle était réputée pour apporter la bonne fortune.

La **sirène** est un être fabuleux qui, dans la mythologie grecque, était moitié femme et moitié oiseau. Elle chantait au-dessus des mers pour attirer les navigateurs. Dans l'imaginaire du Moyen Âge, la sirène avait une tête et un torse de femme et une queue de poisson. Son chant mélodieux attirait les navigateurs sur les récifs.

Méduse, monstre fabuleux de la mythologie grecque, avait une chevelure de serpents, des dents de sangliers et des ailes d'or. Elle changeait en pierre quiconque la regardait.

Pégase, cheval ailé de la mythologie grecque, serait né du sang de Méduse. Il a été la monture de Zeus, le dieu de tous les dieux, qui le changea en constellation. Il fut toujours une source d'inspiration pour les poètes, les peintres et les écrivains.

Le **dragon**, dans les mythologies grecque et celtique, est une créature ailée soufflant le feu. Son corps est couvert d'écailles ressemblant à celles des reptiles. En Occident, il est, avec le serpent, l'un des symboles du mal. En Orient, le dragon est au contraire un objet de vénération en tant que porteur de lumière et de sagesse. Les dragons protègent l'enseignement du Bouddha.

Le **léviathan** est un monstre marin évoqué dans la Bible, dont le nom signifie « monstre colossal ». Au Moyen Âge, sa gueule ouverte représentait l'entrée de l'enfer.

Parmi ces animaux mythiques, on trouve également des êtres fantastiques, en partie issus de la mythologie antique, comme le **griffon**, une bête fabuleuse munie d'ailes, d'une tête d'aigle et d'un corps de lion.

DES ÊTRES SURNATURELS

Les anges, les diables ou les esprits sont des êtres surnaturels généralement associés à une ou plusieurs pages de l'histoire d'une tradition religieuse. Ils représentent parfois un idéal auquel les humains tendent à accéder. À l'opposé, ils peuvent représenter des êtres auxquels on ne veut pas être associé parce qu'ils sont un symbole du mal. Le rôle des êtres surnaturels permet généralement d'en tirer une morale, un enseignement ou une règle de conduite.

Les façons d'incarner les êtres surnaturels varient d'une tradition religieuse à l'autre. Chez les chrétiens, par exemple, on reconnaît les anges à leurs deux ailes. Ces êtres surnaturels existent aussi dans les religions juive et musulmane, mais en général on ne les représente pas, car ces religions interdisent toute représentation imagée des êtres surnaturels. Dans les trois religions, les anges ont généralement un rôle de messager.

Les êtres surnaturels sont très présents dans la littérature et les médias. Certains sont directement tirés des récits religieux, par exemple les anges, les esprits, le Diable. D'autres sont issus de la mythologie comme c'est le cas de divers dieux et déesses.

Les couleurs du bien et du mal

Le blanc et le noir sont traditionnellement les couleurs du bien et du mal. Comme on l'a vu plus tôt, le blanc est associé à la pureté, à la sainteté, au bien. Pour souligner davantage le symbolisme du blanc, on l'oppose généralement au noir, qui représente le mal.

Outre le noir, le rouge ou le feu sont associés au mal. Le feu représente l'enfer, lieu de résidence du Diable selon plus d'une tradition religieuse. La couleur rouge désigne aussi les personnages malins. Ces derniers sont aussi associés à des insectes ou à des animaux peu populaires qui ont une apparence repoussante ou qui représentent un danger : serpent, araignée, rat ou hyène.

Doc. 6.18 L'archange Gabriel fait partie des traditions juive, chrétienne et musulmane. Son rôle était celui d'un messager. Pour les juifs, il a annoncé une prophétie dans le livre de Daniel de l'Ancien Testament. Pour les chrétiens, l'archange Gabriel est venu annoncer à Marie qu'elle aurait un fils. Chez les musulmans, Gabriel a révélé le message divin du Coran au prophète Muhammad. Seuls les chrétiens représentent l'archange Gabriel de façon imagée.

© Massimiliano Pieraccini/Shutterstock

Wikipedia

Doc. 6.19 Lors d'un festival médiéval en France, le Diable était entièrement vêtu de rouge.

Wikipedia

Doc. 6.20 Sur cette enluminure du Moyen Âge, on voit le Diable peint en noir et enchaîné en enfer.

La diversité des expressions du religieux dans la littérature et les médias

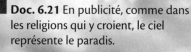

Doc. 6.21 En publicité, comme dans les religions qui y croient, le ciel représente le paradis.
© Valery Potapova/Shutterstock

© Noam Armonn/Shutterstock

Doc. 6.22 Sage comme une image.

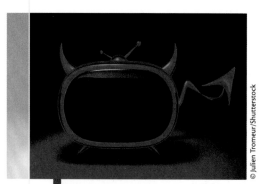

© Julien Tromeur/Shutterstock

Doc. 6.23 Une image du diable plutôt sympathique.

DES ANGES, DES DIABLES ET DES ESPRITS « MÉDIATIQUES »

Les êtres surnaturels ne se retrouvent pas seulement dans la littérature ou le cinéma, ils sont aussi abondamment utilisés en publicité. Particulièrement les anges et les éléments qui leur sont associés, le ciel, les ailes, l'auréole ou le paradis, font vendre beaucoup de produits.

Pour en avoir un bon exemple, pensons à la campagne publicitaire d'une populaire marque de fromage à la crème. Les scènes se déroulent au paradis et nous montrent des anges qui savourent le blanc produit. En plus d'affirmer que le fromage est « divin », on associe sa légèreté et sa blancheur aux anges ainsi qu'aux nuages qui leur servent de décor.

En publicité, les anges ont aussi pour rôle de symboliser le calme, la douceur, la sagesse. On met des ailes et une auréole à un enfant que l'on veut faire paraître sage comme une image. Le recours à la couleur blanche est un autre procédé largement répandu. On s'en sert pour annoncer toutes sortes de produits, en particulier le savon pour le corps ou le détergent à lessive. La raison en est simple : le blanc est associé à la pureté, la propreté, la neutralité, etc.

Les allusions au paradis sont également fort nombreuses. À l'opposé de l'enfer, il symbolise le lieu ultime où il fait bon se retrouver. Dans la publicité, au paradis, on mange mieux, on dort mieux, on lave plus blanc et on trouve tout ce que l'on désire !

Si les représentations du divin sont fréquentes en publicité, le Diable et l'enfer ont aussi leur place quand vient le moment de vendre un produit. Bien que les publicitaires aient recours à l'image du Diable et de l'enfer de façon négative pour illustrer la cigarette ou les brûlures d'estomac par exemple, le personnage diabolique est aussi associé à l'alléchante tentation du péché. Dans ces cas, on le représente de façon inoffensive, presque sympathique, le tout dans le but de nous faire succomber à une gâterie quelconque.

La littérature, et encore plus le cinéma, contribuent chaque année à nous faire découvrir des êtres surnaturels souvent inspirés de récits religieux. Les livres et les films destinés aux jeunes en sont particulièrement riches.

6.3 Des éléments fondamentaux des traditions religieuses dans la littérature et les médias

Comment les traditions religieuses peuvent-elles influencer la littérature et les médias ?

La littérature et les médias permettent parfois aux gens de mieux connaître les diverses religions. Que ce soit les livres, le cinéma, l'Internet, la publicité ou les médias d'information, ces moyens offrent de temps à autre des occasions d'explorer les éléments fondamentaux qui constituent les bases des religions : les récits, les rites et les règles.

Pour reconnaître ces éléments fondamentaux, voici un tableau qui présente, de façon générale, les origines, les caractéristiques, les fonctions et les types de récits, de rites et de règles des traditions religieuses.

DES RÉCITS, DES RITES ET DES RÈGLES

	ORIGINES	CARACTÉRISTIQUES	FONCTIONS	TYPES
RÉCITS	Les récits proviennent d'une expérience fondatrice sacrée, comme la révélation des commandements à Moïse ou la création du monde, par exemple.	Les principales caractéristiques des récits sont : • une écriture en langage symbolique ; • une mise en scène de personnages hors du commun ; • une relation fréquente d'actions fabuleuses ; • un déroulement de l'action dans un temps qui n'est pas le nôtre ; • une ignorance de la réalité historique ; • une transmission de valeurs inspirantes.	Les récits sont pourvoyeurs de sens et permettent de comprendre l'expérience sacrée.	Il existe plusieurs types de récits : • fondateur ; • de création de l'Univers ; • de création de l'être humain ; • de création des divinités ; • régénérateur ; • etc.
RITES	Les rites prennent souvent leur source dans les récits sacrés.	Les rites sont des gestes sacrés symboliques qui permettent de communiquer avec le surnaturel ou l'invisible.	Les fonctions des rites sont de : • réactualiser le récit dont ils sont issus ; • retracer l'origine du récit ; • retrouver l'expérience du sacré ; • communiquer avec le divin.	Les principaux types de rites sont : • initiatiques ; • funéraires ; • sacrificiels ; • de passage ; • liturgiques ; • pratiques religieuses ; • etc.
RÈGLES	Généralement, les règles découlent des récits sacrés ou des interprétations des récits sacrés.	Les règles prescrivent des comportements et fixent des normes de conduite.	Les règles permettent : • de distinguer le bien du mal ; • de véhiculer les valeurs de la religion ; • d'indiquer le chemin à suivre pour atteindre le bonheur spirituel.	Les règles peuvent être relatives, entre autres, à des comportements familiaux, amoureux, vestimentaires, alimentaires, ou à des devoirs religieux et sociaux.

DES RÉCITS REPRÉSENTÉS DANS LA LITTÉRATURE ET LES MÉDIAS

De vieilles histoires maintes fois racontées et qui, bien souvent, proviennent de récits contenus dans les textes sacrés des religions sont une source d'inspiration inépuisable pour les beaux-arts et la littérature, ou les médias, comme le cinéma, la télévision, Internet et la publicité.

Par exemple, le récit de la dernière Cène, qui est le dernier repas que Jésus a pris avec ses apôtres avant de mourir sur la croix, a été de tout temps un sujet de prédilection pour de nombreux artistes. Il existe des fresques, des tableaux, des gravures, des vitraux où on voit Jésus distribuant le pain et le vin à ses apôtres. De nombreux films, dont certains sont des chefs-d'œuvre, ainsi que des publicités sont inspirés du récit de l'institution de l'Eucharistie raconté dans l'Évangile. Vous constaterez, en lisant le texte ci-dessous, qu'un rite et une règle découlent directement de ce récit.

Doc. 6.24 Un tableau représentant la dernière Cène où on voit Jésus distribuant la communion à ses apôtres.

© Jozef Sedmak/Shutterstock

RÉCIT	RITE	RÈGLE
«Puis, prenant du pain, il rendit grâces, le rompit et le leur donna, en disant: "Ceci est mon corps, donné pour vous; faites cela en mémoire de moi." Il fit de même pour la coupe après le repas, disant: "Cette coupe est la nouvelle Alliance en mon sang, versé pour vous."» Luc (XXII, 19-20)	Pour les chrétiens, célébration de l'Eucharistie. Communion.	**« Faites cela en mémoire de moi »** Le commandement de Jésus de répéter ses gestes et ses paroles vise la célébration liturgique, par les apôtres et leurs successeurs, de la vie, de la mort et de la résurrection du Christ. Catéchisme de l'Église catholique

DES RÉCITS REVISITÉS PAR LA PUBLICITÉ

Des créateurs de publicités ont dénaturé certains éléments des traditions religieuses et ont fait l'objet de vives critiques. C'est notamment le cas de publicitaires de mode européens qui avaient modifié le chef-d'œuvre de Léonard de Vinci, *La Cène*. Ils avaient remplacé Jésus et ses apôtres par des femmes, ce qui avait soulevé la colère de l'Église catholique de France.

Doc. 6.25 Cette fresque de Léonard de Vinci, *La Cène*, exécutée entre 1495 et 1497, est une des nombreuses représentations du dernier repas du Christ avec ses apôtres. Ce chef-d'œuvre a été copié et reproduit à maintes reprises en publicité.
Wikimedia

CHAPITRE 6

Les publicitaires font appel à des récits bibliques ou à des personnages de ces récits connus universellement. De cette façon, ils s'assurent qu'au moyen de quelques images seulement, le public reconnaît les personnages, l'histoire et ses éléments principaux.

Le récit de la création a été une source d'inspiration pour de nombreux artistes. Le chef-d'œuvre de Michel-Ange, *La Création d'Adam*, est tiré du récit de la Genèse. Vous noterez que ce récit est à la source d'un rite et d'une règle.

Wikipedia

Doc. 6.26 Un des grands chefs-d'œuvre de l'art religieux, *La Création d'Adam*, peint par Michel-Ange au XVIᵉ siècle sur la voûte de la chapelle Sixtine à Rome, a couramment été reproduit en publicité.

RÉCIT	RITE	RÈGLE
[...] «Le Seigneur Dieu modela l'homme avec de la poussière prise du sol. Il insuffla dans ses narines l'haleine de vie, et l'homme devint un être vivant. Le Seigneur Dieu planta un jardin en Eden, à l'orient, et il y plaça l'homme qu'il avait formé. Le Seigneur Dieu fit germer du sol tout arbre d'aspect attrayant et bon à manger, l'arbre de vie au milieu du jardin et l'arbre de la connaissance de ce qui est bon ou mauvais.» <div style="text-align:right">Genèse (II, 7-9)</div> «Le Seigneur Dieu fit tomber dans une torpeur l'homme qui s'endormit; il prit l'une de ses côtes et referma les chairs à sa place. Le Seigneur Dieu transforma la côte qu'il avait prise à l'homme en une femme qu'il lui amena. L'homme s'écria: "Voici cette fois l'os de mes os et la chair de ma chair, celle-ci, on l'appellera femme car c'est de l'homme qu'elle a été prise". Aussi l'homme laisse-t-il son père et sa mère pour s'attacher à sa femme, et ils deviennent une seule chair.» <div style="text-align:right">Genèse (II, 21-24)</div>	Le mariage entre un homme et une femme.	Pour certains, le mariage est indissoluble. «Que cela signifie une unité indéfectible de leurs deux vies, le Seigneur lui-même le montre en rappelant quel a été, "à l'origine", le dessein du Créateur.» <div style="text-align:right">Catéchisme de l'Église catholique</div>

Le chef-d'œuvre de Michel-Ange a été repris par de nombreux publicitaires. Par exemple, un fabricant d'appareils électroniques s'est inspiré d'une partie du tableau de Michel-Ange en reproduisant les mains de Dieu et d'Adam avec des téléphones cellulaires. L'image de la main de Dieu donnant la vie à Adam est aussi très souvent utilisée pour illustrer l'esprit créateur, le bonheur, la vie.

Doc. 6.27 Une photo inspirée de l'œuvre de Michel-Ange.
© James Steidl/Shutterstock

La diversité des expressions du religieux dans la littérature et les médias

151

Culture et société

La littérature du Québec regorge d'histoires imaginaires mettant en scène des phénomènes fantastiques, des êtres fabuleux ou des bêtes mystérieuses. Voici, revisité par un auteur québécois contemporain, le conte fantastique de la bête à grand'queue, perçue comme l'incarnation du Diable.

Doc. 6.28 La bête à grand'queue rôde toujours dans les grandes forêts du Nord.

LA HÈRE

Également appelée « bête à grand'queue », la hère était autrefois aperçue surtout autour des camps de bûcherons, dans le nord du Québec. Toutefois, elle aurait aussi été vue en 1912 en plein jour près de l'ancien manoir de Dautraye, à Lanoraie, par un dénommé Pierriche Desrosiers. Incapable de décrire nettement l'animal, ce dernier rapporta néanmoins qu'il était pourvu d'une formidable queue poilue et rouge de deux mètres de long.

D'autres témoins ayant entrevu la créature prétendent qu'elle est difficile à cerner puisqu'elle est apparemment la dernière représentante de son espèce. On raconte que, sans père ni mère, elle est issue du monde des ténèbres et aurait été créée dans le seul but de tourmenter les êtres vivants. La hère ne se montrerait délibérément que tous les cinquante ans, lorsque la nuit est particulièrement noire et qu'un orage déchire le ciel. Ceux qui jadis ont croisé son regard ont disparu dans la seconde, sans laisser de traces. On dit encore que les chasseurs audacieux qui ont osé la poursuivre se sont eux aussi volatilisés dans les bois sans que quiconque puisse expliquer ce qui leur était arrivé.

Cette bête unique, dont seule la queue pourrait nous permettre de l'identifier, rôde toujours dans les grandes forêts du Nord. Son habileté à se dissimuler dans les bois tient au fait qu'elle se fond dans son environnement. Malheureusement, elle constitue encore aujourd'hui une menace sérieuse pour ceux et celles qui s'aventurent en forêt. Chaque été, on dénombre plusieurs disparitions de campeurs imprudents. Bien que les autorités s'efforcent de nier l'implication d'une créature telle que la hère dans ces mystérieuses disparitions, il est clair pour les membres de différentes sociétés de cryptozoologie à travers le monde qu'une telle bête existe bel et bien dans les grandes étendues du Québec.

La hère serait peut-être la dernière représentante de la race des « esprits de la Terre », appelés communément « ogres-serpents », qui peuplaient anciennement tout l'ouest de l'Amérique. La tradition orale des Sioux met régulièrement en scène cette créature qui, très sensible à la dégradation de son milieu de vie, aurait migré vers le nord dès les débuts de l'industrialisation étasunienne.

Bryan Perro et Alexandre Girard,
Créatures fantastiques du Québec,
Éditions du Trécarré, 2007

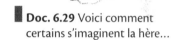

Doc. 6.29 Voici comment certains s'imaginent la hère…

Doc. 6.30 D'autres ont cru l'entrevoir ainsi…

© Alexandre Girard

Doc. 6.31 « La hère ne se montrerait délibérément que lorsque la nuit est particulièrement noire et qu'un orage déchire le ciel. »

© Ioan Popovici/Shutterstock

La diversité des expressions du religieux dans la littérature et les médias

Ici et ailleurs

Les croyances de l'Antiquité avaient leurs caractéristiques bien à elles.
On peut le constater en regardant la mythologie gréco-romaine dont les dieux,
déesses, monstres, héros et légendes ont grandement influencé les médias et
la littérature. Plus près de nous, au Moyen Âge, d'autres légendes de
la mythologie bretonne ont inspiré de nombreux écrivains et cinéastes.

Doc. 6.32 *La naissance de Vénus* de Sandro Botticelli, peint vers 1485.

LA MYTHOLOGIE GRÉCO-ROMAINE

La déesse de la beauté et de l'amour se nomme **Aphrodite** (dans la mythologie grecque) ou **Vénus** (dans la mythologie romaine). On raconte qu'elle est née de l'océan. Certains récits racontent que le père de Vénus est Ouranos, le dieu du Ciel, d'autres disent que c'est Zeus, le roi des dieux, ou Poséidon, le dieu de la Mer. La venue au monde de la déesse est illustrée dans un magnifique tableau, *La naissance de Vénus*, du peintre italien Sandro Botticelli (1445-1510).

Aphrodite est la mère de nombreux dieux connus dont Éros, le dieu de l'Amour. Aphrodite est réputée pour ses colères et les châtiments qui s'ensuivaient. On raconte d'ailleurs que l'amour était pour elle une arme redoutable.

Héraclès (ou **Hercule** pour les Romains) est ce mortel bien connu qui a réussi les fameux douze travaux, ce qui lui permit d'accéder au titre de dieu à la fin de ses jours. Fils du dieu Zeus et d'Alcmène, une mortelle, il tenait de son père une force surhumaine qui lui a permis de vaincre les monstres les plus terribles. Cette force a rendu possible la réalisation en dix ans de douze travaux réputés infaisables, qu'on appelle aujourd'hui les douze travaux d'Hercule. Allaité par erreur par Héra, la femme de Zeus, dont un jet de lait a alors créé la Voie lactée, Héraclès a obtenu l'immortalité.

Doc. 6.33 Une statue en marbre d'Hercule du sculpteur Jean Cornu (1650-1710) dans les jardins du château de Versailles, en France.

CHAPITRE 6

Wikipedia

Wikipedia

154

Cronos (ou **Saturne** pour les Romains) a été enfanté par le Ciel Ouranos et la Terre Gaïa. Comme Ouranos n'aimait pas ses enfants, Gaïa poussa Cronos, le plus jeune de ses fils nés de cette union, à tuer son père.

Lorsqu'il eut des enfants à son tour, Cronos craignit de les voir se retourner contre lui et décida de les manger dès leur naissance. Son épouse, Rhéa, réussit à sauver son dernier enfant, Zeus, en remettant à Cronos une pierre enroulée dans un linge plutôt que le bébé. C'est ainsi que Zeus, le dieu de tous les dieux, put avoir la vie sauve.

Athéna (ou **Minerve** pour les Romains) est la déesse de la connaissance et du savoir. Elle est née de la tête de son père, Zeus. Cette étrange naissance viendrait du fait que Zeus aurait mangé Métis, la mère d'Athéna, alors qu'elle était enceinte. Zeus aurait fait ce geste par peur d'être détrôné par l'enfant qui allait naître de cette union. C'est d'ailleurs à cette déesse que la ville d'Athènes doit son nom. Les habitants de cette cité l'ont adoptée comme déesse protectrice en raison de l'olivier qu'elle leur offrit en cadeau.

Ulysse fait partie des héros qui sont mortels. Contrairement à Héraclès, ses deux parents sont mortels. Il est principalement connu pour sa ruse lors de la guerre de Troie. Cachée à l'intérieur d'un cheval de bois, son armée de guerriers réussit à s'introduire dans la forteresse ennemie. C'est ainsi qu'ils s'emparèrent de la ville de Troie.

Ulysse est un personnage important de la littérature puisqu'il est au cœur du récit l'*Odyssée*, dans lequel l'auteur, Homère, raconte toutes ses aventures. Au cours de ses péripéties pour regagner son pays et retrouver sa femme Pénélope après la guerre de Troie, Ulysse crève l'œil du cyclope Polyphème, fils de Poséidon, dont il est fait prisonnier. Cet affrontement est illustré sur une coupe grecque datant de 565-560 avant l'ère chrétienne. Heureusement, Ulysse a pu compter sur l'aide de certaines déesses durant ce retour des plus difficiles.

Doc. 6.34 Détail de la fresque, *Allégorie de la Divine Providence*, du peintre Pietro da Cortona. On voit Cronos dévorant un de ses fils.

Doc. 6.35 Le Parthénon sur l'Acropole à Athènes, en Grèce.

Doc. 6.36 Ulysse crevant l'œil du cyclope Polyphème. Wikipedia

La diversité des expressions du religieux dans la littérature et les médias

155

Ici et ailleurs

LA LÉGENDE ARTHURIENNE

La légende arthurienne est un récit fictif de la mythologie bretonne qui s'inspire de la lutte qui opposa les Celtes aux envahisseurs anglo-saxons en Grande-Bretagne au cours des Ve et VIe siècles. Cette légende très complexe explore différents thèmes, dont le pouvoir, la chevalerie, le merveilleux et l'amour. En voici une version abrégée.

Le jeune Arthur réussit un jour à déloger Excalibur, une épée, du rocher dans lequel elle était enfoncée. Cet exploit lui vaut d'être couronné roi de Bretagne. Arthur établit sa cour à Camelot et épouse la belle Guenièvre. Suivant les conseils du magicien Merlin, Arthur crée la Table ronde, une assemblée chargée de veiller à la protection du royaume où tous les chevaliers sont égaux. Parmi ces derniers se trouve Lancelot, un chevalier qui a été élevé par une fée, la Dame du Lac. Lancelot, le meilleur chevalier du roi, aura une liaison amoureuse avec la reine Guenièvre.

Les chevaliers de la Table ronde partiront à la recherche du saint Graal, la coupe dans laquelle le Christ a bu lors de son dernier repas avec ses apôtres. Plusieurs chevaliers, dont Lancelot, se lancent dans cette quête et échouent. C'est finalement Galaad le Pur, fils de Lancelot et d'Élaine, qui réussira, aidé par deux chevaliers, Perceval et Bohort.

Un jour, le roi, apprenant que Lancelot et Guenièvre ont une liaison, condamne la reine au bûcher. Lancelot la sauve de justesse et les amoureux s'enfuient. Le roi part à leurs trousses, laissant le royaume à Mordred, son fils illégitime. Ce dernier se rebelle. Arthur affrontera les troupes de Mordred pour reprendre possession de son royaume. Le roi Arthur perdra la vie au cours de la bataille de Salisbury.

Doc. 6.37 Cette œuvre représentant la Table ronde date du XIVe siècle et se trouve dans le grand hall du château de Winchester en Angleterre. Elle représente le roi Arthur sur son trône. Autour de la table sont gravés les noms de vingt-quatre de ses chevaliers, dont Lancelot, Galaad et Perceval.
Wikipedia

Doc. 6.38 Ce fragment de tapisserie datant du début du XVe siècle représente le roi Arthur. Parce qu'il a instauré le principe de la Table ronde autour de laquelle tous les chevaliers étaient égaux, Arthur est devenu un symbole de bon gouvernement.

36923163 © Jupiter Images et ses représentants. Tous droits réservés

LA LÉGENDE DE ROBIN DES BOIS

Savez-vous qu'il existe plusieurs versions de la légende de Robin des Bois ? Voici la version racontée au XIXᵉ siècle par l'écrivain français Alexandre Dumas dans deux ouvrages : *Le prince des voleurs* et *Robin Hood le proscrit*. L'histoire se passe en Angleterre entre 1162 et 1217, sous les règnes des rois Henri II, Richard Cœur de Lion et Jean Sans Terre. Le pays est alors dirigé par les Normands, ce qui crée de nombreux conflits avec la population locale, les Saxons.

Robin, un jeune archer saxon très habile, a été confié dès son enfance à Gilbert, un brave forestier. Robin est en fait l'héritier du comté de Huntingdon.

Un jour, alors qu'ils traversaient la forêt de Sherwood, Allan Clare et sa sœur Marianne rencontrent Robin. Allan se rend au château du shérif de Nottingham, pour lui demander la main de sa fille, Christabel. Le shérif refuse. Allan et Robin tentent alors d'enlever la jeune fille. Le plan échoue et Christabel est envoyée à Londres. Le shérif, apprenant le rôle joué par Robin dans cette affaire, est furieux. Il fait tout en son pouvoir pour que Robin n'ait pas accès à son héritage et se plaint au roi.

La haine du shérif vaut à Robin d'être proscrit. Il se réfugie alors dans la forêt de Sherwood avec quelques amis, dont Petit-Jean et le frère Tuck. Pour subvenir aux besoins de sa bande, Robin impose un impôt aux voyageurs qui traversent la forêt. Le tarif est proportionnel à leur richesse.

Allan épouse finalement Christabel et Robin épouse Marianne. La bande décide ensuite de s'en prendre aux riches Normands et au clergé du royaume afin de redistribuer leur argent aux pauvres. Le roi Richard Cœur de Lion intervient pour redonner à Robin la possession de ses terres d'Huntingdon. Malheureusement, le roi doit partir en croisade et le prince Jean renverse cette décision. Robin et ses compagnons intensifient leurs activités au grand mécontentement des Normands. Au cours d'une bataille contre ces derniers, Marianne est atteinte mortellement. Robin, inconsolable, laisse sa bande se disperser. Il meurt à l'âge de 55 ans, à la suite d'une trahison.

Un peu d'histoire

ROBIN DES BOIS A-T-IL EXISTÉ ?

Le personnage de Robin des Bois apparaît pour la première fois dans un texte écrit en 1377, dans *Piers Plowman*, une œuvre de William Legland. Déjà au Moyen Âge, ses aventures sont appréciées du public. Plusieurs hors-la-loi de cette époque adoptèrent des surnoms tirés de cette légende, notamment Robin et Petit-Jean.

Dès le XVIIIᵉ siècle, des historiens anglais tentent de prouver l'existence de Robin, qui était à l'époque considéré par plusieurs comme un héros national. De nos jours, la plupart des historiens croient que ce personnage est une pure invention créée à partir de récits de la vie de plusieurs hors-la-loi. Cela dit, certains éléments importants de la légende existent bel et bien. C'est le cas notamment de la forêt de Sherwood et du château de Nottingham.

POUR EN SAVOIR +

34885354 © Jupiter Images et ses représentants. Tous droits réservés.

Doc. 6.39 La forêt de Sherwood est située dans le Nottinghamshire en Angleterre. Elle est connue mondialement pour avoir été le repère de Robin des Bois, mais aussi pour ses chênes anciens. Certains d'entre eux ont plus de cinq cents ans ! Depuis 1952, cette forêt est une réserve naturelle protégée par le gouvernement britannique. Elle attire en moyenne 500 000 visiteurs par année.

Proscrit : déclaré hors-la-loi.

- Le mot divin employé comme nom désigne tout ce qui vient de Dieu ou des dieux. Les représentations en sont d'une infinie diversité.

- Certaines représentations du divin sont imagées alors que d'autres consistent à attribuer des noms ou des attributs au divin tels des sentiments, des caractéristiques physiques, des noms propres, des qualificatifs.

- Des symboles sont également associés au divin comme des couleurs, des formes, des éléments, des végétaux.

- De tous les éléments de la nature, c'est sans doute le feu qui est le plus souvent associé à la puissance divine.

- Dans les traditions religieuses qui ont des représentations imagées du divin, la position des mains est très significative.

- Plusieurs symboles provenant des traditions religieuses sont utilisés par les spécialistes du marketing.

- En publicité, on fait parfois appel directement aux dieux et aux déesses pour mousser la vente de divers objets.

- Le vocabulaire de la publicité utilise fréquemment des références au divin.

- Les êtres mythiques sont liés aux mythes. Les êtres surnaturels sont pourvus de caractéristiques qui échappent aux lois de la nature.

- Bien avant le cinéma, la littérature nous a fait connaître des dieux et des héros de la mythologie. La littérature et le cinéma créent aussi des héros de toutes pièces.

- La quête du bien est également reprise dans plusieurs jeux vidéo modernes où les superhéros sont nombreux.

- Parmi les êtres mythiques issus de récits merveilleux, il y a beaucoup d'animaux légendaires qui ont fait l'objet d'œuvres d'art, de romans, de films ou de bandes dessinées, comme la licorne, la sirène, Méduse, Pégase, le dragon, le léviathan, le griffon, etc.

- Les êtres surnaturels sont très présents dans la littérature et les médias. Certains sont directement tirés des récits religieux, par exemple les anges, les esprits, le Diable. D'autres sont issus de la mythologie, comme c'est le cas de divers dieux et déesses.

- Certaines couleurs sont attribuées au bien et d'autres, au mal, comme le blanc, le noir et le rouge.

- Les êtres surnaturels ne se retrouvent pas seulement dans la littérature ou le cinéma, ils sont aussi abondamment utilisés en publicité. Particulièrement les anges et les éléments qui leur sont associés, le ciel, les ailes, l'auréole ou le paradis, font vendre beaucoup de produits.

- Que ce soit la littérature, le cinéma, Internet, la publicité ou les médias d'information, la plupart offrent des occasions d'approfondir les éléments fondamentaux des religions : les récits, les rites et les règles.

- Les récits contenus dans les textes sacrés des religions sont une source d'inspiration inépuisable pour les beaux-arts et la littérature ou les médias, comme le cinéma, la télévision, Internet et la publicité.

CHAPITRE 6

1 Quel rite est associé au récit de la dernière Cène ? De quelle tradition religieuse provient-il ?

2 Qu'est-ce que la transfiguration a permis de révéler à propos de Jésus ?

3 Qu'est-ce qu'un griffon ? D'où nous provient cette représentation ?

4 Que représentent les druides pour les Celtes ?

5 À quel être surnaturel le rouge est-il souvent attribué ?

6 Pourquoi la déesse Lakshmi est-elle utilisée dans certaines publicités en Inde ?

7 Qu'est-ce que le divin ?

8 Dans certaines publicités, quels sont les mots utilisés et associés aux réalités religieuses pour qualifier des produits ?

9 Que représente le feu de la lampe du sanctuaire dans les églises chrétiennes ?

10 Quels sont les personnages qualifiés d'êtres surnaturels ?

11 Qu'est-ce qu'une auréole et que signifie ce symbole ?

12 Quel est le but ultime qui est toujours rattaché aux héros ou superhéros de toutes les époques ?

13 Quelle est la signification du symbole de la fleur de lotus dans l'hindouisme ?

14 Quelles sont les caractéristiques mythiques de Méduse ?

15 Quel est le contexte d'utilisation de l'image de la main de Dieu donnant la vie à Adam dans les publicités ?

16 Quel est le rôle des êtres surnaturels ?

17 Que défend Robin des Bois ? A-t-il réellement existé ?

18 Dans les religions juive et musulmane, peut-on représenter les êtres surnaturels dans les arts et les médias ? Justifiez votre réponse.

19 Dans quel but les anges sont-ils utilisés dans les publicités ?

20 Quelle est la symbolique attribuée au blanc et au noir ?

21 Expliquez l'utilisation des représentations religieuses dans la publicité populaire d'une marque de fromage à la crème.

22 Quels sont les pouvoirs surnaturels qu'on attribue généralement aux superhéros ?

23 Que symbolise le son OM dans l'hindouisme ?

24 Quelles sont les fonctions des récits, des rites et des règles des traditions religieuses ?

Dialogue

*Réfléchir pour mieux communiquer ou
communiquer pour mieux réfléchir ?*

Tableau des différentes formes du dialogue

Il y a plusieurs façons de pratiquer le dialogue. Ce tableau en présente sept formes différentes. Vous trouverez dans la colonne « Contexte d'utilisation » des indications sur la meilleure façon d'utiliser l'une ou l'autre de ces formes de dialogue.

FORMES DU DIALOGUE	DÉFINITIONS	CONTEXTE D'UTILISATION	EXEMPLES
Outil 1 La conversation 	Échange dans le but de **partager** des idées et des expériences.	On l'utilise lorsqu'on veut partager en petit groupe de l'information ou des idées sur un sujet d'intérêt commun.	Dans la cour de l'école, vous conversez avec Thomas pendant la récréation de la défaite de votre club de soccer.
Outil 2 La discussion 	Échange d'opinions dans le but d'**examiner** les divers points de vue.	On l'utilise lorsqu'on veut mieux connaître les points de vue et les arguments des participants sur un sujet particulier.	Vous discutez avec votre enseignante de la nécessité d'avoir un code vestimentaire à l'école.
Outil 3 La narration 	Récit qui **relate** des faits ou des événements sous une forme écrite ou orale.	On l'utilise lorsqu'on veut décrire des faits ou des événements de façon **neutre**, sans exprimer son point de vue.	Vous lisez une histoire à des enfants.

FORMES DU DIALOGUE	DÉFINITIONS	CONTEXTE D'UTILISATION	EXEMPLES
Outil 4 La délibération 	Analyse de différents aspects d'une question (faits, intérêts, normes, valeurs, conséquences, etc.) dans le but d'en arriver à une **prise de décision commune**.	On l'utilise lorsqu'un échange a pour but de conduire à une prise de décision commune.	Les participants à un congrès délibèrent sur une proposition visant à faciliter l'accès d'un centre de loisirs aux personnes en fauteuil roulant. La proposition est adoptée.
Outil 5 L'entrevue 	Rencontre qui permet d'**interroger** une personne sur ses activités, ses idées, ses expériences dans le but de mieux connaître cette personne ou le sujet qu'elle maîtrise.	On l'utilise lorsqu'on veut mieux connaître quelqu'un ou profiter de son expérience afin d'améliorer des connaissances sur un sujet précis.	Une auteure à succès en littérature jeunesse est interviewée par un journaliste sur les qualités que devrait avoir un livre destiné aux jeunes.
Outil 6 Le débat 	Échange **organisé** qui suppose un modérateur et des temps de parole prévus et minutés dans le but de faire exprimer divers points de vue sur un même sujet.	On l'utilise lorsqu'on veut faire diriger une discussion par un modérateur de façon à ce que les échanges permettent de faire ressortir les points de vue des participants.	Dans le cadre d'une campagne électorale à la présidence du conseil étudiant, on organise un débat afin de faire connaître les points de vue des différentes parties.
Outil 7 Le panel 	Rencontre entre des **personnes-ressources** qui échangent des connaissances pour aider à mieux cerner un sujet.	On l'utilise lorsqu'on veut profiter des connaissances particulières de certaines personnes-ressources en discutant avec elles.	Votre école organise un panel formé d'une psychologue, d'un travailleur social, d'un policier, d'une infirmière et d'un représentant étudiant pour discuter de la violence verbale.

Outil 1
La conversation

Qu'est-ce qu'une conversation ?

- La conversation est une des formes du dialogue.

- Elle vise à échanger d'une façon informelle sur des faits, des valeurs et des idées.

- On l'utilise lorsqu'on veut partager en petit groupe des émotions, des sentiments, des états d'âme sur des faits, des valeurs ou des idées.

Démarche proposée

Ayez une grande ouverture aux idées, aux valeurs, aux émotions, aux états d'âme des membres du groupe.

1. Écoutez attentivement et respectueusement chaque personne qui vous parle.

2. Participez activement à la conversation.

3. Ayez une attitude constructive afin de nourrir la réflexion si nécessaire.

! ATTENTION

Cette démarche n'est pas linéaire. On peut revenir à l'une ou l'autre des étapes à n'importe quel moment.

DES FORMES DE DIALOGUE COMPLÉMENTAIRES
- ☐ La narration (**outil 3**)
- ☐ L'entrevue (**outil 5**)

DES PIÈGES À ÉVITER
- ☐ Ne pas écouter.
- ☐ Monologuer.
- ☐ Rester passif sans s'engager dans la conversation.
- ☐ S'éloigner du sujet.

Un modèle de conversation

FAUT-IL TOUJOURS DIRE LA VÉRITÉ ?

Julien – La semaine dernière, mon meilleur ami Thomas a accidentellement blessé Anne-Marie pendant la récréation. La responsable de la surveillance du groupe n'a rien vu. Elle a demandé qui avait blessé Anne-Marie. Thomas n'a rien dit. Elle a alors menacé de punir toute la classe si personne ne lui disait qui avait fait cela. J'étais très mal. Si je disais la vérité, je trahissais mon meilleur ami ; si je ne disais pas la vérité en me taisant, toute la classe était punie.

Philippe – Je ne sais pas ce que j'aurais fait à ta place. Ce n'est pas facile de choisir entre l'amitié et l'honnêteté. Moi, je crois que tu devrais laisser tomber Thomas. Ce n'est pas un ami pour toi. L'autre jour, il a refusé de m'aider dans mon devoir de français. Pour revenir à ton histoire, je trouve que ce n'est pas toujours facile de savoir quand dire la vérité.

Julien – Je vais en discuter avec Thomas. Il doit se sentir très mal de voir la classe punie par sa faute. Je ne pense pas que le couvrir soit une très bonne idée. Dans son cas, dire la vérité lui aurait permis de s'expliquer et d'éviter que toute la classe soit punie.

La conversation permet d'échanger sur des faits.

Julien devient plus réflexif au fil de la conversation.

Un titre en forme de question suscite l'intérêt et la réflexion.

La conversation permet d'échanger sur des valeurs et des normes.

Dans une conversation, il est acceptable de s'éloigner de son sujet, comme le fait Philippe dans ce passage où il exprime ses états d'âme par rapport à Thomas.

Outil 2
La discussion

DES FORMES DE DIALOGUE COMPLÉMENTAIRES
☐ La délibération (outil 4)
☐ Le débat (outil 6)

DES PIÈGES À ÉVITER
☐ Manquer d'écoute pour le point de vue et les arguments des autres participants à la discussion.
☐ Manquer de clarté dans l'expression de son point de vue.
☐ Utiliser des procédés qui font obstacle au dialogue.

Qu'est-ce qu'une discussion ?
■ La discussion est une des formes du dialogue.

■ C'est un échange d'opinion sur des faits, des idées et des valeurs.

■ Elle vise à examiner différents points de vue.

■ On l'utilise lorsqu'on veut partager en petit groupe de l'information ou des idées sur un sujet d'intérêt commun.

Démarche proposée
1. Cernez le sujet en précisant le problème abordé dans la discussion, les questions qui se rattachent à ce problème et les enjeux qui s'en dégagent.

2. Organisez l'information.
☐ Mettez vos idées en ordre.
☐ Clarifiez votre opinion et vos arguments.
☐ Préparez vos questions afin de vous informer sur le point de vue des autres participants à la discussion.

3. Discutez des opinions fondées sur des faits, des idées et des valeurs :
☐ en exprimant clairement et de façon nuancée votre point de vue et vos arguments ;
☐ en étant à l'écoute des autres participants à la discussion ;
☐ en évitant de nuire à la progression de la discussion par des procédés nuisibles faisant appel aux autres (outil 17), comme l'attaque personnelle, l'argument d'autorité ou l'utilisation d'un stéréotype ;
☐ en concluant l'échange par un retour sur la question initiale pour mesurer ce que vous a apporté cette discussion.

> **! ATTENTION**
> Cette démarche n'est pas linéaire. On peut revenir à l'une ou l'autre des étapes à n'importe quel moment.

Un modèle de discussion

LE CODE VESTIMENTAIRE DE MON ÉCOLE EST-IL UNE ENTRAVE À MA LIBERTÉ?

Un titre en forme de question oriente la discussion.

Rémi – Je suis contre le nouveau code vestimentaire de l'école. Ma façon de m'habiller ne regarde que moi. J'ai le droit d'exprimer ma personnalité à travers les vêtements que j'aime. On devrait être libre de porter ce que l'on veut. L'école ne devrait pas s'en mêler, cela ne la regarde pas.

Dans la discussion, après avoir affirmé son point de vue, Rémi met de l'avant quatre arguments contre le code vestimentaire de son école.

Stéphanie – Je ne suis pas d'accord avec toi, Rémi. L'école a le devoir d'imposer des limites à notre liberté. Le code vestimentaire est là pour faire respecter certaines valeurs communes. On interdit les « chandails bedaines » pour préserver une certaine **pudeur** dans l'habillement; on refuse des vêtements qui comportent des signes pouvant inciter à la violence pour préserver un **esprit pacifique** dans l'école; on n'accepte pas certains vêtements griffés afin d'éviter le « taxage » et de donner aux élèves un **environnement sécuritaire**.

Stéphanie appuie son point de vue en faveur du code vestimentaire sur des valeurs.

Vanessa – Je partage le point de vue de Stéphanie, mais je crois que la direction de l'école aurait dû consulter le conseil étudiant. Nous sommes assez vieux pour que l'on tienne compte de nos opinions. Pour moi, la liberté c'est aussi le droit de dire ce que l'on pense.

Rémi fait obstacle au bon déroulement de la discussion en attaquant personnellement Vanessa pour discréditer son point de vue (attaque personnelle, outil 17).

Rémi – Ce que tu dis, Vanessa, ne me surprend pas. Depuis que tu es la présidente de la classe, tu veux tout décider par toi-même. J'ai trouvé les arguments de Stéphanie intéressants. Je n'avais pas vu le code vestimentaire de cette façon. Je suis d'accord avec le fait d'interdire les vêtements griffés pour empêcher le « taxage ». Par contre, défendre la pudeur ce n'est vraiment plus à la mode aujourd'hui.

À la fin de l'échange, la conclusion de Rémi exprime le résultat de sa réflexion sur la question posée dans le titre de cette discussion.

Outil 3
La narration

Qu'est-ce qu'une narration ?

■ La narration est une des formes du dialogue.

■ La narration est un récit qui consiste à relater des faits ou des événements sous une forme écrite ou orale.

■ Elle est neutre, donc ne reflète pas l'opinion ou les sentiments du narrateur.

Démarche proposée

1. Cernez le sujet en vous assurant que votre titre et votre introduction posent bien votre sujet.

2. Organisez l'information.
   □ Déterminez l'ordre de présentation des faits (chronologique, ordre d'importance, etc.).
   □ Faites un plan.

3. Relatez les faits pertinents et essentiels :
   □ en utilisant un vocabulaire précis ;
   □ en établissant le contexte du sujet ;
   □ en prenant soin de conclure la narration.

▌ DES FORMES DE DIALOGUE COMPLÉMENTAIRES
   □ L'entrevue (outil 5)
   □ La conversation (outil 1)

▌ DES PIÈGES À ÉVITER
   □ Faire connaître son opinion ou ses sentiments sur les événements ou les faits que l'on veut relater.
   □ Présenter les faits dans le désordre.
   □ Ne pas conclure sa narration.

> ❗ **ATTENTION**
>
> Cette démarche n'est pas linéaire. On peut revenir à l'une ou l'autre des étapes à n'importe quel moment.

Un modèle de **narration**

UNE VISITE À LA MOSQUÉE

Il faut un titre à une narration. Il s'agit d'un bon moyen pour cerner son sujet.

Il est intéressant d'ajouter un élément visuel à une narration.

Comme le titre, ce premier paragraphe d'introduction permet de bien cerner son sujet.

Dans le cadre de notre recherche sur les lieux sacrés du Québec, le mois dernier, j'ai visité une mosquée à l'occasion de la journée porte ouverte organisée par la communauté musulmane de Montréal. L'imam de la mosquée guidait la visite. J'ai appris qu'il est le chef religieux des musulmans, un peu comme le prêtre pour les catholiques, le pasteur pour les protestants ou le rabbin pour les juifs.

La première chose qui a retenu mon attention dans cette visite a été la façon de prier des musulmans. C'était particulièrement surprenant de voir le plancher de la mosquée complètement couvert de tapis! L'imam m'a expliqué que ces tapis servent à la prière. Les musulmans se prosternent sur ces tapis cinq fois par jour pour prier. Ils se placent alors en direction de La Mecque, la ville sainte des musulmans située en Arabie Saoudite. Cette ville est sacrée pour les musulmans parce que leur principal prophète, Muhammad, est né dans cette ville.

Ici, les faits choisis le sont par ordre d'importance. Ce n'est pas un ordre chronologique.

Erreur : dans une narration, on ne donne pas son opinion.

L'imam nous a aussi montré une fontaine que l'on trouve dans toutes les mosquées et qui sert à se purifier avant le début de la prière. J'ai trouvé cette fontaine très vieille et plutôt laide. Il nous a ensuite amenés vers une tribune, le *minbar*, d'où il s'adresse à des fidèles pendant le prêche.
La rencontre s'est terminée lorsqu'il nous a offert du jus, du thé et des biscuits de son pays d'origine, le Maroc.

J'ai retenu de ma visite que la prière jouait un rôle très important dans la vie des musulmans.

Il faut toujours une conclusion à une narration. Ici, elle met en évidence ce qui a été principalement retenu de la visite.

Outil 4
La délibération

Qu'est-ce qu'une délibération ?

- La délibération est une des formes du dialogue.

- C'est un échange d'opinions sur différents aspects d'une question (faits, intérêts, normes, valeurs, conséquences, etc.).

- Elle vise à en arriver à une prise de position commune.

Démarche proposée

1. Cernez le sujet en précisant le problème abordé dans la délibération, en indiquant les questions qui se rattachent à ce problème, les enjeux qui s'en dégagent et les solutions de compromis qui seraient acceptables pour tous les participants.

2. Organisez l'information.
   - Mettez vos idées en ordre.
   - Clarifiez votre opinion et vos arguments.
   - Préparez vos questions afin d'interroger les autres participants pour connaître leur point de vue.
   - Discutez des règles de fonctionnement à observer.

3. Adoptez une attitude positive qui vise la recherche d'une solution commune.

4. Discutez des opinions fondées sur des faits, des idées et des valeurs :
   - en exprimant clairement et de façon nuancée votre point de vue et vos arguments ;
   - en étant à l'écoute des autres participants dans un esprit ouvert, à la recherche de solutions ;
   - en évitant de nuire au déroulement de la délibération par des entraves au dialogue (outil 17), comme l'attaque personnelle ou l'argument d'autorité, qui risquent de faire obstacle à la recherche d'une décision commune ;
   - en concluant la délibération par une prise de décision commune qui respecte le point de vue des participants.

! ATTENTION

Cette démarche n'est pas linéaire. On peut revenir à l'une ou l'autre des étapes à n'importe quel moment.

DES FORMES DE DIALOGUE COMPLÉMENTAIRES

- La discussion (outil 2)
- Le débat (outil 6)

DES PIÈGES À ÉVITER

- Manquer de collaboration dans la recherche d'une solution.
- Arriver à une prise de position sans tenir compte du point de vue de l'ensemble des participants.

Un modèle de **délibération**

UNE ÉQUIPE DE SOCCER SOLIDAIRE

Jean-Philippe amorce la délibération en formulant clairement le problème de l'équipe et en appelant les autres à trouver une solution.

Jean-Philippe – Nous avons perdu les trois dernières parties, il faut trouver une solution à nos problèmes parce que nous allons nous retrouver derniers au classement des équipes.

Anne-Marie – Je crois que la solution est simple : il faut tout simplement faire jouer nos meilleurs joueurs le plus souvent possible, quitte à envoyer les plus faibles un peu moins souvent sur le terrain. Nous sommes la seule équipe de la ligue à faire jouer tout le monde également.

Louis – Ta solution n'a pas de bon sens Anne-Marie ! Le soccer est un jeu d'équipe. Le problème, c'est que nous ne jouons pas suffisamment en équipe. Je crois qu'en travaillant plus fort pendant les entraînements on arriverait à battre les autres équipes.

Louis a une attitude fermée. Sa critique n'aidera pas le groupe à trouver une solution commune.

Jean-Philippe – Si on veut continuer de faire jouer tous les membres de notre équipe, il faut que les plus faibles s'améliorent. Alors, je pense qu'il ne faut pas arrêter de les faire jouer, mais, au contraire, il faut les faire jouer encore plus.

La solution de Jean-Philippe reprend en partie les points de vue de Louis et d'Anne-Marie.

Anne-Marie – Jean-Philippe, je ne comprends pas ta solution. Explique-nous ton idée.

Anne-Marie recherche activement une solution en demandant des clarifications à Jean-Philippe.

Jean-Philippe – Nous pourrions faire une session d'entraînement de plus chaque semaine pour ceux qui ont plus de difficulté. Comme ça, toute l'équipe en profiterait.

Louis – Bonne idée. En plus d'améliorer l'équipe, tout le monde va pouvoir participer.

À la suite de la délibération, Anne-Marie se rallie à la solution trouvée par les autres membres de l'équipe.

Anne-Marie – Je veux bien essayer ta solution. On verra bien si on arrive à gagner les prochaines parties.

Outil 5
L'entrevue

Qu'est-ce qu'une entrevue ?

- L'entrevue est une des formes du dialogue.

- C'est une rencontre qui permet d'interroger une personne sur ses activités, ses idées, ses expériences.

- On l'utilise lorsqu'on veut mieux connaître une personne ou le sujet que cette personne maîtrise.

Démarche proposée

1. Cernez le sujet en précisant ce que vous cherchez à connaître de la personne interviewée : éléments de sa vie personnelle, de son travail, de ses compétences particulières, de son expérience, etc.

2. Organisez l'information.
   - Faites des recherches sur la personne interviewée.
   - Mettez vos questions en ordre avant l'entrevue.

3. Interrogez une personne sur ses activités, ses idées et ses expériences :
   - en commençant l'entrevue par des questions d'usage. Par exemple : « En quelques mots, pourriez-vous nous dire qui vous êtes ? » ;
   - en posant clairement vos questions ;
   - en posant en premier des questions générales et ensuite des questions portant sur des points plus précis ;
   - en écoutant la personne interviewée afin d'ajuster vos questions selon les circonstances ;
   - en concluant l'entrevue par des remerciements.

! ATTENTION

Cette démarche n'est pas linéaire. On peut revenir à l'une ou l'autre des étapes à n'importe quel moment.

DES FORMES DE DIALOGUE COMPLÉMENTAIRES
- Le panel (outil 7)
- La narration (outil 3)

DES PIÈGES À ÉVITER

- Ne pas se préparer suffisamment, ce qui empêche de poser des questions pertinentes à la personne interviewée.
- S'éloigner du sujet que l'on veut aborder avec la personne interviewée, notamment en étant trop anecdotique.
- Ne pas être à l'écoute de la personne interviewée en ne pensant qu'aux prochaines questions qu'on veut lui poser.

Un modèle d'entrevue

UN CHEF AUTOCHTONE NOUS PARLE DE SES CROYANCES RELIGIEUSES

Saïd – Bonjour monsieur. Pourriez-vous nous dire en quelques mots qui vous êtes et quel est votre rôle dans votre communauté ?

Le chef algonquin – *Kwey wichkewan*, Saïd. Cela signifie en algonquin : «Bonjour, mon ami Saïd». Vous l'ignorez peut-être, mais notre langue, l'algonquin, est parlée encore aujourd'hui par plus de 3000 personnes au Québec et en Ontario. Je viens de Kipawa, une communauté située dans une très belle région de l'Abitibi-Témiscamingue. On y trouve de très jolis lacs. D'ailleurs, le mot *kipawa* signifie «eau» en algonquin.

Saïd – Pourriez-vous nous dire quelques mots au sujet des croyances religieuses de votre peuple ?

Le chef algonquin – Nos croyances traditionnelles sont basées sur la nature. Pour les Algonquins, la règle religieuse de base est le respect de la nature. Cette nature ne nous appartient pas, pas plus que la terre sur laquelle nous vivons. Nous sommes parfois choqués par le peu de respect de certains Blancs envers la nature. Selon nos traditions, la nature a été créée par le Grand Esprit, *Kitchi Manito*, auquel nous vouons le plus grand respect. Les Algonquins ont traditionnel-lement offert du maïs à ce Grand Esprit pour qu'il veille sur eux.

Saïd – Pourriez-vous nous expliquer un peu plus ce que signifie la nature dans les croyances religieuses de votre peuple ?

Le chef algonquin – La nature ne nous appartient pas et seule une attitude respectueuse nous permet d'en profiter. Chasser ou pêcher doit se faire dans le respect de la nature et de l'esprit des animaux. Les animaux ont un esprit et cela mérite notre respect.

Saïd – Je tiens à vous remercier pour cette entrevue. Nous en savons maintenant un peu plus sur les croyances religieuses des Algonquins.

Saïd commence son entrevue comme il se doit en demandant à son invité de se présenter.

Saïd pose en premier lieu une question générale qui correspond au sujet de l'entrevue.

Saïd enchaîne avec une question plus spécifique. Son entrevue va du général au particulier. Il fait aussi preuve d'écoute en reprenant pour l'approfondir un élément de la réponse du chef algonquin.

La conclusion revient sur le thème et annonce à l'interviewé que l'entrevue est maintenant terminée.

Outil 6
Le débat

Qu'est-ce qu'un débat ?

- Le débat est une des formes du dialogue.

- C'est un échange d'idées qui vise à mettre en valeur le point de vue des participants.

- On l'utilise lorsqu'on veut organiser une discussion dirigée par un modérateur ou une modératrice de façon à ce que les échanges permettent de faire ressortir le point de vue des participants.

Démarche proposée

1. Cernez le sujet en précisant les thèmes qui seront abordés lors du débat, les temps alloués aux participants et la personne qui jouera le rôle de modérateur ou modératrice.

2. Organisez l'information.
   - ☐ Rencontrez au préalable les participants pour vous entendre sur les règles éthiques à suivre pendant le débat : respect, écoute, etc.
   - ☐ Mettez en ordre à l'avance les questions que posera le modérateur ou la modératrice.

3. Assurez-vous que le modérateur ou la modératrice :
   - ☐ présente les participants, les thèmes abordés et les règles à suivre ;
   - ☐ pose des questions qui permettent aux participants de préciser leurs positions sur les thèmes abordés ;
   - ☐ favorise l'échange entre les participants de façon à ce que l'on assiste à un véritable débat d'idées.

DES FORMES DE DIALOGUE COMPLÉMENTAIRES
- ☐ La discussion (outil 2)
- ☐ La délibération (outil 4)

DES PIÈGES À ÉVITER
- ☐ Ne pas fixer à l'avance de règles claires pour le débat.
- ☐ Ne pas faire respecter ces mêmes règles au moment du débat.
- ☐ Se contenter de faire exprimer les points de vue sans favoriser un véritable échange d'idées entre les participants.

Un modèle de débat

ÉLECTION À LA PRÉSIDENCE DE LA CLASSE: UN DÉBAT POUR ÉCLAIRER NOS CHOIX

La modératrice – Bonjour. Je vais vous présenter les deux candidates et le candidat à cette élection: Karine, Cristina et Marc-Olivier. Ils auront chacun 5 minutes pour vous expliquer leur programme électoral. Par la suite, ils vont débattre entre eux pendant 10 minutes. J'invite chaque participant à faire preuve de respect et d'ouverture d'esprit envers les autres. Après le débat, vous pourrez poser vos questions aux différents candidats. Les noms des candidats ont été tirés au sort pour déterminer l'ordre d'intervention. Karine a été choisie pour parler en premier. À toi, Karine.

Karine – Je me présente à la présidence de la classe parce que je voudrais faire un journal pour les élèves de 1re et 2e secondaire. Selon moi, le journal actuel de l'école parle uniquement de ce qui intéresse les élèves de 5e secondaire. Avec notre propre journal, nous pourrions avoir des chroniques qui nous intéressent vraiment, une chronique sur la mode par exemple. [...]

La modératrice – Merci Karine. À Marc-Olivier maintenant.

Marc-Olivier – Moi, ce qui m'intéresse si je suis élu, c'est d'organiser une ligue de soccer avec les classes de 2e secondaire. On pourrait faire des tournois à la fin de l'année pour connaître la meilleure équipe. Je crois que le projet de Karine ne marchera pas. La chronique de mode, ça ne va intéresser que les filles.

La modératrice – Marc-Olivier, tu dois présenter ton programme sans critiquer la position des autres candidats. La discussion aura lieu après les présentations. Je vais maintenant donner la parole à notre dernière candidate, Cristina.

Cristina – Bonjour. Pour ma part, je me présente à la présidence parce que je voudrais former un comité vert. Le comité pourrait s'occuper du recyclage et du nettoyage de la cour au printemps. Il faut faire notre part pour l'environnement. [...]

La modératrice – Merci à nos participants. Nous allons maintenant passer à la période de discussion. Nous commencerons par le programme de Karine qui propose la création d'un journal si elle est élue. Avez-vous des questions sur le programme de Karine?

Le débat se poursuit avec la discussion sur les trois programmes des candidats. À la fin de la discussion, la modératrice conclut.

La modératrice – Je remercie et félicite les candidats pour avoir fait preuve de respect et d'ouverture d'esprit dans ce débat. C'est maintenant le moment de passer aux questions de l'assistance.

La modératrice fixe les règles du débat.

Marc-Olivier ne respecte pas l'une des règles de ce débat qui prévoyait que la discussion devait suivre la présentation des programmes des candidats.

Comme il se doit, la modératrice rappelle Marc-Olivier à l'ordre.

À la fin de la présentation des programmes, la modératrice introduit une nouvelle forme du dialogue: la discussion.

Outil 7
Le panel

! ATTENTION

Cette démarche n'est pas linéaire. On peut revenir à l'une ou l'autre des étapes à n'importe quel moment.

DES FORMES DE DIALOGUE COMPLÉMENTAIRES

☐ L'entrevue (**outil 5**)

☐ La discussion (**outil 2**)

DES PIÈGES À ÉVITER

☐ Ne pas fixer à l'avance avec les panélistes les règles de fonctionnement du panel.

☐ Ne pas faire respecter ces mêmes règles au moment du panel.

☐ Ne pas poser de questions aux panélistes après leur présentation.

Qu'est-ce qu'un panel ?

■ Le panel est une des formes du dialogue.

■ C'est une rencontre organisée qui suppose un présentateur ou une présentatrice, où des personnes-ressources échangent des connaissances dans le but de mieux faire connaître un sujet.

■ On l'utilise lorsqu'on veut profiter des connaissances particulières de certaines personnes-ressources en discutant avec elles.

Démarche proposée

1. Cernez le sujet en précisant les thèmes qui seront abordés lors du panel, les temps alloués aux panélistes et désignez la personne qui jouera le rôle de présentateur ou de présentatrice.

2. Organisez l'information.

   ☐ Rencontrez au préalable les panélistes afin de vous entendre avec eux sur le déroulement du panel : temps prévus de présentation, ordre des présentations.

   ☐ Recueillez auprès des panélistes les renseignements nécessaires sur leur vie et leur expérience dans le but de les présenter brièvement aux élèves au moment du panel.

3. Informez-vous du point de vue des différents panélistes :

   ☐ en présentant les panélistes, les thèmes abordés et en respectant l'ordre prévu de présentation ;

   ☐ en demeurant attentif tout au long des présentations des différents panélistes ;

   ☐ en posant des questions qui permettent aux panélistes de préciser leurs points de vue sur les thèmes abordés.

Un modèle de panel

LES COOPÉRATIVES
LES VALEURS IMPLIQUÉES DANS L'ESPRIT DE COOPÉRATION

Le présentateur – Nous organisons aujourd'hui un panel pour nous renseigner davantage sur les coopératives. Celles-ci sont très nombreuses au Québec. Comme nous le verrons, participer à une coopérative, c'est aussi avoir certaines valeurs en commun avec d'autres coopérants. Nos panélistes viennent du milieu des coopératives, ils pourront sûrement vous

en apprendre beaucoup sur différents types de coopératives et sur les valeurs qui les animent. Je vous présente donc M. Pierre Lacombe qui est directeur de la caisse populaire de notre quartier, M. André Lépine qui s'occupe d'une coopérative étudiante et Mme Louise Lafrance qui est membre d'une coopérative agricole. Je donne la parole à M. Lacombe qui va vous parler en premier. M. Lépine et Mme Lafrance suivront. À la suite de ces présentations, vous pourrez poser vos questions à nos panélistes.

Pierre Lacombe – Je vais vous dire un mot sur notre caisse populaire. Possédez-vous un compte d'épargne dans notre caisse ? Si c'est le cas, vous en êtes membre. En plus d'être un épargnant, vous êtes en effet devenu membre d'une coopérative, c'est-à-dire un coopérant. J'attire votre attention sur le fait que, comme membre de notre caisse, même si vous n'avez pas déposé beaucoup d'argent dans votre compte, vous avez autant de pouvoir que n'importe quel autre coopérant de la caisse. Dans les caisses, tous les coopérants sont égaux, quel que soit le montant d'argent qu'ils possèdent dans leur compte. Ils ont le droit de donner leur point de vue sur la caisse, de voter pour en élire les dirigeants ou encore de se présenter à la direction de la caisse et de s'y faire élire eux-mêmes.

Le présentateur – Merci M. Lacombe. Nous allons maintenant donner la parole à M. Lépine qui est membre d'une coopérative étudiante.

André Lépine – Bonjour. Vous ne saviez peut-être pas qu'il existait des coopératives étudiantes ! Dans mon cégep, nous avons mis sur pied une coopérative de livres et de fournitures scolaires. Ce sont des étudiants qui s'occupent de la vente au magasin du collège. Pour être membre de la coopérative étudiante, il suffit d'acheter une part sociale au coût de 10,00 $. En plus de nous offrir des manuels et des fournitures scolaires à bon prix, la formation de notre coopérative a été une expérience humaine très enrichissante. Nous avons appris à travailler ensemble, à relever des défis et à faire preuve d'autonomie. Plusieurs d'entre nous travaillons à la coopérative pour payer nos études. Plus tard, lorsque vous ferez vos études collégiales, je vous encourage à devenir membre d'une coopérative étudiante.

Le présentateur – Merci M. Lépine. Mme Lafrance qui travaille dans une coopérative agricole va maintenant vous adresser la parole.

Louise Lafrance – Bonjour. Vous savez sans doute que nos ancêtres étaient presque tous des cultivateurs qui vivaient à la campagne. Ces derniers ont appris très tôt à s'entraider. À la fin de l'été, ils se mettaient souvent à plusieurs familles pour faire les récoltes. C'est probablement de cette tradition d'entraide que sont issues les premières coopératives agricoles. Par exemple, dans ma coopérative agricole, nous nous sommes groupés tous ensemble pour acheter de la machinerie. Les cultivateurs les moins riches n'auraient pu se procurer des machines agricoles aussi dispendieuses. Ayant été achetées collectivement, les machines appartiennent à tous et sont utilisées par chacun au besoin, par exemple, au moment des récoltes.

Le présentateur – Je remercie Mme Lafrance et tous nos panélistes. Notre panel est maintenant terminé.

Le présentateur annonce le thème, les panélistes et l'ordre dans lequel se dérouleront leurs présentations.

M. Lacombe informe les élèves des valeurs que véhicule sa coopérative.

Comme M. Lacombe de la caisse populaire, M. Lépine parle des autres valeurs associées à son expérience dans une coopérative étudiante.

Une autre valeur associée aux coopératives est mise en évidence par Mme Lafrance.

À la fin du panel, le présentateur oublie de demander aux élèves s'ils ont des questions ou des commentaires.

Tableau des différents moyens pour élaborer un point de vue

Il existe plusieurs façons d'élaborer un point de vue dans la pratique du dialogue. Ce tableau en présente cinq moyens différents. Vous trouverez dans la colonne « Contexte d'utilisation » des indications sur la meilleure façon d'utiliser l'un ou l'autre de ces moyens pour élaborer un point de vue.

MOYENS POUR ÉLABORER UN POINT DE VUE	DÉFINITIONS	CONTEXTE D'UTILISATION	EXEMPLES
Outil 8 La description 	Énumération la plus complète possible de caractéristiques propres à une situation d'ordre éthique ou à une expression du religieux.	On l'utilise lorsqu'on cherche à rendre compte de situations d'ordre éthique ou d'expressions du religieux. On la compose en répondant à certaines questions susceptibles de nous donner une bonne description de ces phénomènes : qui ? quoi ? quand ? où ? comment ? pourquoi ? combien ? etc.	Dans le cadre d'une narration (**outil 3**) sur l'Église catholique, vous **décrivez** l'église de votre quartier.
Outil 9 La comparaison 	Établissement de différences ou de ressemblances entre deux ou plusieurs éléments.	On l'utilise lorsqu'on veut décrire et comparer des situations d'ordre éthique ou des expressions du religieux. De telles comparaisons peuvent permettre de tirer certaines conclusions.	Vous **comparez** les limitations à la liberté dans votre milieu familial et à l'école.

SECTION 2

Des moyens pour élaborer un point de vue

MOYENS POUR ÉLABORER UN POINT DE VUE	DÉFINITIONS	CONTEXTE D'UTILISATION	EXEMPLES
Outil 10 La synthèse 	Résumé ordonné et cohérent des principaux éléments (idées, faits, expériences, arguments, etc.) d'une discussion, d'un récit ou d'un texte.	On l'utilise lorsqu'on veut : - mettre de l'ordre dans ses idées ou ses arguments ; - faire le point sur les idées et les arguments exprimés dans une discussion, un débat, un panel, etc. ; - résumer de façon cohérente un chapitre de livre, un article de journal, de l'information recueillie sur Internet, etc.	À la fin d'un panel (**outil 7**) sur les valeurs éthiques associées à la sexualité chez les adolescents, vous présentez une **synthèse** des interventions des différents panélistes.
Outil 11 L'explication 	Développement qui vise à mieux faire comprendre le sens de quelque chose.	On l'utilise lorsqu'on veut : - clarifier des idées, un point de vue ou des arguments en les rendant plus explicites ; - ajouter des définitions et des exemples à un texte pour en faciliter la compréhension ; - donner, dans un débat, des explications supplémentaires en réponse aux questions posées par des participants.	Vous discutez (**outil 2**) du sens de la génuflexion (fléchir un genou en signe de respect) chez les catholiques. En réponse à une question d'un étudiant de confession musulmane, vous **expliquez** le sens de cette pratique dans le catholicisme.
Outil 12 La justification 	Présentation d'idées et d'arguments qui sont ordonnés de façon logique dans le but de démontrer et de faire valoir un point de vue.	On l'utilise lorsqu'on veut élaborer davantage son point de vue afin de convaincre une ou des personnes par une argumentation pertinente et cohérente.	Dans un débat (**outil 6**) sur les valeurs véhiculées par les jeux électroniques, vous **justifiez** votre position contre la violence dans ces jeux.

179

Outil 8
La description

Qu'est-ce qu'une description ?

- La description est un moyen pour élaborer un point de vue.

- C'est l'énumération la plus complète possible des caractéristiques propres à une situation d'ordre éthique ou à une expression du religieux.

- On l'utilise lorsqu'on cherche à rendre compte de situations d'ordre éthique ou d'expressions du religieux.

Démarche proposée

1. Répondez aux questions suivantes si elles sont pertinentes pour ce que vous voulez décrire :

   - ☐ Qui ? Fondateur, auteur, organisateur, groupe, etc.
   - ☐ Quoi ? Œuvre artistique, rassemblement, événement, fait, etc.
   - ☐ Quand ? Année, époque, saison, etc.
   - ☐ Où ? Lieu, environnement, etc.
   - ☐ Comment ? Déroulement, moyen, etc.
   - ☐ Pourquoi ? Motivation, intérêt, besoin, etc.
   - ☐ Combien ? Fréquence, nombre de personnes, etc.
   - ☐ Etc.

2. Assurez-vous que la description soit complète.

   - ☐ Les réponses aux questions énumérées ci-haut vous ont-elles permis de décrire l'ensemble de votre sujet ? Sinon, complétez votre description.
   - ☐ Posez-vous la question suivante : « Est-ce que j'ai décrit uniquement ce qui m'intéresse ? » Si oui, rectifiez en décrivant toutes les caractéristiques.

3. Déterminez l'ordre de présentation de votre description.

   - ☐ Faites un plan de votre description.
   - ☐ Dans votre description, présentez d'abord les éléments les plus importants et ensuite les éléments secondaires.
   - ☐ Prenez soin de conclure votre description.

! **ATTENTION**

Cette démarche n'est pas linéaire. On peut revenir à l'une ou l'autre des étapes à n'importe quel moment.

DES MOYENS COMPLÉMENTAIRES POUR ÉLABORER UN POINT DE VUE

- ☐ La synthèse (**outil 10**)
- ☐ La comparaison (**outil 9**)

DES PIÈGES À ÉVITER

- ☐ Faire une description partielle qui ne présente pas toutes les caractéristiques de l'élément à décrire.
- ☐ Faire une description subjective qui s'apparente davantage à une opinion qu'à une description.
- ☐ Présenter les faits dans le désordre.

Un modèle de description

UNE VISITE À L'ÉGLISE DE MON QUARTIER

Il est intéressant d'ajouter un élément visuel à une description.

Dans le cadre d'une recherche sur différents lieux saints, on demande à Marie-Ève de décrire l'église de son quartier.

L'église de mon quartier est une église catholique qui a été construite dans les années 1960. Son architecture est moderne et ne ressemble en rien aux anciennes églises du Québec. Son clocher est bizarre! Malheureusement, il n'a pas de cloches comme les églises anciennes, seulement un carillon électrique. Personnellement, je préfère vraiment les anciennes églises aux nouvelles. Mon église est située près d'un parc. Elle peut recevoir près de 300 fidèles lorsqu'elle est remplie à pleine capacité.

Marie-Ève répond à la question « quoi ? » et à la question « quand ? » en précisant le moment de construction de son église.

Marie-Ève insère son opinion sur le clocher de l'église dans sa description. Une telle opinion n'a pas sa place dans une description.

Marie-Ève répond à la question « où ? » en parlant du parc et à la question « combien ? » en précisant le nombre de fidèles.

En entrant à l'intérieur, on se retrouve dans la nef. De chaque côté, les murs sont décorés de sculptures de bois qui constituent le chemin de croix de notre église. À l'avant, l'autel occupe la place principale. Du côté droit se trouve la chaire où se place le prêtre pour s'adresser aux fidèles pendant les cérémonies religieuses. Au-dessus de l'autel, une lampe est allumée en permanence pour rappeler que Dieu (le Saint-Esprit) est présent dans l'église.

Marie-Ève répond à la question « quoi ? ».

À certaines occasions, l'église est décorée pour souligner une fête religieuse particulière. À Noël, par exemple, une crèche est installée dans l'église afin de souligner la naissance de Jésus, le fils de Dieu.

Marie-Ève répond à la question « quand ? ».

En conclusion, j'espère que la description de mon église vous aura permis de mieux connaître cet édifice religieux important de mon quartier.

Comme il se doit, Marie-Ève complète sa description par une conclusion.

Outil 9
La comparaison

Qu'est-ce qu'une comparaison ?

- La comparaison est un moyen pour élaborer un point de vue.

- Elle permet d'établir des différences ou des ressemblances entre deux ou plusieurs éléments dans le but de comparer des situations éthiques ou des manifestations du religieux.

- On l'utilise lorsqu'on veut décrire et comparer des situations d'ordre éthique ou des expressions du religieux.

- Elle peut permettre de tirer certaines conclusions.

Démarche proposée

1. Cernez le sujet de votre comparaison en précisant les situations d'ordre éthique ou les manifestations du religieux que vous voulez comparer.

2. Établissez les différences et les ressemblances entre ces situations ou ces manifestations.

3. Si nécessaire, tirez certaines conclusions.

4. Posez-vous les questions suivantes :
   - ☐ Les situations ou les manifestations choisies peuvent-elles être comparées ?
   - ☐ Ma comparaison tient-elle compte des principales caractéristiques des deux situations comparées ?
   - ☐ Ma comparaison manifeste-t-elle un parti pris pour l'une ou l'autre des situations ou des manifestations comparées ?

5. Déterminez l'ordre de présentation de votre comparaison.
   - ☐ Faites un plan de votre comparaison.
   - ☐ Dans votre comparaison, décrivez en premier lieu les points communs, par la suite les différences et, si nécessaire, tirez une conclusion.

! **ATTENTION**

Cette démarche n'est pas linéaire. On peut revenir à l'une ou l'autre des étapes à n'importe quel moment.

DES MOYENS COMPLÉMENTAIRES POUR ÉLABORER UN POINT DE VUE

- ☐ La description (outil 8)
- ☐ La synthèse (outil 10)

DES PIÈGES À ÉVITER

- ☐ Faire deux descriptions sans établir de liens entre elles.

- ☐ Faire une comparaison partiale qui valorise un des éléments à outrance et dévalorise l'autre de façon exagérée.

- ☐ Tirer d'une comparaison des conclusions qui reflètent nos préférences plutôt que le résultat d'un raisonnement logique.

Un modèle de comparaison

LES LIMITES À MA LIBERTÉ, À LA MAISON COMME À L'ÉCOLE

Afin de préparer une discussion en classe sur les limites à la liberté qui peuvent être imposées par l'école et la famille, Jean Philippe doit établir une comparaison entre les règles de vie à l'école et à la maison.

Ce n'est pas seulement à l'école que des règlements limitent notre liberté. Dans ma famille, il y a aussi des règlements, parfois semblables à ceux de l'école, et parfois différents. Avant d'examiner les points communs et les différences, je vais décrire les deux situations.

À l'école, plusieurs règlements limitent notre liberté. Il faut respecter un code vestimentaire. On ne nous oblige pas à porter un costume, mais quelques vêtements sont interdits. En passant, je trouve ça ridicule d'interdire certains vêtements griffés parce qu'on veut empêcher le « taxage ». Nous devons manifester du respect envers l'autorité en utilisant le vouvoiement et un langage correct. La ponctualité est aussi très importante. Il faut respecter les horaires de l'école sous peine d'avoir une punition.

Chez moi, il n'y a pas vraiment de code vestimentaire. Je peux choisir les vêtements que j'aime à condition que le prix soit raisonnable. Pour ce qui est de la politesse, je ne vouvoie pas mes parents, mais je dois leur manifester du respect sous peine d'être puni. Mes parents n'acceptent pas non plus que je parle mal. Au sujet de la ponctualité, ma mère ne peut pas supporter que je sois en retard dans mes devoirs ou dans le ménage de ma chambre.

Si je compare les deux situations, je constate que pour la façon de m'habiller je suis plus libre à la maison. Pour ce qui est du respect et de la politesse, la situation est semblable même si, chez moi, je tutoie mes parents alors que je vouvoie mon professeur. Finalement, pour la ponctualité, ma famille est parfois encore plus sévère que les enseignants de l'école.

En conclusion, je dirais que l'école, comme ma famille, impose des limites à ma liberté, mais que les habitudes à la maison et à l'école ne sont pas toujours les mêmes. Après avoir comparé les deux situations, je trouve que le code vestimentaire de l'école est trop sévère.

Dans ce premier paragraphe, Jean Philippe annonce les deux situations qu'il veut comparer et l'angle sous lequel il veut faire cette comparaison.

Jean Philippe donne son opinion sur le code vestimentaire ce qui n'est pas le but recherché dans une comparaison.

Ici, Jean Philippe reprend un à un pour sa maison les éléments de sa comparaison qu'il avait présentés en premier lieu pour l'école.

La première partie de la conclusion de Jean Philippe découle logiquement de sa comparaison. Par contre, la deuxième partie manifeste davantage son point de vue personnel.

Des moyens pour élaborer un point de vue

Outil 10
La synthèse

Qu'est-ce qu'une synthèse ?

- La synthèse est un moyen pour élaborer un point de vue.

- C'est un résumé ordonné et cohérent des principaux éléments (idées, faits, expériences, arguments, etc.) d'une discussion, d'un récit ou d'un texte.

- On l'utilise lorsqu'on veut :
  - mettre de l'ordre dans ses idées ou ses arguments ;
  - faire le point sur les idées et les arguments exprimés dans une discussion, un débat, un panel, etc. ;
  - résumer de façon cohérente un chapitre d'un livre, un article de journal, de l'information recueillie sur Internet, etc.

Démarche proposée

1. Cernez de façon précise ce dont vous voulez faire une synthèse.

2. Répondez aux questions suivantes afin de vous aider à réaliser votre synthèse :
   - Quel est le fait, l'idée, l'expérience ou l'argument qui ressort le plus dans ce que vous avez retenu pour votre synthèse ?
   - Quels sont les faits, les idées, les expériences ou les arguments plus secondaires que vous trouveriez important d'inclure à votre synthèse ?

3. Assurez-vous que la synthèse est complète et conforme à ce que vous voulez résumer.
   - Validez votre synthèse en vérifiant si vous avez bien retenu les éléments essentiels. Les réponses aux questions précédentes vous ont-elles permis de décrire l'ensemble de votre sujet ? Sinon, complétez votre description.
   - Posez-vous la question suivante : « Ai-je tenu compte de tous les éléments essentiels ? » Si non, rectifiez en les incluant dans votre synthèse.

4. Déterminez l'ordre de présentation de votre synthèse.
   - Le sujet que vous voulez synthétiser.
   - Les éléments essentiels de votre sujet.
   - Les éléments secondaires que vous jugez nécessaire d'inclure.
   - Une conclusion.

! ATTENTION

Cette démarche n'est pas linéaire. On peut revenir à l'une ou l'autre des étapes à n'importe quel moment.

DES MOYENS COMPLÉMENTAIRES POUR ÉLABORER UN POINT DE VUE
- La description (outil 8)
- La comparaison (outil 9)

DES PIÈGES À ÉVITER
- Faire une synthèse qui s'en tient à des éléments secondaires et laisser de côté des éléments essentiels.
- Ne pas suivre un ordre de présentation qui commence par la présentation des éléments essentiels et enchaîne avec les éléments secondaires.

Un modèle de synthèse pour élaborer votre point de vue

PANEL
LES ENJEUX ÉTHIQUES DE L'HYPERSEXUALISATION CHEZ LES ADOLESCENTES ET LES ADOLESCENTS

À la fin d'un panel (outil 7) sur les valeurs éthiques associées à la sexualité chez les adolescents, la présentatrice, une étudiante de la classe, fait une synthèse de la contribution des différents panélistes.

Marie-Claude – Je remercie nos panélistes, Mme Poulain, l'infirmière de l'école, Mme Lapante, la sexologue de notre CLSC, notre professeur d'éthique et culture religieuse, M. Girard, ainsi que les élèves de la classe qui ont participé à ce panel. Avant de terminer, je voudrais faire une brève synthèse de nos discussions.

Notre panel portait sur les questions éthiques qui peuvent se poser à des adolescentes et des adolescents qui découvrent leur sexualité de plus en plus tôt. Nous avons constaté que nous vivons dans un monde de plus en plus hypersexualisé et que les jeunes n'échappent pas à ce phénomène.

Mme Laplante nous a entretenus du phénomène de l'hypersexualisation des jeunes. Elle a noté que les modes vestimentaires très sexy que l'on propose aujourd'hui aux jeunes ne sont pas sans conséquence sur la conception de la sexualité. Pour certains jeunes, cette hypersexualisation est associée à d'autres phénomènes plus inquiétants comme l'intérêt pour la cyberpornographie et le clavardage sexuel sur Internet. Elle a conclu que, dans ce contexte d'hypersexualisation, la sexualité peut devenir un moyen de séduction au détriment d'autres valeurs humaines associées à la sexualité, l'amour par exemple.

Mme Poulin a ensuite poursuivi sur le même sujet en insistant cette fois sur le fait que ce phénomène est souvent associé à une vie sexuelle de plus en plus précoce. Selon elle, les jeunes sont mal préparés à vivre si tôt une expérience aussi marquante que les premières relations sexuelles. Pour Mme Poulin, sexualité rime aussi avec responsabilité. Elle nous a rappelé que chaque année plusieurs jeunes adolescentes devenaient enceintes.

Finalement, notre professeur a conclu ce panel en rappelant que la sexualité est une façon nouvelle pour les jeunes d'expérimenter leur liberté et leur autonomie, mais que cela devait se faire de façon responsable et dans le respect de certaines règles. Il s'est aussi dit inquiet d'apprendre qu'il y a souvent de la violence et de l'intimidation entre des jeunes qui débutent leur vie sexuelle.

En conclusion, nos panélistes ont abordé plusieurs des enjeux éthiques qui sont associés au phénomène de l'hypersexualisation des adolescents. Merci à tous pour votre participation.

Marie-Claude commence sa synthèse en rappelant le sujet du panel et la principale constatation des panélistes.

Dans sa synthèse, Marie-Claude insiste sur le sujet du panel qui porte sur les enjeux éthiques d'un phénomène comme l'hypersexualisation des adolescents.

Comme il se doit, la synthèse de Marie-Claude se termine par une brève conclusion.

Outil 11
L'explication

Qu'est-ce qu'une explication ?

- L'explication est un moyen pour élaborer un point de vue.

- C'est un développement qui vise à mieux faire comprendre le sens de quelque chose.

- On l'utilise lorsqu'on veut :
  - clarifier des idées, un point de vue ou des arguments en les rendant plus explicites ;
  - ajouter des définitions et des exemples à un texte pour en faciliter la compréhension ;
  - dans un débat, donner des explications supplémentaires en réponse aux questions posées par des participants.

Démarche proposée

1. Cernez dans votre sujet ce qui mériterait plus d'explications.

2. Trouvez des exemples, des définitions ou d'autres renseignements qui permettraient de mieux expliquer certains aspects de votre sujet.

3. Posez-vous les questions suivantes :
   - Quels aspects de mon sujet mériteraient plus d'explications ?
   - Quels seraient les meilleurs moyens, définitions ou exemples pour mieux expliquer mon sujet ?

4. Déterminez l'ordre de présentation de votre explication.
   - Faites un plan de votre explication.
   - Formulez d'abord la partie la plus générale de votre explication en utilisant, si possible, une définition de ce que vous voulez expliquer.
   - Poursuivez avec des exemples.
   - Si nécessaire, terminez avec certains cas particuliers ou exceptionnels.

! ATTENTION

Cette démarche n'est pas linéaire. On peut revenir à l'une ou l'autre des étapes à n'importe quel moment.

DES MOYENS COMPLÉMENTAIRES POUR ÉLABORER UN POINT DE VUE
- La justification (**outil 12**)

DES PIÈGES À ÉVITER
- Donner une explication qui complique ce qu'on veut expliquer au lieu de le rendre plus compréhensible.
- Ne donner que des exemples secondaires ou des exceptions pour expliquer son sujet.
- Ne pas définir les termes qu'on veut expliquer.
- Faire une description.

Un modèle d'explication pour élaborer votre point de vue

POURQUOI LES CATHOLIQUES SE METTENT-ILS À GENOUX ?

Dans une discussion en classe sur les rituels des différentes religions, on se demande quel sens donner au fait que les catholiques se mettent à genoux ou encore font une génuflexion (fléchir un seul genou) dans certaines circonstances.

Aïcha – J'ai remarqué que les catholiques se mettent à genoux ou encore font des génuflexions à divers moments. Je ne comprends pas très bien ce que cela signifie.

Aïcha demande une explication à Samuel.

Samuel – Il s'agit d'un acte d'humilité par lequel nous reconnaissons qu'il existe un être supérieur que nous nous devons d'adorer. Les catholiques se mettent à genoux à diverses occasions, par exemple pour prier ou, à la messe, au moment de l'Eucharistie. Il y a aussi des génuflexions que le prêtre ou des fidèles font parfois. Dans ce cas, la génuflexion exprime les mêmes sentiments religieux, mais se limite à une flexion ponctuelle d'une jambe. Mon père m'a dit que les fidèles se mettaient de moins en moins à genoux à l'église. Certains catholiques se contentent d'exprimer cette humilité et cette adoration envers Dieu en s'inclinant légèrement vers l'avant. Dans leur vie privée, des catholiques prient souvent à genoux pour exprimer leur dévotion. À l'époque des anciennes traditions québécoises, les enfants de chaque famille s'agenouillaient devant leur père au Jour de l'An pour recevoir sa bénédiction. Cette tradition est aujourd'hui presque complètement disparue.

L'explication de Samuel lui permet de clarifier le sens de ce rituel dans la religion catholique.

Samuel distingue le fait de se mettre à genoux de la génuflexion dont il donne une définition.

Pour rendre son explication plus concrète, il donne quelques exemples de cas où les catholiques se mettent à genoux ou encore font une génuflexion.

– Chez les musulmans, vous mettez-vous à genoux pour prier Dieu ?

Aïcha – Certainement! Les musulmans se prosternent plusieurs fois pour chacune des prières quotidiennes. Ils le font généralement sur un petit tapis qui est orienté vers La Mecque, le plus grand lieu saint pour les musulmans. Il s'agit aussi pour nous d'un geste d'humilité devant Dieu. [...]

Aïcha entreprend à son tour une explication sur le sens de ce rituel chez les musulmans.

Outil 12
La justification

Qu'est-ce qu'une justification ?

- La justification est un moyen pour élaborer un point de vue.

- C'est une présentation d'idées et d'arguments qui sont ordonnés de façon logique dans le but de démontrer et de faire valoir un point de vue.

- On l'utilise lorsqu'on veut élaborer davantage son point de vue afin de convaincre une ou des personnes par une argumentation pertinente et cohérente.

Démarche proposée

1. Cernez dans votre sujet, le point de vue que vous souhaitez justifier davantage.

2. Précisez clairement votre point de vue, vos arguments et les objections que l'on pourrait vous faire.

3. Assurez-vous que vos arguments sont pertinents, cohérents et suffisants pour convaincre d'autres interlocuteurs de la justesse de votre point de vue.

4. Posez-vous les questions suivantes :
   - ☐ Le point de vue que je veux justifier est-il clairement exprimé ?
   - ☐ Les arguments et les exemples de ma justification sont-ils pertinents ? Ces arguments sont-ils suffisants pour amener les autres à partager mon point de vue dans une discussion ? La présentation de mes arguments est-elle cohérente ?
   - ☐ Dans ma justification, est-ce que je tiens compte des objections à mon point de vue formulées par les autres interlocuteurs ?

5. Déterminez l'ordre de présentation de votre justification.
   - ☐ Présentation claire de votre point de vue.
   - ☐ Présentation de vos arguments, de vos exemples.
   - ☐ Présentation et discussion des objections des autres interlocuteurs.

! ATTENTION

Cette démarche n'est pas linéaire. On peut revenir à l'une ou l'autre des étapes à n'importe quel moment.

■ DES MOYENS COMPLÉMENTAIRES POUR ÉLABORER UN POINT DE VUE
   - ☐ L'explication (**outil 11**)

■ DES PIÈGES À ÉVITER
   - ☐ Faire appel à des arguments non pertinents qui font obstacle au dialogue (**outils 17 et 18**) plutôt que de contribuer, par une justification, à élaborer son point de vue.
   - ☐ Ne pas tenir compte des objections des autres interlocuteurs dans sa justification.

Un modèle de justification pour élaborer votre point de vue

LA VIOLENCE DANS LES JEUX VIDÉO

En classe, l'enseignante engage la discussion avec ses élèves sur la violence que l'on retrouve dans certains jeux vidéo. Elle pose la question suivante à ses élèves : Les élèves qui jouent régulièrement à des jeux vidéo qui proposent des scénarios de violence ont-ils plus de chances de développer des comportements violents ?

Adolpho – Moi, je ne joue pas aux jeux vidéo. Mes parents me l'interdisent parce qu'ils trouvent que cela nuit à mes études.

Marie Michelle – Moi, Adolpho, mes parents me laissent jouer à certains jeux vidéo, mais ils m'interdisent les jeux les plus violents parce qu'ils sont convaincus que cela a une mauvaise influence sur moi. Je ne suis pas d'accord avec eux. Je crois que les jeunes sont capables de faire la différence entre un jeu et la réalité. **Par exemple,** on peut s'envoler dans certains jeux vidéo, mais personne ne penserait à se jeter en bas d'un pont pour tenter de s'envoler après avoir joué à un tel jeu.

Marie Michelle entreprend de justifier sa position sur la violence dans les jeux vidéo.

Elle présente son argument principal et l'appuie sur un exemple.

Elle répond aux objections de ses parents.

Elle évoque un deuxième argument basé sur l'exemple de ses amis.

Je leur ai demandé s'il y avait des preuves que cela peut rendre les gens plus violents. Ils ne savaient pas quoi me répondre. **Pour ma part,** j'ai des amis qui jouent régulièrement à des jeux vidéo assez violents et je n'ai remarqué aucun changement dans leur comportement.

Je crois que les adultes devraient s'inquiéter davantage de l'intimidation entre jeunes sur Internet. J'ai lu, dans les journaux, qu'il s'agit d'un phénomène très répandu chez les jeunes du début du secondaire. **Selon moi,** dénigrer un autre élève ou son enseignant sur Internet est bien plus violent que de s'amuser avec des personnages fictifs dans des jeux vidéo.

Elle conclut sa justification en attirant l'attention sur d'autres pratiques répandues chez les jeunes plus susceptibles, selon elle, d'engendrer de la violence.

L'enseignante – Merci d'avoir justifié ton point de vue Marie Michelle. Je retiens ta suggestion de s'intéresser à l'intimidation et à la violence psychologique sur Internet. Mais poursuivons notre discussion sur les jeux vidéo. [...]

Les types de jugements
Tableau des moyens pour interroger un point de vue

TYPES DE JUGEMENTS

Outil 13 Le jugement de préférence

DÉFINITION

Proposition qui exprime de façon subjective des préférences.

EXEMPLE

Le hockey est mon sport préféré.

SUR QUOI REPOSE CE JUGEMENT

Nos goûts, nos préférences.

DES MOYENS POUR INTERROGER UN POINT DE VUE

S'interroger sur ses préférences et celles des autres, pour mieux comprendre dans un dialogue les raisons qui sont derrière ces préférences. Par exemple, se demander pourquoi le hockey est son sport préféré.

Outil 14 Le jugement de prescription

DÉFINITION

Proposition qui émet un conseil, une recommandation ou une obligation dans le but d'inciter à l'action.

EXEMPLE

Mettez fin à cette guerre inhumaine immédiatement!

SUR QUOI REPOSE CE JUGEMENT

Des jugements de fait ou de valeur.

DES MOYENS POUR INTERROGER UN POINT DE VUE

Demander à la personne qui prescrit sur quel fait ou quelle valeur repose sa prescription. Par exemple, on ne peut prescrire la fin d'une guerre que si l'on a le pouvoir d'obliger les belligérants à s'arrêter.

Des moyens pour interroger un point de vue

TYPES DE JUGEMENTS

Outil 15 Le jugement de réalité

DÉFINITION

Proposition qui constate un fait, un événement ou le témoignage d'une personne.

EXEMPLE

Selon l'Église catholique, il existe trois personnes en Dieu : le Père, le Fils et le Saint-Esprit.

SUR QUOI REPOSE CE JUGEMENT

Des faits, des témoignages.

DES MOYENS POUR INTERROGER UN POINT DE VUE

Demander à la personne qui formule un jugement de réalité sur quoi repose son jugement, car un jugement de réalité n'est pas nécessairement vrai. Par exemple, l'Église catholique affirme-t-elle vraiment qu'il existe trois personnes en Dieu ? Dans quel texte religieux ?

Outil 16 Le jugement de valeur

DÉFINITION

Proposition privilégiant une ou plusieurs valeurs par rapport à d'autres.

EXEMPLE

Je crois que la tolérance est indispensable à la vie en société.

SUR QUOI REPOSE CE JUGEMENT

Une réflexion, une appréciation.

DES MOYENS POUR INTERROGER UN POINT DE VUE

Interroger un élève sur un jugement de valeur en lui demandant d'expliquer la réflexion qui l'a conduit à formuler ce jugement. Par exemple, poser la question suivante : Quelle réflexion personnelle t'a amené à être tolérant ? Contrairement à un jugement de préférence, le jugement de valeur repose généralement sur une réflexion personnelle.

Outil 13
Le jugement de préférence

Qu'est-ce qu'un jugement de préférence ?

- Un jugement de préférence est un moyen pour interroger un point de vue.

- C'est une proposition qui exprime nos goûts, nos intérêts, nos préférences pour des choses ou des personnes.

- On l'utilise lorsqu'on veut exprimer nos préférences.

- Dans une argumentation, il peut conduire à une conclusion.

Démarche proposée

1. Recherchez les jugements de préférence utilisés pour élaborer votre point de vue et celui des autres participants au dialogue.

2. Formulez clairement vos jugements de préférence. Si nécessaire, demandez des clarifications sur les jugements de préférence des autres participants au dialogue.

3. Établissez les raisons qui sous-tendent vos jugements de préférence et ceux des autres participants au dialogue.

4. Repérez les conclusions que vous, et les autres participants au dialogue, tirez à partir de vos jugements de préférence.

5. Posez-vous les questions suivantes :
   - Existe-t-il des jugements de préférence dans mon point de vue ou dans celui des autres participants au dialogue ?
   - Quelles sont mes raisons, ou celles des autres participants, pour appuyer mes jugements de préférence et ceux des autres participants au dialogue ? Ces raisons sont-elles suffisantes pour justifier mes jugements de préférence ou ceux des autres participants au dialogue ?
   - Quelles sont les raisons implicites, non dites, qui sous-tendent mes jugements de préférence ou ceux des autres participants au dialogue ?
   - Les conclusions tirées à partir de mes jugements de préférence, ou de ceux des autres participants au dialogue, sont-elles justifiées ?

! ATTENTION

Cette démarche n'est pas linéaire. On peut revenir à l'une ou l'autre des étapes à n'importe quel moment.

DES PIÈGES À ÉVITER

- Vouloir imposer ses jugements de préférence aux autres.

- Ne pas exprimer clairement ses jugements de préférence.

- Ne pas demander aux autres participants au dialogue de clarifier leurs jugements de préférence.

- Ne pas exprimer les raisons qui sous-tendent ses jugements de préférence.

- Ne pas examiner les raisons qui sous-tendent les jugements de préférence des autres participants au dialogue.

- Tirer des conclusions trop générales à partir d'un jugement de préférence.

Des jugements de préférence pour interroger un point de vue

MON SPORT PRÉFÉRÉ

Une discussion est menée en classe sur les valeurs que l'on préconise dans la pratique des sports d'équipe. Cela donne l'occasion à Samuel et Thomas de faire valoir leur préférence pour le hockey et le soccer.

Samuel – Moi, mon sport préféré est le hockey. Je crois que dans ce sport d'équipe, on ne peut pas gagner si, au lieu de collaborer ensemble, on joue de façon individualiste.

Samuel exprime un jugement de préférence.

Thomas – Je ne comprends pas, Samuel, comment tu peux aimer le hockey. C'est un sport tellement violent. Moi, j'aime le soccer parce que c'est le seul sport où tout le monde s'entraide, personne ne joue à la vedette et il n'y a jamais de bataille sur le terrain. Le soccer est un bien meilleur sport que le hockey.

Thomas exprime à son tour sa préférence. Il justifie cette préférence par une série d'arguments.

Annie Claude – Samuel, pourquoi en es-tu venu à préférer le hockey ?

Annie Claude interroge Samuel sur ses préférences.

Samuel – Parce que mon père et ma mère regardent les parties du Canadien à la télévision. Aussi, je trouve que c'est un sport rapide. Je ne suis pas d'accord avec Thomas lorsqu'il dit que c'est seulement au soccer que les joueurs s'entraident.

Samuel exprime son désaccord avec Thomas sur la conclusion qu'il tire de sa préférence pour le soccer.

Annie Claude – Thomas, comment peux-tu conclure que le soccer est un meilleur sport que le hockey ? Tu ne trouves pas que tu généralises un peu ?

Annie Claude soulève une erreur commune : tirer une conclusion générale à partir d'une préférence. Il s'agit d'une généralisation abusive.

Thomas – Peut-être que tu as raison. J'aime tellement le soccer que je ne vois plus les qualités des autres sports d'équipe.

Outil 14
Le jugement de prescription

Qu'est-ce qu'un jugement de prescription?

- Un jugement de prescription est un moyen pour interroger un point de vue.

- C'est une proposition qui permet d'énoncer un ordre, une obligation, une recommandation. Le jugement de prescription affirme la nécessité d'accomplir un acte, de modifier une situation ou de résoudre un problème.

- On l'utilise lorsqu'on veut exprimer sa volonté qu'un acte soit accompli dans le but de modifier une situation ou de résoudre un problème.

Démarche proposée

1. Recherchez les jugements de prescription utilisés pour élaborer votre point de vue et celui des autres participants au dialogue.

2. Formulez clairement vos jugements de prescription. Si nécessaire, demandez des clarifications sur les jugements de prescription des autres participants au dialogue.

3. Établissez les raisons qui sous-tendent vos jugements de prescription et ceux des autres participants au dialogue.

4. Posez-vous les questions suivantes:

   - Existe-t- il des jugements de prescription dans mon point de vue ou dans celui des autres participants au dialogue?

   - Quelles sont mes raisons, ou celles des autres participants, pour appuyer mes jugements de prescription et ceux des autres participants au dialogue? Ces raisons sont-elles suffisantes pour justifier mes jugements de prescription ou ceux des autres participants au dialogue?

   - Quelles sont les raisons implicites, non dites, qui sous-tendent mes jugements de prescription ou ceux des autres participants au dialogue?

! ATTENTION

Cette démarche n'est pas linéaire. On peut revenir à l'une ou l'autre des étapes à n'importe quel moment.

▮ DES PIÈGES À ÉVITER

- Formuler des jugements de prescription sans une justification suffisante.
- Ne pas exprimer clairement ses jugements de prescription.
- Ne pas demander aux autres participants de clarifier leurs jugements de prescription.
- Ne pas exprimer les raisons qui sous-tendent ses jugements de prescription.
- Ne pas examiner les raisons qui sous-tendent les jugements de prescription des autres participants.

Des jugements de prescription pour interroger un point de vue

UN TRAVAIL D'ÉQUIPE

Dans le cadre du cours d'Éthique et culture religieuse, les étudiants, groupés en équipes de deux, doivent présenter à la classe des pionniers et des pionnières du patrimoine religieux québécois. Après avoir fait connaître les consignes de travail, l'enseignante demande aux élèves de discuter entre eux d'un plan pour réaliser cette présentation. Elle s'adresse à une des équipes.

L'enseignante – Votre équipe doit présenter en classe la vie et l'œuvre de Marguerite Bourgeoys, un personnage marquant du patrimoine religieux québécois. Vous devez tous les deux participer à la présentation. Vous ne devrez pas dépasser 15 minutes au total pour présenter votre sujet ; et ce temps inclut les questions des élèves à la fin de votre présentation.

L'enseignante formule plusieurs jugements prescriptifs afin de préciser les consignes à suivre pour la présentation orale en classe. Combien en avez-vous trouvé ?

Naïma – Pourquoi avons-nous uniquement 15 minutes ? C'est très peu pour présenter notre sujet !

Naïma interroge le point de vue de l'enseignante en lui demandant les raisons qui sous-tendent son jugement prescriptif sur la durée de la présentation.

L'enseignante – Toutes les équipes doivent faire une présentation et je ne veux pas donner plus de temps à une équipe qu'à une autre. Ce ne serait pas équitable.

L'enseignante donne la raison qui justifie son jugement prescriptif.

Samuel – Naïma, tu dois passer la première dans notre présentation.

Samuel formule à son tour un jugement prescriptif.

Naïma – Pourquoi ?

Comme il se doit, Naïma demande à Samuel de justifier son jugement de prescription.

Samuel – Tu es plus habituée que moi à parler en public. Moi, je suis gêné et je préfère parler à la fin.

Naïma – Je suis d'accord, mais si je parle en premier, tu devras faire la recherche sur Marguerite Bourgeoys.

Pouvez-vous reconnaître le jugement de prescription formulé par Naïma ?

Samuel – Pourquoi ?

Naïma – Parce que je déteste faire des recherches dans des livres et sur Internet, je préfère parler en avant.

Naïma justifie sa prescription à partir de quel type de jugement ? (jugement de préférence, outil 13)

L'enseignante – Il n'est pas question que Samuel soit le seul à faire la recherche. Vous devez tous les deux préparer votre sujet.

L'enseignante rectifie la situation en formulant un nouveau jugement de prescription.

Samuel – D'accord. Les consignes sont claires et nous serons prêts pour notre exposé.

Outil 15
Le jugement de réalité

Qu'est-ce qu'un jugement de réalité?

- Un jugement de réalité est un moyen pour interroger un point de vue.

- C'est une proposition qui permet d'établir une constatation objective en affirmant s'appuyer explicitement ou implicitement sur des faits, des événements, des témoignages, etc.

- Un ou des jugements de réalité peuvent conduire à une conclusion.

Démarche proposée

1. Recherchez les jugements de réalité dans l'élaboration de votre point de vue et dans celui des autres participants au dialogue.

2. Établissez, le plus clairement possible, les faits sur lesquels reposent vos jugements de réalité ou ceux des autres participants au dialogue.

3. Retracez les conclusions que vous, et les autres participants au dialogue, tirez à partir de vos jugements de réalité.

4. Posez-vous les questions suivantes:
   - Existe-t-il des jugements de réalité dans mon point de vue ou dans celui des autres participants au dialogue?
   - Les jugements de réalité énoncés dans mon point de vue ou dans celui des autres participants au dialogue sont-ils vrais? Peut-on les vérifier? Proviennent-ils de sources qui ont une valeur scientifique? Les témoignages sont-ils crédibles?
   - Les conclusions tirées à partir de mes jugements de réalité ou de ceux des autres participants au dialogue sont-elles justifiées?

! ATTENTION

Cette démarche n'est pas linéaire. On peut revenir à l'une ou l'autre des étapes à n'importe quel moment.

DES PIÈGES À ÉVITER

- Ne pas vérifier les jugements de réalité qu'on formule dans une discussion.

- Ne pas interroger les autres participants sur les jugements de réalité qu'ils formulent dans une discussion.

- Tirer des conclusions à partir de jugements de réalité qui n'ont pas été vérifiés.

- Considérer qu'une chose est nécessairement vraie parce qu'une personne l'affirme sous la forme d'un jugement de réalité.

Des jugements de réalité pour interroger un point de vue

LES ALLERGIES ALIMENTAIRES

On organise une réunion d'information avec l'infirmière au sujet des allergies alimentaires à l'école. La rencontre donne lieu à une discussion sur l'attitude à avoir face aux élèves qui ont des allergies alimentaires.

Marie-Hélène – Dans mon école primaire, on interdisait aux élèves d'apporter des aliments allergènes comme les arachides dans leur lunch et dans leurs collations. Depuis que je suis au secondaire, il n'y a plus d'interdiction. On nous demande seulement de faire attention et de ne pas donner ou échanger de la nourriture avec les autres. Je trouve ça bien mieux, parce que cela respecte notre liberté. Moi je ne suis pas allergique et je ne vois pas pourquoi je ne pourrais pas manger ce que je veux, comme du beurre d'arachide, par exemple.

Mathieu – Je ne partage pas ton point de vue Marie-Hélène. Comme l'a dit l'infirmière, une personne allergique à l'arachide peut mourir si elle en mange. Si quelqu'un oublie de faire attention, comme tu dis, les conséquences seront très graves.

Philippe – Tu exagères Mathieu. Personne à l'école n'a jamais eu de problèmes de santé à cause des allergies. Je suis d'accord avec Marie-Hélène, l'école a raison de nous faire confiance. La preuve, il n'y a jamais eu de problème jusqu'ici.

Mathieu – Tu dis qu'il n'y a jamais eu de problème. Peux-tu nous dire qui t'a renseigné sur les allergies à l'école ?

Philippe – Tout le monde le sait Mathieu! Moi, je n'ai jamais vu quelqu'un malade à l'école parce qu'il avait mangé des aliments allergènes.

Mathieu – Ton argument est bon Philippe, mais il faudrait vérifier les faits. L'infirmière pourrait peut-être nous dire ce qu'elle sait sur ce sujet.

L'infirmière – Merci Mathieu. Philippe, il est possible que tu n'aies jamais vu personne en crise à cause d'une allergie alimentaire, mais il y a eu tout de même cinq cas l'an dernier, dont un a nécessité une hospitalisation. Dans trois cas, les élèves avaient échangé de la nourriture à la collation ou au dîner.

Philippe – Vraiment! C'est la première fois que j'en entends parler. Évidemment, cela change un peu mon point de vue. Il faudrait vraiment s'assurer que les élèves respectent la règle de ne pas échanger de nourriture. Sinon, il vaudrait peut-être mieux interdire les aliments les plus dangereux comme l'arachide.

Marie-Hélène appuie son point de vue sur des jugements de réalité portant sur ses écoles primaires et secondaires. Ces jugements sont-ils vrais ? Peut-on les vérifier ? Comment ?

Mathieu commence son intervention avec un jugement de réalité sur les dangers de l'arachide. Son jugement de fait est-il vrai? Peut-on vérifier son affirmation ? Comment ?

Philippe formule un jugement de réalité. Pourriez-vous le reformuler dans vos propres mots ?

Mathieu questionne Philippe sur son jugement de réalité dans le but d'interroger son point de vue sur les arachides.

L'infirmière vient aider Philippe à établir correctement les faits en formulant des jugements de réalité plus précis qui s'appuient sur le recensement des cas d'allergie à l'école depuis un an.

Remarquez que la conclusion de Philippe est plus nuancée depuis que l'infirmière l'a aidé à établir plus clairement les faits dans cette discussion.

Outil 16
Le jugement de valeur

Qu'est-ce qu'un jugement de valeur ?

- Un jugement de valeur est un moyen pour interroger un point de vue.

- C'est une proposition qui privilégie une ou plusieurs valeurs, par rapport à d'autres.

- On l'utilise lorsqu'on veut exprimer ses valeurs.

- Dans une argumentation, il peut conduire à une conclusion.

Démarche proposée

1. Cherchez les jugements de valeur utilisés pour élaborer votre point de vue et celui des autres participants au dialogue.

2. Formulez clairement vos jugements de valeur. Si nécessaire, demandez des clarifications sur les jugements de valeur des autres participants au dialogue.

3. Établissez les raisons qui sous-tendent vos jugements de valeur et ceux des autres participants au dialogue.

4. Repérez les conclusions que vous, et les autres participants au dialogue, tirez à partir de vos jugements de valeur.

5. Posez-vous les questions suivantes :
   - Existe-t-il des jugements de valeur dans mon point de vue ou dans celui des autres participants au dialogue ?
   - Quelles sont les raisons que j'évoque, ou que les autres participants évoquent, pour appuyer mes jugements de valeur et ceux des autres participants au dialogue ? Ces raisons sont-elles suffisantes pour justifier mes jugements de valeur ou ceux des autres participants au dialogue ?
   - Quelles sont les raisons implicites, non dites, qui sous-tendent mes jugements de valeur ou ceux des autres participants au dialogue ?
   - Les conclusions tirées à partir de mes jugements de valeur, ou de ceux des autres participants au dialogue, sont-elles justifiées ?

! ATTENTION

Cette démarche n'est pas linéaire. On peut revenir à l'une ou l'autre des étapes à n'importe quel moment.

■ DES PIÈGES À ÉVITER

- ☐ Ne pas formuler clairement un jugement de valeur.
- ☐ Refuser de discuter de ses jugements de valeur et de ceux des autres participants.
- ☐ Ne pas expliquer les raisons qui sous-tendent ses jugements de valeur.
- ☐ Ne pas demander aux autres participants de clarifier le sens de leur jugement de valeur et les raisons qui sous-tendent ce jugement.
- ☐ Tirer des conclusions qui reflètent ses préférences plutôt que la conclusion d'un raisonnement logique.

Des jugements de valeur pour interroger un point de vue

POURQUOI NE MANGEONS-NOUS PAS LES MÊMES ALIMENTS ?

Au dîner, les élèves ont remarqué qu'ils mangent des aliments différents, au nom de certaines valeurs et convictions religieuses. On organise une rencontre avec madame David, la diététicienne de l'école pour en discuter.

Francesca – Moi, j'adore le spaghetti à la viande, mais je n'en mange plus depuis que ma mère m'a convaincue d'être végétarienne. Pour moi, faire mourir les animaux pour se nourrir est cruel. Je trouve que le respect des animaux est une valeur très importante qui passe avant mes goûts personnels.

Émilie – Je ne suis pas d'accord avec toi, Francesca. Le fait que tu sois végétarienne n'a rien à voir avec le respect des animaux. Dans la nature, les animaux se mangent entre eux. Pourquoi pas nous ? Il me semble que respecter la chaîne alimentaire, c'est aussi respecter la nature !

Saïd – Moi je mange certaines viandes, mais pas toutes. Ma religion m'interdit de manger du porc parce que c'est une nourriture impure. Ma mère me dit aussi que c'est meilleur pour la santé de ne pas en manger. En plus, je jeûne pendant un mois que l'on appelle ramadan. Pendant ce mois, je ne mange rien entre le lever du jour et le coucher du soleil.

Francesca – Pourquoi ?

Saïd – Parce que Dieu nous a demandé de jeûner et je dois lui obéir. Jeûner nous apprend la persévérance et nous permet de mieux comprendre la souffrance des pauvres.

Francesca – C'est étrange, ma mère m'a raconté que lorsqu'elle était jeune, elle se privait de certains aliments pendant 40 jours avant la fête de Pâques. Si je me souviens bien, elle appelle ça le Carême. Je crois que les catholiques jeûnent pour des raisons semblables à celles des musulmans.

Émilie – Chez moi, on mange de tout, même des frites et de la pizza. À ce sujet, je ne suis vraiment pas d'accord avec la décision de l'école de ne plus vendre de malbouffe à la cafétéria. Je trouve que l'école ne devrait pas se mêler de ce que l'on mange au nom de notre santé. Nous sommes libres après tout !

Francesca – Madame David, pourquoi l'école a-t-elle décidé d'interdire la malbouffe ?

Madame David – Vous voyez que la nourriture peut susciter beaucoup de discussions sur nos valeurs. Au sujet de la malbouffe [...].

Francesca affiche un jugement de valeur en affirmant que le respect des animaux passe avant ses goûts personnels.

Émilie questionne les raisons qui sous-tendent le jugement de valeur de Francesca. Elle propose, à son tour, son argument en faveur du respect de la nature.

Les jugements de valeur formulés par Saïd reposent sur ses convictions religieuses et ses traditions familiales.

Francesca questionne Saïd sur son point de vue afin qu'il justifie davantage la valeur qu'il accorde au jeûne.

Émilie marque sa préférence pour la valeur de la liberté sur la valeur de la santé.

En interpellant la diététicienne, Francesca souhaite que l'on revienne aux faits (jugement de réalité, outil 15) pour mieux appuyer nos jugements de valeur.

Des entraves au dialogue

Tableau des entraves au dialogue fondées sur l'appel aux autres

ENTRAVES AU DIALOGUE	EXEMPLES	DÉFINITIONS	POURQUOI EST-CE UNE ENTRAVE ?	COMMENT RÉAGIR À UNE ENTRAVE ?
Attaque personnelle	Tu voudrais nous convaincre d'être pacifistes alors que tu passes tes journées à jouer à des jeux vidéo hyperviolents.	Elle vise à détruire la crédibilité d'une personne afin d'affaiblir son point de vue et de renforcer le nôtre.	Dans un dialogue, le respect des personnes est essentiel. En s'attaquant aux personnes, on s'éloigne du sujet discuté. On peut, par exemple, discuter d'une valeur comme le pacifisme sans porter de jugement sur les personnes qui participent au dialogue.	En proposant de revenir au sujet discuté en mettant de côté les attaques personnelles. Dans notre exemple, en rappelant que la discussion ne porte pas sur les jeux vidéo, mais bien sur une valeur, le pacifisme.
Appel à la popularité	Tu es vraiment la seule personne qui s'oppose au code vestimentaire de l'école. Tu devrais te rendre compte que tous les élèves de ta classe sont d'accord avec ce code.	Il a pour but de laisser croire qu'une chose est vraie ou fausse en prétendant, sans en avoir vérifié l'exactitude, qu'un grand nombre de personnes l'affirme.	Dans un dialogue, en s'appuyant sur un groupe majoritaire pour appuyer notre point de vue, on cherche à isoler la personne qui pense différemment. Pourtant, nous savons que des prises de position minoritaires peuvent être tout aussi justes. Par exemple, on ne peut conclure que le code vestimentaire de l'école est bon parce qu'une majorité d'étudiants l'appuie.	En rappelant que la valeur d'un point de vue ne dépend pas du nombre de personnes qui appuient ce point de vue. Certaines opinions très populaires peuvent quand même être fausses. Dans notre exemple, même si je suis seul à m'opposer au code vestimentaire de mon école, il vaut la peine d'écouter mes arguments.
Appel au clan	Comment peux-tu passer ton temps à écouter de la musique classique ennuyeuse alors que tous tes amis écoutent du rock ?	Il vise à appuyer un point de vue sur l'opinion d'un groupe auquel on accorde une valeur particulière, un groupe d'amis par exemple.	Dans un dialogue, en accordant plus de valeur à l'opinion des groupes qui nous sont chers, comme notre famille et nos amis, nous manipulons les sentiments des participants au dialogue. Pourtant, nos convictions ne devraient pas reposer sur l'opinion de notre groupe d'amis ou de nos parents.	En rappelant que chaque personne dans un groupe a un point de vue personnel valable même si le groupe a une opinion contraire. Dans notre exemple, en expliquant que les goûts musicaux sont personnels et que nous pouvons très bien apprécier notre groupe d'amis sans nécessairement aimer la même musique.

ENTRAVES AU DIALOGUE	EXEMPLES	DÉFINITIONS	POURQUOI EST-CE UNE ENTRAVE?	COMMENT RÉAGIR À UNE ENTRAVE?
Argument d'autorité	Tu es totalement dans l'erreur en pensant que dialoguer ne sert à rien. Le professeur a dit le contraire au dernier cours.	Il vise à s'appuyer sur l'autorité pour soutenir son point de vue ou critiquer celui des autres.	Dans un dialogue on coupe court à la discussion lorsqu'on cherche à imposer son point de vue en évoquant l'autorité. Dans cet exemple, peut-être l'enseignant a-t-il eu raison de soutenir l'importance du dialogue en classe, mais en se servant de son autorité pour soutenir ou critiquer un point de vue, on risque de mettre fin au dialogue plutôt que de l'encourager.	En rappelant que la valeur d'un point de vue ne tient pas au fait qu'une autorité l'appuie. Il faut plutôt faire appel à des arguments pertinents pour défendre son point de vue. Dans notre exemple, en demandant les raisons pour lesquelles il faudrait croire en la valeur du dialogue plutôt que de s'en référer à l'autorité de l'enseignant.
Complot	C'est à cause de votre groupe de « skate-board » qu'on nous a interdit de jouer au soccer dans la cour d'école. Depuis, vous en profitez pour occuper la cour à vous seuls.	Il consiste à laisser entendre que ceux ou celles qui profitent d'une situation au détriment d'autres personnes en sont la cause.	Dans un dialogue, on prend un ton accusateur nuisible au bon déroulement du dialogue lorsqu'on affirme l'existence d'un complot pour expliquer une situation que l'on veut dénoncer. Par exemple, on ne peut conclure que le groupe de « skate-board » profite de la cour au détriment de ceux qui jouent au soccer grâce à un complot.	En rappelant que la valeur d'un point de vue n'est pas renforcée lorsqu'on laisse croire injustement que l'on a été victime d'un complot. Dans notre exemple, on pourrait demander à l'équipe de soccer de s'informer des raisons qui ont amené les autorités de l'école à interdire le groupe de « skate-board » dans la cour.
Appel au stéréotype	S'il y a tant de vols et de violence dans ton quartier, c'est à cause des Noirs qui y sont de plus en plus nombreux.	Il vise à faire appel à une image négative, figée et réductrice d'un groupe de personnes pour soutenir ou critiquer un point de vue.	Dans un dialogue, on stigmatise et offense les participants en argumentant à partir de stéréotypes. Par exemple, on détourne la discussion sur les causes de la violence dans le quartier lorsqu'on réduit faussement les résidents noirs d'un quartier à ne représenter que des êtres violents et voleurs.	En rappelant que faire appel à des images négatives et souvent figées ne fait pas avancer la discussion, mais contribue au contraire à entretenir des stéréotypes. Dans notre exemple, en incitant ce participant au dialogue à s'informer auprès des autorités du quartier sur les causes véritables de la montée de la violence.
Caricature	Ce que tu dis n'a aucun sens. Laisser les étudiants plus libres à l'école, cela voudrait dire les laisser arriver aux cours à n'importe quelle heure, remettre leurs devoirs quand bon leur semble, etc.	Elle vise à ridiculiser la position d'un participant à un dialogue en déformant sa position de façon à la rendre simpliste et non crédible.	Dans un dialogue, on discrédite le point de vue d'un participant lorsqu'on en fait une description trop simpliste. Par exemple, souhaiter une plus grande liberté à l'école n'implique pas qu'il n'y ait plus aucune règle et que les élèves ne respectent plus rien. Une telle caricature associe faussement liberté et irresponsabilité.	En rappelant que ridiculiser un point de vue en le caricaturant n'apporte aucun argument valable dans la discussion. Dans notre exemple, on pourrait proposer de corriger une telle caricature par des propos plus nuancés sur la liberté que l'on devrait laisser aux élèves à l'école.

Outil 17
L'entrave au dialogue fondée sur l'appel aux autres

ATTENTION

Cette démarche n'est pas linéaire. On peut revenir à l'une ou l'autre des étapes à n'importe quel moment.

DES PIÈGES À ÉVITER

- ☐ Utiliser l'autorité, l'opinion majoritaire, l'opinion de divers groupes comme la classe, les amis ou la famille, à mauvais escient, dans le but d'appuyer son point de vue ou de discréditer le point de vue de quelqu'un d'autre.

- ☐ Tirer des conclusions erronées à partir de faux arguments qui sont autant d'entraves au dialogue.

- ☐ Ne pas réagir lors d'une discussion où l'on dénigre son point de vue par différentes formes d'entrave au dialogue.

Qu'est-ce qu'une entrave au dialogue fondée sur l'appel aux autres ?

- Une entrave au dialogue est un jugement qui fait obstacle à l'élaboration d'un point de vue rigoureux.

- L'attaque personnelle, l'appel à la popularité, l'appel au clan, l'argument d'autorité, le complot, l'appel au stéréotype et la caricature sont des entraves au dialogue qui font appel aux autres d'une façon indue pour soutenir ou contredire un point de vue.

- L'utilisation de ces procédés manifeste souvent un manque d'éthique dans la pratique du dialogue. Le respect des autres lors d'un échange devrait nous amener à ne pas discréditer leurs propos en utilisant de telles entraves au dialogue.

Démarche proposée

1. Remarquez, dans vos propos et dans ceux des autres participants à une discussion, les entraves au dialogue qui font appel aux autres de manière incorrecte.

2. Reformulez votre propos en remplaçant ces entraves au dialogue par des arguments ou par un point de vue rigoureux et respectueux du point de vue des autres.

3. Questionnez les autres participants qui utilisent de telles entraves dans le but de les amener à formuler différemment leur point de vue de manière à ce qu'ils prennent conscience que ces procédés peuvent être néfastes au dialogue.

4. Repérez et critiquez les conclusions de raisonnements qui seraient issues d'arguments fondés sur de telles entraves au dialogue.

5. Pour vous aider dans cette démarche, posez-vous les questions suivantes sur vos propos ou sur les propos des autres participants au dialogue :
   - ☐ Est-ce que, dans mes propos, j'attaque quelqu'un dans le but de valoriser mon point de vue ou de dévaloriser le sien ?
   - ☐ Est-ce que je m'appuie sans raison sur l'opinion d'une majorité pour faire valoir mon point de vue ou critiquer celui d'un autre ?
   - ☐ Est-ce que mes arguments véhiculent des stéréotypes qui font appel à des images négatives et erronées de certaines personnes ou de certains groupes ?
   - ☐ Est-ce que je fais appel de façon exagérée à la valeur de certains groupes, comme ma famille et mes amis, pour soutenir mes arguments ?
   - ☐ Est-ce que je fais appel à l'autorité de façon injustifiée dans mon argumentation ?
   - ☐ Est-ce que j'invente l'existence de complots pour discréditer la position des autres ?

Faire appel aux autres n'est pas une mauvaise chose en soi. Il est par exemple acceptable :

- de faire appel à des autorités lorsque leur savoir et leurs arguments peuvent nous aider à progresser dans nos débats. Il est alors préférable de préciser les connaissances que possèdent ces autorités et que nous trouvons utiles de faire valoir dans un dialogue ; mais il ne faut pas tirer trop rapidement de conclusions à partir de ces connaissances.
- de s'appuyer sur divers groupes (famille, amis, classe, etc.) pour faire valoir son point de vue, à condition de s'en tenir aux idées défendues par ces groupes et non pas à la bonne réputation de ces groupes.

Des obstacles au dialogue

DEVRAIT-ON LAISSER LES ÉLÈVES PLUS LIBRES À L'ÉCOLE ?

Francesca fait obstacle au dialogue en faisant appel à un préjugé racial pour renforcer son argument en faveur de la liberté de choisir sa place en classe.

Les élèves discutent en classe de la liberté qui devrait être accordée aux jeunes à l'école.

Francesca – Je suis en faveur d'une plus grande liberté dans la classe. Par exemple, on devrait pouvoir choisir de s'asseoir avec qui l'on veut. Je ne veux pas être raciste, mais je ne veux pas qu'on m'oblige à m'asseoir avec des Noirs.

Marie Michelle – Je comprends que tu veux pouvoir t'asseoir où tu veux, mais ce n'est pas une raison pour appuyer ta demande sur un préjugé racial. Je ne crois pas que ce soit une bonne façon d'encourager les autres élèves à poursuivre la discussion. Tu devrais plutôt te fier au reste de la classe. Tu verrais que personne ne pense, comme toi, que l'on devrait choisir librement où s'asseoir.

Louis – Je pense comme Marie Michelle. Tu imagines, Francesca, de quoi la classe aurait l'air si on suivait ton idée : un vrai cirque où tout le monde changerait continuellement de place ! Le professeur serait constamment en train de faire de la discipline et n'aurait plus le temps d'enseigner.

Francesca – Louis, ce n'est pas en ridiculisant ma position que tu vas faire avancer la discussion. Nous sommes censés discuter de la liberté, mais personne jusqu'ici n'en a vraiment parlé. Peut-être pourrions-nous revenir à notre sujet ?

Louis – Tu as raison, laissons de côté les arguments qui attaquent les autres et discutons vraiment de la liberté à l'école [...].

Marie Michelle intervient pour faire prendre conscience à Francesca que ce préjugé est nuisible dans la poursuite de la discussion. Ici, Marie Michelle veut convaincre Francesca par un appel au clan (la classe). Son argument cherche sans raison à isoler Francesca dans sa prise de position.

Louis caricature sans raison la position de Francesca qui pourrait, à cause de cela, mal réagir dans la suite du dialogue.

Francesca et Louis veulent progresser dans cette discussion en mettant de côté les entraves au dialogue afin de favoriser une discussion plus fructueuse sur les limites de la liberté en classe.

Tableau des entraves au dialogue fondées sur des erreurs de raisonnement

ENTRAVES AU DIALOGUE	EXEMPLES	DÉFINITIONS	POURQUOI EST-CE UNE ENTRAVE ?	COMMENT RÉAGIR À UNE ENTRAVE ?
Généralisation abusive	Vous avez vu que Samuel et Vanessa sont des premiers de classe et ne pratiquent pas de sports. C'est bien connu, les premiers de classe passent leur temps à étudier et ne pratiquent aucun sport.	Elle consiste à tirer une conclusion générale à partir d'un petit nombre de cas non représentatifs.	Dans un dialogue, on induit les autres en erreur lorsqu'on conclut trop rapidement à partir de très peu de cas. De la même façon, on peut critiquer la position des autres en tirant des conclusions non justifiées de leur position. Par exemple, conclure que les premiers de classe n'aiment pas le sport à partir de deux exemples est une généralisation abusive qui induit les autres en erreur.	En rappelant que d'un cas particulier on ne peut tirer des conclusions générales. Dans notre exemple, il faudrait rappeler que Vanessa et Samuel sont loin d'être les seuls premiers de classe et qu'il vaudrait la peine de pousser notre enquête un peu plus loin avant de conclure que tous les premiers de classe ne pratiquent aucun sport.
Appel au préjugé	On ne devrait pas accepter de filles dans notre équipe de hockey parce qu'elles ne sont pas bonnes dans le sport.	Il consiste à s'appuyer sur une opinion préconçue favorable ou défavorable qui est souvent imposée par le milieu.	Dans un dialogue, on nuit à la discussion lorsque l'on utilise un préjugé que l'on refuse de soumettre à la discussion parce qu'il nous apparaît si évident qu'il ne mérite pas d'être discuté. Dans l'exemple cité, le préjugé des garçons sur les capacités sportives des filles constitue une entrave à ce dialogue sur la possibilité de créer des équipes de hockey mixtes.	En rappelant qu'il est toujours bon de réfléchir avant de répéter des idées toutes faites que l'on a entendues fréquemment dans notre milieu. Dans notre exemple, il serait bien de demander sur quoi repose l'idée que les filles ne sont pas bonnes dans le sport.
Double faute	Je ne laverai pas la vaisselle même si c'est à mon tour parce que mes deux frères ne l'ont pas lavée hier.	Elle consiste à justifier un comportement en affirmant que d'autres font la même chose ou pire encore.	Dans un dialogue, lorsqu'on évoque la faute des autres pour excuser notre propre comportement, on entrave le dialogue en se déresponsabilisant. Dans cet exemple, les parents auront plus de difficulté à poursuivre la discussion sur les tâches ménagères parce qu'un membre de la famille se défile devant ses responsabilités.	En rappelant que nos comportements ne peuvent être excusés parce que quelqu'un a agi comme nous. Dans notre exemple, il faudrait rappeler que la faute des deux frères n'excuse en rien ce troisième frère dont c'est maintenant le tour de laver la vaisselle.

ENTRAVES AU DIALOGUE	EXEMPLES	DÉFINITIONS	POURQUOI EST-CE UNE ENTRAVE ?	COMMENT RÉAGIR À UNE ENTRAVE ?
Faux dilemme	Je sais que tu ne veux pas aller faire de ski en fin de semaine, alors je te laisse le choix entre y aller samedi ou ce soir.	Il consiste à obliger une personne à faire un choix entre deux possibilités dont l'une est tellement indésirable qu'il ne reste plus à la personne qu'à choisir la seconde.	Dans un dialogue, un faux dilemme entrave le dialogue en détournant l'attention du sujet discuté par la présentation d'un faux choix qui ne favorise que la personne qui propose ce choix. Dans cet exemple, celui qui ne veut pas aller faire du ski la fin de semaine est piégé par ce faux dilemme et ne peut être conséquent avec son propre point de vue.	En rappelant que l'on ne doit pas présenter un choix de façon à piéger notre interlocuteur. Dans notre exemple, il faudrait insister pour que le choix des journées proposées pour aller faire du ski représente une véritable alternative et non un faux dilemme.
Fausse causalité	S'il fait si chaud cet après-midi, c'est évidemment à cause du réchauffement climatique produit par les gaz à effet de serre.	Elle consiste à établir un lien de cause à effet douteux entre deux phénomènes.	Dans un dialogue, une fausse causalité entre des phénomènes peut entraîner les participants dans l'erreur et donc nuire à la progression du dialogue. Dans cet exemple, si la température est plus froide le lendemain de la discussion, un participant pourrait conclure malencontreusement que le réchauffement de la planète causé par les gaz à effet de serre est maintenant une chose du passé.	En rappelant qu'un lien entre deux phénomènes n'est pas nécessairement un lien de cause à effet. Dans notre exemple, il faudrait demander que l'on se base sur des observations scientifiques plus complètes avant de conclure qu'il existe un lien de cause à effet entre l'augmentation de la température cet après-midi-là et l'augmentation des gaz à effet de serre.
Pente fatale	Si tu ne fais pas tes devoirs ce soir, tu vas échouer ton année scolaire, ne pas terminer tes études secondaires, ne jamais te trouver de travail et peut-être même finir ta vie comme le pire des criminels.	Elle consiste à exagérer les conséquences d'une action en affirmant qu'elle pourrait avoir des effets démesurément désastreux.	Dans un dialogue, exagérer les conséquences d'une action peut constituer une entrave à la discussion en déplaçant le sujet de celle-ci sur des enjeux lointains et peu probables. Dans cet exemple, il apparaît exagéré de conclure que le fait de ne pas faire ses devoirs un jour ait pour conséquence de faire de nous des criminels. À ce compte, ces derniers seraient certainement nombreux !	En rappelant que des conséquences d'une action doivent être tirées prudemment et avec nuances. Dans notre exemple, il faudrait rappeler que le simple fait de ne pas faire ses devoirs un soir pendant l'année n'entraîne pas nécessairement des conséquences aussi catastrophiques.
Fausse analogie	Tous les élèves du secondaire devraient payer leurs cours, comme les étudiants de l'université paient les leurs.	Elle consiste à tirer une conclusion à partir d'une analogie entre des choses qui ne sont pas suffisamment semblables pour être comparées.	Dans un dialogue, faire une fausse analogie nuit à l'échange en créant une fausse évidence basée sur une comparaison dont les éléments sont trop différents. Dans cet exemple, l'enseignement secondaire et universitaire s'adressent à des étudiants très différents : dans un cas, ces étudiants sont des adultes en partie autonomes financièrement, dans l'autre, il s'agit de jeunes encore dépendants de leur famille.	En rappelant que les comparaisons doivent être faites avec soin et que, comme le dicton le dit, on ne compare pas les pommes avec les oranges. Dans notre exemple, il faudrait rappeler que la situation des élèves du secondaire et des étudiants universitaires est à ce point différente qu'il devient difficile de tirer la conclusion que les élèves du secondaire devraient payer leurs cours comme les étudiants des universités.

Outil 18
L'entrave au dialogue fondée sur des erreurs de raisonnement

Qu'est-ce qu'une entrave au dialogue fondée sur des erreurs de raisonnement ?

- Une entrave au dialogue est un jugement qui fait obstacle à l'élaboration d'un point de vue rigoureux.

- La généralisation abusive, l'appel au préjugé, la double faute, le faux dilemme, la fausse causalité, la pente fatale et la fausse analogie sont des entraves au dialogue qui reposent sur des erreurs logiques dans le raisonnement lorsqu'il s'agit de soutenir ou de contredire un point de vue.

- L'utilisation de ces procédés manifeste souvent un manque de rigueur et parfois d'éthique dans la pratique du dialogue. Le respect des autres devrait nous amener à éviter de telles entraves dans un dialogue.

Démarche proposée

1. Remarquez, dans vos propos et ceux des autres, les entraves au dialogue qui constituent des erreurs de raisonnement.

2. Reformulez vos propos en remplaçant ces entraves au dialogue par des arguments valables.

3. Questionnez les autres participants qui utilisent de telles entraves dans le but de leur faire prendre conscience que ces procédés n'ont pas leur place dans un dialogue.

4. Repérez et critiquez les conclusions de raisonnements qui seraient issues d'arguments fondés sur de telles entraves au dialogue.

5. Pour vous aider dans cette démarche, posez-vous les questions suivantes sur vos propos ou sur les propos des autres participants au dialogue :

   ☐ Est-ce que je généralise trop à partir d'un ou de quelques cas particuliers ?

   ☐ Est-ce que je me questionne sur la valeur de certaines idées qui me viennent de mon milieu afin de m'assurer qu'il ne s'agit pas de préjugés ?

   ☐ Est-ce que je cherche à me justifier en mettant la faute sur les autres ?

- ☐ Est-ce que les choix que je propose aux autres participants au dialogue sont de vraies alternatives pour eux ? Est-ce que l'on peut facilement voir quelles sont mes préférences lorsque je suggère des choix aux autres ?
- ☐ Est-ce que la cause que j'ai déterminée est véritablement la cause du phénomène que je veux expliquer ?
- ☐ Est-ce que ma comparaison porte sur des choses vraiment comparables ? La conclusion que je tire de ma comparaison découle-t-elle logiquement de celle-ci ?
- ☐ Est-ce que j'exagère les conséquences des positions adoptées par d'autres participants au dialogue ? Est-ce que j'ai tendance à présenter ces conséquences comme étant plus épouvantables, plus graves qu'elles ne le sont en réalité ?

DES PIÈGES À ÉVITER

Attention aux erreurs de raisonnement !

- ☐ Généraliser trop vite.
- ☐ Rendre un participant au dialogue responsable de certaines actions dans le but de diminuer ou de nier sa propre responsabilité.
- ☐ Proposer de faux choix aux autres dans le but de favoriser ses propres préférences.
- ☐ Ne pas s'assurer que la cause cernée est bien la cause du phénomène.
- ☐ Ne pas faire attention aux comparaisons un peu forcées dont il est risqué de tirer des conclusions.
- ☐ Associer trop rapidement à des conséquences catastrophiques des positions prises par d'autres participants au dialogue.
- ☐ Critiquer la position des autres participants au dialogue à partir de faux raisonnements qui sont autant d'entraves au dialogue.
- ☐ Affaiblir sa propre position par des erreurs de raisonnement qui rendent son point de vue moins convaincant.

! ATTENTION DE NE PAS CONFONDRE

Plusieurs formes de raisonnement sont bienvenues dans un dialogue et ne sont pas nécessairement des obstacles à la communication.

- • Généraliser à partir de cas particuliers est une très bonne chose. Il faut simplement s'assurer que la généralisation s'appuie sur un nombre suffisant de cas.
- • Établir des relations de cause à effet entre divers phénomènes fait progresser le dialogue à condition que l'on s'assure d'avoir indiqué la bonne cause.
- • Établir les conséquences d'une action ou d'une décision fait progresser la discussion à condition que les conséquences que l'on tire demeurent réalistes et raisonnables.
- • Une comparaison ou une analogie peuvent aider à mieux comprendre à condition que les éléments comparés soient véritablement comparables.

Des entraves au dialogue fondées sur des erreurs de raisonnement

Dans son intervention, Myriam fait deux fautes de raisonnement qui peuvent nuire à la poursuite du dialogue : elle généralise à partir d'un seul exemple et tire des conséquences exagérées et quelque peu catastrophiques au sujet des changements climatiques.

Après avoir fait progresser le dialogue en appuyant l'argument de Lukanu, Pablo développe un faux dilemme qui vise uniquement à faire valoir son point de vue dans la discussion.

Myriam ne tombe pas dans le faux dilemme que lui propose Pablo. Elle relance plutôt la discussion sur les différents moyens que l'on peut prendre pour combattre la pollution.

QUE PEUT-ON FAIRE POUR EMPÊCHER LA TERRE DE SE RÉCHAUFFER ?

Les élèves discutent en classe du réchauffement climatique et des moyens d'y remédier.

Pablo – Le réchauffement de la planète, c'est une invention des écologistes. La terre se réchauffe peut-être, mais ce n'est pas si grave que ça.

Myriam – Il a fait très chaud cette semaine. C'est encore une preuve que la Terre se réchauffe très rapidement. Si on ne fait rien pour arrêter cela maintenant, toutes les grandes villes comme New York vont être submergées par un tsunami l'an prochain et nous ne pourrons plus aller en vacances aux États-Unis !

Lukanu – J'ai aussi entendu parler du réchauffement de la planète, Myriam, mais pour bien comprendre, je crois qu'il vaut mieux se fier au jugement des scientifiques qu'à la température qu'il fait cette semaine ! Il faut vraiment faire quelque chose pour empêcher cela. Le problème, ce sont les Américains avec leurs grosses usines qui polluent la planète.

Pablo – Je suis d'accord avec toi Lukanu, on devrait s'informer sur ce que les scientifiques en disent pour faire avancer notre discussion. Mais quand tu accuses les grosses usines américaines, tu oublies que c'est grâce à ces usines que les États-Unis sont riches. Je crois que nous avons seulement le choix suivant : vivre dans une pauvreté extrême après avoir fermé toutes les usines qui polluent ou vivre dans un monde un peu plus chaud qu'avant. Que choisissez-vous ? Moi, je préfère prendre le risque d'avoir un peu plus chaud et ne pas finir dans la pauvreté.

Myriam – Je veux bien que l'on s'informe un peu plus sur le sujet. Mais le choix de Pablo n'en est pas vraiment un. C'est comme nous demander de choisir entre une maladie ou une autre. Il y a bien d'autres choix et on devrait regarder plus concrètement ce que l'on pourrait faire pour réduire la pollution et les gaz à effet de serre.

Pablo exprime un préjugé concernant les écologistes. Il affirme, sans le démontrer, que le réchauffement climatique est une invention des écologistes.

Lukanu rappelle à Myriam qu'il vaut mieux se fier à l'opinion des scientifiques qu'à la température de la semaine pour prédire ce qu'il adviendra à long terme du climat sur terre. Mais, elle fait elle-même une erreur de logique en rendant seules responsables des changements climatiques les grandes usines américaines. De plus, elle tend à mettre la responsabilité sur un autre peuple plutôt que de regarder la responsabilité de notre société dans ce réchauffement.

Des conditions favorables à la pratique du dialogue

Outil 19
Les attitudes favorables au dialogue

Qu'est-ce qu'une attitude favorable au dialogue ?

- Une attitude favorable au dialogue encourage l'échange entre les participants à un dialogue.

- Les attitudes favorables au dialogue sont les suivantes :
  - ☐ Respecter les règles de fonctionnement.
  - ☐ Exprimer correctement ses sentiments.
  - ☐ Écouter attentivement.
  - ☐ Porter attention à l'attitude que provoquent nos propos sur les autres.
  - ☐ Faire preuve d'ouverture et de respect.
  - ☐ Se soucier des autres en respectant leurs idées, leurs sentiments, etc.
  - ☐ Se soucier de faire avancer le dialogue en proposant des synthèses des idées émises ou encore en rappelant le sujet abordé si les participants s'en éloignent.
  - ☐ Nuancer ses propos et être à l'écoute des nuances exprimées par les autres.
  - ☐ Faire preuve d'ouverture aux idées des autres.
  - ☐ Se questionner plutôt que de conclure trop rapidement.
  - ☐ Réfléchir avant d'avancer ses idées.
  - ☐ Vérifier auprès des autres participants si on a bien compris leurs idées.

Démarche proposée

1. Préparez votre participation à un dialogue en structurant vos idées et vos arguments.

2. Considérez le dialogue comme un moyen d'exprimer votre point de vue, mais aussi comme une occasion de le faire évoluer.

3. Prenez conscience de votre attitude au moment du dialogue en vous posant les questions suivantes :
   - ☐ Est-ce que mon point de vue est suffisamment nuancé ?
   - ☐ Est-ce que mon point de vue tient compte de ce que les autres ont apporté ?
   - ☐ Est-ce que je fais preuve d'agressivité ou de bienveillance envers le point de vue des autres ?
   - ☐ Est-ce que je pourrais reformuler le point de vue de celui ou celle qui vient de prendre la parole ?
   - ☐ Lorsque quelqu'un parle, est-ce que je pense à ma prochaine intervention ou est-ce que j'écoute son intervention ?
   - ☐ Est-ce que je pourrais faire un résumé des échanges d'un dialogue si l'on me le demandait ?

> **! ATTENTION**
>
> Cette démarche n'est pas linéaire. On peut revenir à l'une ou l'autre des étapes à n'importe quel moment.

DES PIÈGES À ÉVITER

- ☐ Ne pas respecter les règles de fonctionnement établies par les participants à un dialogue.
- ☐ Ne pas réfléchir à son attitude et à ses conséquences sur les autres.
- ☐ Ne pas écouter les autres.
- ☐ Ne pas manifester d'empathie envers les idées et les sentiments des autres.
- ☐ Ne pas se sentir responsable du succès d'un dialogue.

Des attitudes favorables au dialogue

POURQUOI FAUT-IL DIALOGUER ?

En classe, on s'interroge sur l'importance du dialogue et sur les attitudes à adopter pour favoriser la meilleure communication possible entre les participants.

Christina – Moi je trouve que le plus important dans un dialogue c'est de respecter les tours de parole. Il arrive souvent que des élèves parlent en même temps sans avoir levé la main. Il faut se donner des règles de fonctionnement et les suivre sinon, ce sont toujours les mêmes qui parlent.

Christina insiste sur l'importance de se donner des règles dans un dialogue.

Alex – Tu as raison Christina, mais il faut aussi s'écouter. Connais-tu l'expression « un dialogue de sourds » ? Moi il m'arrive souvent de penser seulement à ma prochaine intervention sans me préoccuper de ce que les autres disent. Quand je fais cela, je n'aide pas la cause du dialogue. C'est un peu comme si tout le monde suivait des chemins parallèles sans jamais se rencontrer.

Alex a le sens de l'autocritique. Il a le mérite de reconnaître ses propres torts. Il insiste avec raison sur l'importance d'écouter les autres.

Miguel – Alex, je déteste discuter avec toi, tu n'écoutes personne et tu n'en fais qu'à ta tête. Personnellement, je crois que pour bien dialoguer il faut se donner des règles comme le fait de parler chacun à notre tour.

Le ton agressif de Miguel nuit au dialogue. De plus, ce dernier montre par son intervention qu'il n'a pas écouté l'intervention de Christina.

Annie – Miguel, tu as peut-être des reproches à faire à Alex, mais tu devrais lui parler plus respectueusement d'autant plus que je crois que Christina avait déjà proposé de parler chacun à notre tour. Étais-tu attentif ?

Annie critique Miguel afin que ses interventions favorisent davantage le dialogue.

Miguel – Tu as raison Annie, je me suis emporté sans raison. J'aurais pu dire ce que j'avais à reprocher à Alex plus gentiment. Mais, résumons-nous : pour bien dialoguer, on doit se donner des règles de fonctionnement, écouter attentivement les autres et faire preuve de respect entre nous. Que pensez-vous de ma synthèse ? Avez-vous d'autres points à apporter sur notre sujet ?

Miguel se reprend et montre qu'il est capable d'accepter la critique. De plus, il fait avancer le dialogue en proposant une synthèse des idées développées jusque-là.

Ablution : action de se laver pour se purifier.

Abnégation : dévouement, sacrifice volontaire de soi-même.

Abolir : action de supprimer.

Altermondialiste : qui s'oppose à la mondialisation de l'économie de type néolibéral dans laquelle l'État intervient peu.

Altruisme : tendance à aimer et à vouloir aider les autres.

Ambroisie : nourriture des dieux.

Anonymat : état dans lequel l'identité d'une personne n'est pas rendue publique.

Anticonformisme : attitude opposée aux usages établis.

Apôtre : chacun des douze compagnons de Jésus et d'autres disciples qui prêchent son enseignement.

Appareil gouvernemental : ensemble des institutions, des structures et des mécanismes dont dispose un gouvernement pour remplir ses fonctions.

Auréole : anneau de lumière ou cercle coloré qui entoure la tête des personnages saints dans l'art pictural chrétien.

Autochtone : se dit d'un peuple qui a toujours habité le pays où il se trouve. Les Amérindiens et les Inuits sont les peuples autochtones du Canada.

Autonomie : possibilité de décider sans se référer à une autorité, de déterminer de façon indépendante les règles auxquelles on se soumet.

Baby-boomer : personne appartenant à la génération née après la Seconde Guerre mondiale, soit entre 1945 et 1964.

Bannir : exclure définitivement.

Baptême : rite religieux par lequel un individu devient un chrétien.

Besoin : exigence de la nature ou de la vie sociale qui porte les êtres vivants à certains actes qui leur sont nécessaires.

Bien commun : conditions matérielles et spirituelles qui procurent le bien-être à un groupe et qui favorisent le développement des individus qui le composent.

Blasphématoire : qui porte outrage au divin, au sacré, à la religion. Un blasphème peut aussi être une insulte à l'égard d'une personne respectable.

Carême : pour les Églises catholique et orthodoxe ainsi que pour un bon nombre d'Églises protestantes, période de 40 jours qui précède la fête de Pâques. Durant le Carême, les chrétiens sont invités à s'adonner à la prière plus intensément et à se priver de certains aliments (viandes ou mets sucrés).

Censure : contrôle exercé par un gouvernement, une autorité, sur la presse, entre autres.

Charisme : qualité qui fait qu'un individu a une grande influence, un pouvoir magnétique sur les autres.

Charte : loi établie par un souverain ou un pape.

Code de déontologie : ensemble de règles et de devoirs imposés aux membres d'une profession.

Commandite : soutien financier accordé à un organisme ou à un événement.

Commission d'enquête : commission nommée par le gouvernement, dont le but est soit de recueillir l'opinion du public sur un sujet donné, soit de faire la lumière sur un événement particulier. La plupart du temps, on abrège le nom de ces commissions en les désignant par le nom de leurs responsables : par exemple, la commission Gomery, ou encore, la commission Bouchard-Taylor.

Communion : partie de la messe catholique ou orthodoxe ou de l'office protestant au cours de laquelle le pain consacré est distribué aux fidèles.

Compétence législative : pouvoir d'une autorité de faire des lois dans un domaine donné.

Confédération : association de plusieurs États qui conservent une certaine autonomie par rapport à un gouvernement central.

Conjurer : éloigner une puissance néfaste.

Consacrer : rendre sacré.

Consentir : accepter que quelque chose soit réalisé.

Contrainte : ce qui nous oblige ou nous empêche de faire quelque chose.

Contrat : convention entre des individus.

Contrôle abusif : contrôle exagéré qui est susceptible de causer du tort à une personne.

Coopérative : entreprise dont les associés participent en parts égales au travail, à la gestion et au profit.

Corruption : moyens pris pour amener quelqu'un à agir contre sa conscience ou son devoir.

Croisade : campagne menée pour mobiliser l'opinion publique sur un sujet précis.

Démocratie : forme d'organisation politique où le peuple détient le pouvoir et élit librement des représentants pour l'exercer en son nom.

Dictateur : chef qui s'empare du pouvoir et qui l'exerce de manière autoritaire.

Diffamer : porter atteinte à la réputation de quelqu'un en disant ou en écrivant des choses non fondées.

Dimanche : du latin *dies dominicus* qui signifie « jour du Seigneur ».

Dîme : somme d'argent ou fraction de la récolte prélevée par l'Église catholique. Cette contribution servait à l'entretien du clergé et de l'église ainsi qu'à aider les pauvres.

Discrimination : action de séparer un groupe humain d'un autre et de le traiter différemment.

Divination : fait de tenter de deviner l'avenir par l'interprétation de signes, de présages.

Divinatoire : relatif à la divination.

Enfer : dans le christianisme, lieu de supplice des damnés.

Entrave : obstacle qui empêche quelque chose de se produire.

Ethnie : groupe de personnes ayant la même langue et la même culture.

Fabuleux : qui provient du merveilleux, de l'imaginaire.

Facteur : fabricant de certains instruments de musique.

Foi : croyance, conviction.

Fondation : don d'un capital pour un usage déterminé par le donateur.

Fonds publics : ensemble des sommes d'argent appartenant à l'État et soumises à des règles précises (impôts, taxes, etc.).

Hebdomadaire : qui a lieu chaque semaine.

Holocauste : extermination systématique des Juifs par les nazis.

Idéal : modèle de perfection vers lequel on tend.

Identité : ensemble des aspects d'une personne, d'un groupe, qui fait son individualité, sa particularité.

Idéologie : ensemble des idées philosophiques, sociales, politiques, morales, religieuses, ou autres, propres à une époque ou à un groupe social.

Incapacité juridique : impossibilité pour une personne d'exercer des droits.

Infrastructure : ensemble des équipements économiques ou techniques utilisés sur un territoire (ex. : routes, égouts).

Intempéries : mauvais temps.

Interdépendance : dépendance réciproque.

Judéo-chrétien : qui appartient à la fois aux valeurs spirituelles du judaïsme et du christianisme. Les Églises catholiques, protestantes et orthodoxes sont des Églises chrétiennes.

Juron : expression blasphématoire ou grossière.

Laïcisation : action de laïciser, de rendre laïque, d'enlever le caractère religieux. Un laïque est une personne qui ne fait pas partie du clergé.

Maghreb : ensemble des pays du nord-ouest de l'Afrique, soit la Lybie, la Tunisie, l'Algérie, le Maroc et la Mauritanie.

Mardi gras : jour de fête lié au carnaval qui précède le mercredi des Cendres.

Médias : ensemble des moyens de diffusion de l'information destinée au public (presse, radio, télévision, cinéma, publicité, affichage, Internet).

Mercredi des Cendres : jour qui marque le début du Carême.

Messe : cérémonie rituelle du culte catholique, célébrée par le prêtre qui offre à Dieu du pain et du vin devenus, par la consécration, le corps et le sang du Christ.

Mœurs : coutumes et habitudes de vie communes à une société, un peuple, une époque.

Municipal : qui concerne une ville ou un territoire donné.

Norme : règle, loi, exigence morale qui sert de critère pour délimiter un comportement.

Œuvre patrimoniale : œuvre d'art (peinture, sculpture, vitrail, monument, bâtiment, etc.) faisant partie du patrimoine.

Office : cérémonie du culte.

Ordonner : accorder à quelqu'un les ordres sacrés d'une Église, la charge d'un ministère.

Pair : personne ayant la même situation sociale, le même rang.

Péché : transgression d'une loi divine.

Philanthrope : personne qui contribue par son action personnelle, par des dons en argent, par la fondation d'œuvres ou d'organismes, à l'amélioration des conditions de vie des êtres humains.

Phonétique : représentation écrite du son d'un mot.

Piété : sentiment de dévotion et de respect pour Dieu, pour les choses de la religion.

Précepte : énoncé qui exprime un enseignement, une règle ou une façon de faire.

Prescrit : ce qui est ordonné.

Principe : règle de conduite basée sur des valeurs qui guident le comportement d'une personne ou d'un groupe.

Propagande : action mise en œuvre pour inciter l'opinion publique à adopter des idées.

Proscrit : déclaré hors-la-loi.

Purgatoire : pour les catholiques, lieu ou état de souffrance temporaire où les âmes achèvent l'expiation de leurs péchés avant d'accéder au paradis.

Radiodiffuseur : organisme qui transmet des programmes télévisés ou des émissions radiophoniques.

Rébus : série de mots, signes ou dessins qui évoquent le son d'un mot ou d'une expression que l'on veut faire deviner.

Règle morale : norme morale qui précise comment un principe moral ou une valeur doivent s'appliquer dans une situation.

Représailles : mesures de violence prises contre quelqu'un en réaction à ses agissements.

Répression : fait d'arrêter par la violence les contestations et les révoltes.

Réussite sociale : succès d'une personne dans ses relations avec les autres.

Se confesser : dans la religion catholique, avouer ses péchés à un prêtre pour en obtenir le pardon.

Sénat : Assemblée où siègent les sénateurs dans le Parlement canadien.

Siècle des Lumières : mouvement intellectuel, culturel et scientifique propre au XVIIIe siècle.

Sikh : pratiquant du sikhisme, une religion originaire de l'Inde. Les hommes sikhs doivent, entre autres, porter le turban.

Slogan : formule brève utilisée pour propager une idée.

Soufre : élément chimique qui a une odeur d'œufs pourris.

Sténographe : personne qui pratique la sténographie, un procédé d'écriture très simplifié qui permet de noter un texte aussi vite qu'il est prononcé.

Suffragette : militante pour le droit de vote des femmes au début du XXe siècle.

Système de valeurs : ensemble cohérent et hiérarchisé de valeurs.

Transgression : fait de ne pas obéir à un ordre, une loi ou une règle.

Transparence : qualité de ce qui exprime la réalité sans la modifier.

URSS : Union des républiques socialistes soviétiques, un État dont le territoire s'étendait, de 1917 à 1991, en Europe et en Asie. L'URSS a depuis été divisée en plusieurs pays, dont la Russie.

Valeur : caractère attribué à des choses, à des attitudes ou à des comportements qui sont plus ou moins estimés ou désirés par des personnes ou des groupes de personnes qui s'y réfèrent pour fonder leur jugement, pour diriger leur conduite.

Vision du monde : regard que chacun porte sur soi et sur son entourage, qui oriente ses attitudes et ses actions.

Sources des photos